U0509784

21世纪海上丝绸之路协同创新中心智库丛书
广东外语外贸大学中拉研究创新团队成果系列

2017年
拉丁美洲蓝皮书

——拉美发展与中拉合作关系

隋广军 / 主编　朱文忠 李永宁 / 副主编

2017 BLUE BOOK OF
LATIN AMERICA

经济管理出版社
ECONOMY & MANAGEMENT PUBLISHING HOUSE

图书在版编目（CIP）数据

2017 年拉丁美洲蓝皮书／隋广军主编. —北京：经济管理出版社，2017. 12
ISBN 978-7-5096-5587-0

Ⅰ. ①2… Ⅱ. ①隋… Ⅲ. ①中外关系—国际经济关系—研究报告—拉丁美洲–2017
Ⅳ. ①D822.373 ②F752.773

中国版本图书馆 CIP 数据核字（2017）第 320137 号

组稿编辑：张　艳
责任编辑：赵亚荣
责任印制：司东翔
责任校对：赵天宇

出版发行：经济管理出版社
　　　　　（北京市海淀区北蜂窝 8 号中雅大厦 A 座 11 层　100038）
网　　址：www. E-mp. com. cn
电　　话：(010) 51915602
印　　刷：三河市延风印装有限公司
经　　销：新华书店
开　　本：710mm×1000mm /16
印　　张：18.75
字　　数：357 千字
版　　次：2017 年 12 月第 1 版　　　2017 年 12 月第 1 次印刷
书　　号：ISBN 978-7-5096-5587-0
定　　价：59.00 元

2017年拉丁美洲蓝皮书

——拉美发展与中拉合作关系

主　编：隋广军

副主编：朱文忠　李永宁

编委会成员（以姓氏笔画为序）

马飞雄　马塞罗·泰托哈拉［智］　朱文忠

亚历杭德罗·蓬特［智］　刘　丹　李永宁　李翠兰

邱爱梅　吴易明　陈　宁　陈　星　张芯瑜　杨　菁

恩里克·杜塞尔彼得斯［墨］　梁　洁　黄　磊

隋广军　豪尔赫·爱德华·纳瓦雷特［墨］

塞缪尔·奥尔蒂斯·贝拉斯克斯［墨］

序　言

　　《2017年拉丁美洲蓝皮书》的编写紧紧围绕2017年度风云变幻的拉丁美洲经商环境，积极发挥广东外语外贸大学"外语+专业"的交叉学科优势，依托教育部国别与区域研究备案中心"拉丁美洲研究中心"的专家资源，联合境内外一批知名专家学者，共同努力、精心打磨、出色呈现。

　　本年度蓝皮书力求内容丰富、观点聚焦、与时俱进。本书共收录中外专家学者的文章20篇，涵盖政治、经济、社会、文化、教育、企业管理等多维度的前沿性观点论述和分析，聚焦中拉经商投资环境和企业经营实际案例，关注当前重大热点问题、全球化新发展、中拉命运共同体的构建以及整体框架下的中拉交流与合作趋势，秉承2017年10月召开的中国共产党第十九次全国代表大会有关中国对外开放"坚持和平发展道路，推动构建人类命运共同体"的顶层设计理念，积极促进"一带一路"背景下的中拉国际合作，促进中拉政策沟通、设施联通、贸易畅通、资金融通、民心相通，努力打造中拉合作新平台，增添中拉共同发展新动力。

　　本年度蓝皮书力求创新，彰显独特视角。本书的编写继续从宏观大洲问题、中观热点国别问题以及微观企业管理案例问题等多个层次进行内容安排，力求突破传统蓝皮书编写的范式，在选题视角和内容安排方面力求有所创新，彰显独特视角。例如，有关宏观大洲问题的论述包括特朗普时代的中拉关系、整体框架下的中拉合作、全球化新趋势与中拉命运共同体构建、拉美经济发展挑战与展望等；有关中观热点国别问题的论述包括委内瑞拉危机的影响、中国和智利潜在产出动态线性模型的差异分析、巴拿马媒体看中巴外交等；有关微观企业管理案例的论述包括智利葡萄酒在中国市场存在的问题调查与分析、基于华为案例的中国智能手机在巴西的市场战略研究、中国企业在拉丁美洲的营销挑战与策略研究等。

　　本年度蓝皮书力求体现学科交叉性和国际化特色。本蓝皮书的编写团队成员分别来自于广东外语外贸大学商学院、西方语言文化学院、拉美研究机构等，这些专家具有不同的学科专业背景，研究内容涉及政治、经济、社会、文化、教育、管理等多个学科领域，体现出较强的跨学科或交叉学科特点。同时，本书依托现有中拉国际合作平台，尤其是发挥广东外语外贸大学商学院与智利圣托马斯大学商学院长期建立的中拉合作研究机构以及教育部国别与区域研究备案中心的研究平台优势，邀请拉丁美洲大学和中拉研究机构的知名专家着力奉献五篇较高质量的文章，他们以拉美本土学者的独特视角诠释中拉合作相关问题，彰显出本书编写的鲜明国际化特色。

本年度蓝皮书力求发挥智库功能、服务国家"一带一路"倡议。本书研究团队依托"广东省国际战略研究院"省级研究基地、广东外语外贸大学"海上丝绸之路协同创新中心"省级协同创新中心，以及广东外语外贸大学"拉丁美洲研究中心"教育部备案国别与区域研究中心等高端智库平台，开展拉美区域与国别问题研究，努力产出一些针对性、时效性、可行性强的资政报告。例如，本蓝皮书所收录的资政报告内容有新时代中智自贸区提升对策、中拉产能合作的挑战与对策、拉美国家对债务危机的治理及其对中国的启示等。这些研究报告努力为政府部门提供决策参考，服务于国家"一带一路"倡议。与此同时，本蓝皮书收录的企业管理案例部分旨在服务中国企业"走出去"，提供政策建议，帮助中国企业成功拓展拉丁美洲市场。

最后，本蓝皮书在主编隋广军教授的指导下，朱文忠副主编修订编审了 9 篇文章近 12 万字，李永宁副主编修订编审了 11 篇文章近 13 万字，书稿的部分文章及其目录摘要的翻译均由广东外语外贸大学商学院及该校拉丁美洲研究中心的研究助理和博士、硕士研究生孙鑫琪、张燕芳等完成。此外，本书的出版也得益于经济管理出版社有关人员后期悉心和专业的编辑工作，对于所有参与者付出的辛勤劳动，在此我们谨表深切谢忱！编者深知本蓝皮书的编写可能存在不尽完善之处，敬请广大读者批评指正，多提宝贵意见。盼望在广大读者的关心、指导和帮助下，未来系列年度蓝皮书的编写能够日臻完善，百尺竿头更进一步。

编者

广东外语外贸大学

2017 年 12 月

Preface

The compilation of the 2017 *Blue Book of Latin America* closely focuses on the changing business environment of Latin America in 2017 and actively plays the cross-disciplinary superiority of "foreign language + major" of Guangdong University of Foreign Studies. Relying on the expert resources of the Latin American Studies Center of the National and Regional Research and Record Center of the Ministry of Education, a number of well-known experts and scholars at home and abroad worked together to make this excellent publicity after several times of careful revision.

The blue book of this year strives to be rich in content, focusing on specific points and keeping pace with times. This book contains a total of 20 articles from Chinese and foreign experts and scholars, which cover the frontier perspectives of politics, economy, society, culture, education and business management. This book focuses on the actual business investmentenvironment and business operations in China and Latin America and focuses on the major heated issues at present, the new development of globalization, the building of China-Latin America community of shared future and the trend of cooperation between China and Latin America under the overall framework. It adheres to the top-level design concept of "Adhering to the path of peaceful development and promoting establishment of community of shared future" which was proposed in the "19th CPC National Congress" held in October 2017. It strives to actively promote international cooperation between China and Latin America in the context of "the Belt and Road", promoting China-Latin American communication in polices, facilities, trade, financial facilities and civil exchanges, and create a new platform for China-Latin America cooperation to add new motive forces for joint development between China and Latin America.

The blue book of this year highlights innovation and unique perspectives. The content arrangement of this book adheres to the principle of "macroscopic continents issues, medium – sized outlook heated country issues and the microscopic enterprise management cases", and strives to break through the paradigm of traditional blue book through innovation in topics andcontents. For example, discussions about microscopic continental issues includes: Relations between China and Latin America in Trump Era, cooperation between China and Latin America under the overall framework, the new trend of globalization and the construction of a community of shared future between China and Latin America, Latin American economic development challenges and prospects, etc. ; discussion about medium – sized outlook heated country issues includes: The influence and countermeasure of Venezuelan Crisis, Dynamic Linear Model of Potential Output—differences between China and Chile, Panamanian media's view on establishment of diplomatic relations between China and Panama, etc. ; discussion about microscopic enterprise management cases includes: Investigation and analysis on problems existing in Chilean wine market in China—taking Guangdong province as an example, research on the market strategy of Chinese smart phone in Brazil–based on the case of HUAWEI Company, marketing challenges and strategies of Chinese enterprises in Latin America etc.

The blue book of this year seeks to reflect interdisciplinary and international characteristics. Members of the research team for this blue book come from School of Business, School of Western Language and Culture and Latin American Research Institutes of Guangdong University of Foreign Studies, etc. These experts have different disciplines and backgrounds. Researches contain many subject issues such as politics, economy, society, culture, education and management, which show strong interdisciplinary or interdisciplinary features. At the same time, this book relies on advantages from present international cooperation platform between China and Latin America, especially the long–term cooperation research institute established by Business School of Guangdong University of Foreign Studies and Business School of St. Thomas University in Chile, which has gained support from Chinese Ministry of Education. The editorial team invited renowned Latin American universities and renowned experts from Latin American research institutes to dedicate five high–quality articles. They can interpret the issues concerning China – Latin American cooperation from a unique perspective of Latin American local scholars and demonstrate the distinctive international features of the book.

The blue book of this year strives to exert the role of think tanks and serve the Chinese "the Belt and Road" initiative. The research team of this book relies on high–level think tank to develop Latin American regional and country studies toprovide some targeted, timely and feasible consultative reports for government. Think tanks includes Guangdong Institute of International Strategies (Provincial level), Collaborative Innovative Center for 21st-Century Maritime Silk Road Studies (Provincial level), and Center for Latin America Studies (Recorded in Ministry of Education) of Guangdong University of Foreign Studies and Regional Research Center. For example, consultative reports contained in this blue book include: China-Chile FTA Promotion Strategy in New Era, Challenges and Countermeasures of Cooperation between China and Latin America in Production Capacity, and Latin American Countries' Governing of Debt Crisis and its Enlightenment to China, etc. These studies contribute to provide decision-making reference for government departments and serve the national "the Belt and Road" initiative. Meanwhile, enterprise management cases contained in this Bluebook aim to serve Chinese enterprises by providing suggestions for their overseas investment and market development in Latin America.

Finally, the editor knows very well that this blue book may exist some imperfections. Thus we kindly welcome criticism and valuable suggestion. We hope to make progress gradually and provide better and better bluebooks for our readers under the guidance and assistance of readers. Thanks!

Editor

Guangdong University of Foreign Studies

December, 2017

目 录

第一部分 总 论

第二部分 中国—拉丁美洲经济关系

第三部分　拉丁美洲政治与文化新论

第四部分　中国—拉丁美洲合作发展案例

Contents

Part I Overview

Part II China-Latin American Economic Relations

Part Ⅲ New Ideas on Politics and Culture in Latin America

Part Ⅳ China-Latin American Cooperation and Development Cases

第一部分　总　论

全球化新趋势与中拉命运共同体的构建

李永宁　崔　跃[①]

摘　要： 中拉命运共同体的构建是一个值得全方位探讨的议题，在对2016~2017年前后全球化新趋势的进程进行概述的过程中，本文着重从经济现实与合作角度讨论了新时代中拉命运共同体构建和发展基础与合作前景。全文分为五个部分：首先，研究者揭示了近两年全球化进程中不断出现的区域和国别演化的最新趋势，并将其视为中拉命运共同体构建的现实基础；其次，文章用了两个部分分别阐述了拉丁美洲部分国家和中国应对全球化新趋势基本的战略和策略选择；再次，文章第四部分对中国与拉丁美洲经济合作的主要领域展开了对比，并从独特角度做出了分析；最后，文章对构建中拉命运共同体的发展前景和实施方略有所评述，并提供了相关的决策建议。

关键词： 全球化；新趋势；中拉命运共同体；投资；制造业

导　言

2017年是世界政治经济格局继续发生重大演化的一年。传统的全球化走势和新的全球化趋势似乎在发生分野，机遇和挑战比任何时代更加多元。一方面，传统的经济全球化依然在世界投资贸易领域按照旧有的框架和机制继续运行，前些年遭受金融危机重挫的欧美大国持续在复苏的轨道上徘徊，以新兴经济体为代表的发展中国家也不断受到世界经济起伏和动荡的挑战；另一方面，为了应对全球总体的以及各大洲各自面临的各种政治经济利益和风险，一些世界主要经济

---

① 李永宁，广东外语外贸大学商学院、广东国际战略研究院研究员、博士，广东外语外贸大学拉丁美洲研究中心副主任；崔跃，广东外语外贸大学西语学院研究生。

体，包括美国、中国、欧盟和日本等，均在对主观实力和客观态势的把握中，包括在政府领导人发生更替的过程中不断地调整自身的有利于全球定位的发展战略和策略，战略中有的更加注重全球，有的更加注重区域，有的更加注重自身的国别。

也正是在 2017 年，面对全球变幻莫测而又充满机遇的政治经济局势，为了体现中国作为世界第二大经济体为人类做贡献的职责和义务，中国共产党在当年10 月召开的第十九次全国代表大会上，通过了具有纲领性意义并受到全球关注的政治报告。在这份新时代政治宣言和行动纲领中，体现中国对外关系和对外开放领域的顶层设计理念是"坚持和平发展道路，推动构建人类命运共同体"。根据这样的发展宗旨，中国明确呼吁"各国人民同心协力，构建人类命运共同体，建设持久和平、普遍安全、共同繁荣、开放包容、清洁美丽的世界。要相互尊重、平等协商，坚决摒弃冷战思维和强权政治，走对话而不对抗、结伴而不结盟的国与国交往新路。要坚持以对话解决争端、以协商化解分歧，统筹应对传统和非传统安全威胁，反对一切形式的恐怖主义。要同舟共济，促进贸易和投资自由化便利化，推动经济全球化朝着更加开放、包容、普惠、平衡、共赢的方向发展"①。

中国提出的"构建人类命运共同体"（Construction of Conmmunity of Shared Destiny）并非一朝一夕形成的理念，而是这个负责任的大国近年参与国际事务的主要宗旨。不仅中国领导人习近平在世界各地访问，例如在拉丁美洲访问时就强调了构建中拉命运共同体的意义和价值，在过去几年中国实施"一带一路"（One Belt and One Road）发展倡议时，更是一直将其作为指导思想和行动指南，在秉持中国坚持对外开放的基本国策，坚持打开国门搞建设的过程中，积极促进"一带一路"倡议的国际合作，努力实现政策沟通、设施联通、贸易畅通、资金融通、民心相通，打造国际合作新平台，增添共同发展新动力。正如同样是在2017 年于中国翻译出版的著作《世界新趋势："一带一路"重塑全球化新格局》的作者所言，中国的"一带一路"构想经过精心规划，对现有全球化框架进行了革命性改造，与此同时，又给各方参与者留下了充分的机动空间。它建立在现有的全球化框架基础之上②。所以，在探讨构建人类命运共同体的有关战略时，从全球化的角度，结合全球化演化的最新趋势，充分考虑构建的行动纲领和合作伙伴，是我们相关研究值得聚焦的重大领域。正是为了迎合这种现实的和学

① 习近平：《决胜全面建成小康社会夺取新时代中国特色社会主义伟大胜利——在中国共产党第十九次全国代表大会上的报告》，第十二部分，2017 年 10 月 18 日，新华社 10 月 27 日电。

② 多丽丝·奈斯比特等：《世界新趋势："一带一路"重塑全球化新格局》，中华工商联合出版社，2017 年，导言部分。

术的需要，本文选择了在全球化新趋势下构建中拉命运共同体这个特定的研究范畴。

人类命运共同体的构建是一个长期的、可持续的系统工程，即便是本文聚焦的中拉命运共同体的构建也是一个值得全方位探讨的议题。在对 2016～2017 年前后全球化新趋势的进程进行概述的过程中，基于研究视角的需要，本文着重从经济现实与区域和国别合作角度讨论新时代中拉命运共同体构建的发展基础与合作前景。全文拟分为五个部分展开：首先，文章将揭示近年来，特别是 2016～2017 年以来全球化进程中不断出现的相关区域和国别演化的最新趋势，并将其视为中拉命运共同体构建的现实基础；其次，文章将用两个部分分别阐述拉丁美洲有代表性的部分国家和中国应对全球化新趋势基本的战略和策略选择；再次，文章的第四部分将对中国和拉丁美洲经济合作的主要领域展开对比，并从独特角度做出分析；最后，文章将阐述构建中拉命运共同体的发展前景和实施方略，并提供相关的决策建议。

一、全球化新趋势成为中拉命运共同体的新环境

全球化是一种全球资源发掘和整合的政治经济或者历史地理现象，是人类创造和构建的资金、人员、贸易商品、科学技术及其文化等要素的流的空间（Space of Flow）。从中国的古丝绸之路到郑和下西洋，从哥伦布发现美洲新大陆到近代欧洲商船跨越几大洲，从荷兰、葡萄牙在南美的掠夺到英、法等国对亚非国家的殖民开拓，再到"二战"后特别是冷战后美国开始主宰的经济全球化的制度与机制，全球化从来与大国崛起密切相关，而且整个过程不断有新的波折与起伏，其中一次次的潮流更迭、一场场的拼杀与博弈，有的学者将其界定为"再全球化"①。当然，在这种界定的同时，也有学界和舆论界对相关现象采用过许多其他别样但又比较通俗的诠释，比如"逆全球化""反全球化"等。

作为对现今全球化新趋势下构建中拉命运共同体的探讨，本文在此主要阐述最新近的影响世界，包括中拉合作发展的全球化现象、中国在这种新趋势下可能扮演的角色、中国和拉丁美洲应对全球化新趋势相同或者相近的基础。

（一）近年全球化的新趋势

自 20 世纪末，冷战结束前后，经济全球化速率加快，除了一系列国际组织

---

① 王栋、曹德军：《中国已成为"再全球化"的主要力量》，载《环球时报》国际论坛栏目，2017 年 10 月 12 日。

的推波助澜，美国在高科技和新经济的引领下，一直扮演十分核心的角色。无论在投资领域、贸易领域还是国际市场的占有份额方面，不仅发展中国家，甚至相当一部分发达国家，均唯美国马首是瞻，如 20 世纪 90 年代的亚洲金融危机、2010 年前后的欧洲金融危机，美国的影子无处不在。

过去一两年，随着"英国脱欧"、特朗普上台、法国右翼政党崛起等国际上大国执政层的变数频仍，加上全球危机的残局影响，以美国为首的西方国家相继开始改变传统的参与全球化的路径，除了废弃 TPP 之外，还相继退出有关国际条约或国际组织，搭建起了"各人自扫门前雪"的孤立主义政治经济舞台。具体到经济合作与发展领域，似乎比较集中地呈现出了以下"反全球化"潮流的两个方面：①

一是贸易保护主义。2008～2016 年，美国对其他国家采取了 600 多项歧视性措施，仅 2015 年就采取了 90 项。全球贸易预警组织的资料库数据显示，2015 年美国实施的歧视性贸易措施比 2014 年增加 50%，而中国是全球受贸易保护措施伤害最重的国家。在贸易保护主义的冲击下，全球贸易已经跌入 10 年来的低谷。

二是规则修正主义。自 1648 年民族国家体系在欧洲开创以来，"国家利益至上"一直被西方国家奉为圭臬。国际规则本质上是为国家利益服务的。为了应对国际气候变化，1997 年 12 月联合国气候变化框架公约参加国通过了《京都议定书》。值得注意的是，2001 年 3 月布什政府以"减少温室气体排放将会影响美国经济发展"为借口，全然不顾国际责任，宣布退出《京都议定书》。在经贸领域，为了保持自己在贸易领域的优势地位，美国政府多次强调要抛开 WTO 制定规则，为设定 21 世纪贸易协定重定规则，以此保障美国的经济繁荣。美国前总统奥巴马曾直言不讳："美国不能让中国等国家书写全球贸易规则，美国应该制定这些规则。"

全球化是人类社会发展的必然趋势，代表着世界前进的方向，全球化本身没有错，反全球化或者逆全球化现象反映的是全球治理机制的失灵。全球治理失灵是指国际规则体系不能有效管理全球事务，不能应对全球性挑战，致使全球问题不断产生和积累，出现世界秩序失调的状态。伴随全球化的不断发展，权力转移日趋明显，国家之间的相互依存日益加深，全球性挑战不断增多。总体上看，现有的全球治理体系及其相应的制度安排却严重滞后，用国际关系的老方法解决全球治理的新问题，常常会表现出无能为力、治标不治本的局面。因此，新的推动全球化的力量作为新的趋势应运而生。

---

① 高飞：《反全球化难改全球化发展趋势》，载《学习时报》2017 年 4 月 24 日。http：//theory. people. com. cn/n1/2017/0424/c40531—29230751. html。

（二）"一带一路"是中国正在引领的新趋势

尽管反全球化的负面效应值得关注和警惕，但全球化是一个持续的链条，旧的断裂，新的衔接。国际社会忙于应对一些旧的机制失灵的同时，中国适时推出了"一带一路"的倡议，旨在通过"再全球化"来推动世界新的发展，实现人类命运共同体构建的宏伟计划。这种再全球化的观点认为，当中国这个巨大"发动机"运作起来后，旧有的全球化必将扩容和升级。其具体的设计方式可以体现在四个方面：第一，引领全球经济增长，发挥中国引擎的独特作用；第二，修复失衡的旧全球化，促进平衡和包容的新全球化；第三，反对零和式、等级式竞争，倡导和谐共生的东方智慧；第四，发挥比较优势，积极供给全球公共产品。①

概括而言，一个日益强大的中国必将反过来塑造和影响全球化的特点与进程，也可谓是一种全球化的新趋势。"再全球化"强调国内与国际联动、新兴国家特别是诸如拉美这样和中国发展相近的区域与世界联动、边缘与中心联动，超越西方中心主义的狭隘思维，倡导更加包容共享的全球秩序。随着中国与世界"再次拥抱"，在规则和形态上我们将通过创造一个从未想象过的崭新的"再全球化"模式，打造全球化全新的合作发展潮流。对于这种再全球化，中国一大批研究者和智库学者还在不断进行新的理论和政策支撑研究。比较突出的观点可以概述为以下三种：一是全球化已经到了一个十字路口，正在出现新一轮的变局。下一步有两股力量：一股力量要把全球化往前推，另一股力量是要逆转全球化。这一轮全球化经历了全球开放红利普遍享有，到全球非理性繁荣，再到现在全球化红利明显大幅度下降的新时期。为此，中国下一步要努力成为全球市场的领导力或者主导力、全球规则的领导力和主导力、全球经贸调整责任的担当者和领导力，当然这还有相当长的路要走。二是全球化总体趋势未变，但全球化进入到减速和转型的新阶段。全球化上半场的重大缺陷就是缺少普惠、共享、包容的发展主题。中国只要深入研究经济全球化的新趋势、新特征、新规律，就依然处于大有作为的战略机遇期。三是全球经济存在着长期停滞的风险，全球化没有结束，金融危机之后，全球化受到了一定程度的影响。全球化步伐相对来说减慢了，这给技术扩散效应带来不利影响。同时，资本配置效率也在下降，这不利于全球经济增长的加快。中国倡导的"一带一路"，搞国际产能合作，倡导设立金砖银行、亚投行等则有利于全球经济增长的加快。大规模、高标准的区域化，完全可

---

① 王栋、曹德军：《中国已成为"再全球化"的主要力量》，载《环球时报》国际论坛栏目，2017年10月12日。

能成为新一轮全球化的新趋势①。

由中国发起和引领的"一带一路"倡议，五年来历经理念、试行到推广，如今已经风起云涌。这方面的学术与政策研究文献早已汗牛充栋，但是作为一种不断发展、变化、创新和完善的全球化新趋势，也就需要不断跟进。例如，"一带一路"线路设计的图标和图表现在就有在世界上流传的许多版本，因此，中国曾有学者明确指出②，这种线路地图是大致的标识性构想，实践中的"一带一路"辐射效应可能远远大于某一幅地图的线路标识，因为中国积极推动全球化向着更加包容与平衡的方向发展，致力于构建一个多中心的全球网络。"一带一路"倡议推动了全球化的多样性，通过"共商、共建、共享"让每个国家都参与建设。这完全是一种人类命运共同体的构建，而不是"独角戏"。事实上，在地图上没有标识出来的非洲、大洋洲和南北美洲许多国家现在纷纷表示关注和希望参与"一带一路"就是最好的明证。

（三）中拉命运共同体面对的挑战

由上述讨论可知，面对全球化错综复杂的演变，对拉丁美洲经济影响最大的，也是作为全球两大经济巨头的中国和美国两个大国实际上是选择了截然相反的道路。美国是收缩到以本土利益为主的"自扫门前雪"，中国则开始更多地承担大国责任，中国"一带一路"为驱动力的发展趋势既有对本国发展的强化，如对产能过剩的消化和中西部的开发，也有对沿线国家和区域的投入和支撑，而且中国的"走出去"是以合作为主，是商量着来，不是主宰和强加于人。

作为人类命运共同体一部分的中拉命运共同体的构建，中国就是审时度势，不断发掘彼此的优势，取长补短，而没有采取美国长达大半个世纪的对拉丁美洲实行"后院政治"的干涉政策③。自20世纪90年代以来，中国努力和拉美国家进行资源和优势对接，共同应对机遇和挑战。

中国和拉丁美洲国家有许多相似之处，如果将拉美和加勒比海国家作为一个整体区域与中国比较，大量数据表明，首先是经济发展水平相近，其次是发展不平衡，再次是市场广阔，最后是必须共同面对发达国家投资和贸易制度的挑战。下面仅以吸引外商直接投资（FDI）为例，我们就不难发现，在近年欧美国家经济复苏过程中，外资实际上大规模流入发达国家开始出现上升趋势，而中国和拉美国家利用外资正在呈下降趋势（见图1和图2）。

---

① 张燕生、裴长洪、赵晋平等：《专家：全球化新趋势重塑世界经济格局》，载《经济参考报》2017年8月19日。

② 隋广军：《"一带一路"新型对外开放战略与新形势下企业如何"走出去"》，载《广东外语外贸大学MBSA大讲堂》，2016年12月18日。

③ 多丽丝·奈斯比特等：《世界新趋势："一带一路"重塑全球化新格局》，载《拉丁美洲：中国的不干涉政策vs美国"后院政治"》，中华工商联合出版社，2017年，第52页。

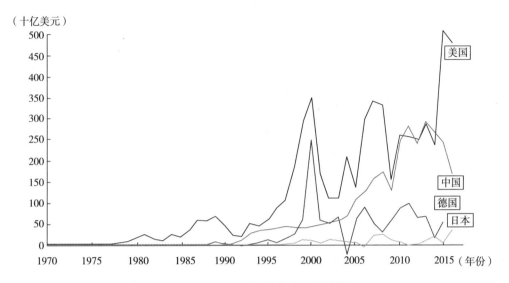

图1 外资流入发达国家与中国的趋势

资料来源：高敏："别让外资跑了"，北京市投资发展研讨会的演讲，2017年10月。

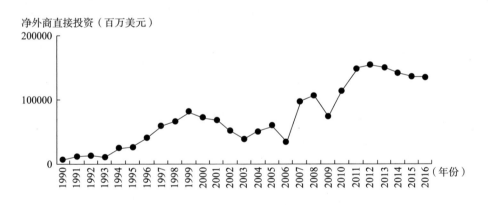

图2 拉丁美洲国家利用外资的新趋势

注：自2012年起，外商对拉丁美洲和加勒比地区的净投资呈下降趋势，净投资额从2012年的152802.2降至2016年的134167.5（百万美元）。

资料来源：CEPALSTAT（拉丁美洲和加勒比经济委员会数据库和统计出版社），拉丁美洲和加勒比：区域经济概况。

根据国务院发展研究中心高敏对图1的解释，最近几年联合国贸发组织的《世界贸易报告》表明，基本上跨国资本一直呈现流出发展中国家、流入发达国家的趋势。比如今年的报告中提到，2016年整个发展中经济体FDI下降了14%，已经连续多年下降，而发达经济体则持续大幅上涨，2016年流入量增加了5%，在全球 FDI 流入占到了近 60%，美国是最大的外资流入地，中国虽然流入量仍然较高，但趋势已经大幅回落①。与此同时，我们可以从图 2 看出，净投资额对拉美的流入自 2012 年开始至 2016 年也下降了 1300 多亿美元，这的确构成了中国与拉丁美洲共同面临的新的资本流动形势。这其中的原因，除了投资收益、市场需求之外，以美国为首的"制造业回归"策略，也是对中国制造业为主和拉丁美洲"再工业化"的巨大挑战。

外资流入呈现下降趋势是中国和拉丁美洲国家面临的共同挑战，也是中拉命运共同体构建的现实基础之一，同时还反映和折射出发展中国家经济在经济全球化波折中的新趋势。中国和拉丁美洲国家如何应对各种新趋势，以及这种新趋势引发的要素变化，特别是有关国家的战略选择，本文在后面将继续展开讨论。

二、拉美国家应对新趋势的选择

在过去的十年里，拉丁美洲在经济危机中度过了一段艰难的时期，次地区间经济和社会发展都不均衡。北美的墨西哥和中美洲国家形势尚可以，南美洲则一直需要与低经济增长、低就业率和高通货膨胀率等各项基础指标持续对抗着，各国政府推出的政策总体效果不佳，短期恢复与振兴乏力。

（一）经济总体状况

发达国家自 2010 年开始从上一轮世界经济危机中恢复，而拉美地区的 GDP增长率却一直延续着下降趋势，2015 年开始连同人均 GDP 一起进入负增长，2016 年数值甚至接近 2009 年危机时期的水平。来自社会、政治和经济结构等方方面面的状况都在影响着该地区的发展（见图 3）。

收入差距和财富的不均衡使得人均 GDP 即使在 GDP 总量于 2013~2016 年持平期间，仍表现出明显下降。失业率和不充分就业率高居不下、人才流失及实际工资上涨困难等人才方面的问题更加突出。

这种收入差距和财富的不均衡使得拉美地区长期出现的"中等收入陷阱"引起了全球的关注。拉美地区是中等收入国家最为集中的地区之一，按世界银行的划分标准，1026 美元、4035 美元、12475 美元分别为低收入、中下收入、中上收入与高收入国家的标准，2015 年共 33 个拉美经济体中，中等收入国家就高达25 个，其中，中下等收入国家是 7 个，中上等收入国家是 18 个。多数国家的人

---

① 高敏："别让外资跑了"，北京市投资发展研讨会的演讲，2017 年 10 月。图 1 转引自该研讨会资料。

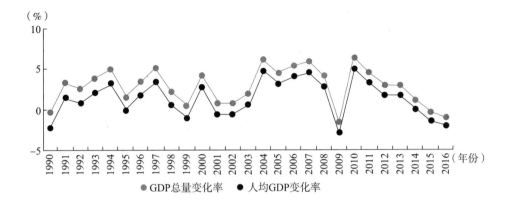

● GDP总量变化率　● 人均GDP变化率

图 3　拉美国家近年经济走势

注：以 2010 年不变价格计算。

资料来源：拉丁美洲和加勒比经济委员会（CEPAL）：《区域经济概况》，http：//estadisticas. cepal. org/cepalstat/Perfil_Regional_Economico. html？idioma＝spanish。

均 GDP 水平为 6000 美元左右[①]。因此，迄今为止，大部分拉美国家依然没有走出“中等收入陷阱”，这对于中国等发展水平相近的国家是值得警醒的现实，也是在全球化新趋势下依然难以应对的负面基础。

（二）　拉丁美洲及加勒比海地区外商资本运行状况

2011～2015 年以来，自主资金虽比之前的数年间总额有所增加，但增长乏力，而外来资金数量则是每况愈下，资源转移额呈正值，且远高于过去的年份，但资本流动方向的变化也不可小觑，也将给该地区经济带来许多不稳定性。全球对风险和市场波动的厌恶情绪增加、发达经济体的货币政策常态化速度超过预期等原因都可能会导致资本外流。这些变化导致了拉美地区更严峻的财务状况，并给该区域部分国家和重债公司造成严重压力[②]（见图 4）。

由于 2016 年上半年发达经济体、中国及其他主要新兴市场经济体国内需求增长强劲，2016 年开始的全球经济活动反弹势头持续。世界金融状况仍然是有利的，但价格除了金属价格外，原材料与同年 4 月份相比仍有所下降。世界经济增长预测中，2017 年为 3.6%，2018 年为 3.7%。因此，拉丁美洲及加勒比海地区经济走势预计会比 2015～2016 年状况改善。

---

① 李翠兰：《中国与拉丁美洲国家的“中等收入陷阱”比较》，载隋广军主编：《2016 拉丁美洲蓝皮书——拉美发展与中拉合作关系》，经济管理出版社，2016 年，第 66 页。

② International Monetary Fund（IMF）. América Latina y el Caribe：En Movimiento, Pero a Baja Velocidad, Perspectivas económicas：Las. América, Departamento del Hemisferio Occidental, Washington, 2017.

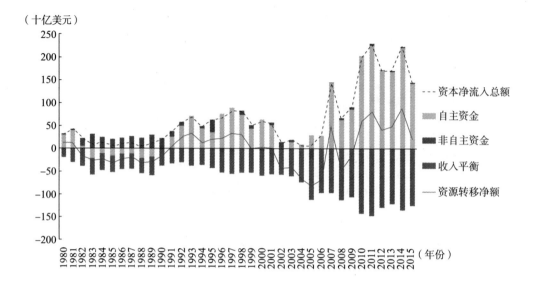

图 4　拉丁美洲和加勒比国家：1980~2015 年净资本流入和资源转移

注：数据不包括伯利兹（2008 年以来）、古巴（2005 年以来）、危地马拉（2008~2014 年）、牙买加（2007 年以后）、巴拿马（2013 年）、秘鲁（2011 年以来）、苏里南（2009 年）、特立尼达和多巴哥（2005~2007 年和 2012~2015 年）及委内瑞拉玻利瓦尔共和国（2006 年，2010~2014 年）。

资料来源：拉丁美洲和加勒比经济委员会（CEPAL）：Anuario Estadístico de América Latina y el Caribe 2016，Santiago，2016.

在全球化新趋势下的拉美经济，实际上有所下滑，收入平衡、自主资金和资源转移都呈负增长，这说明拉美不但难以融入全球发展的收益，而且自身发展的资源和基础也受到挫伤，进入相对不可持续的焦灼困局。

（三）拉美国家面对中美引导的趋势反应不一

"全球化"这个术语用于指一个特定市场的行为超出了其国内市场和国家市场，并且远远超越了国界。这一趋势对全球的市场都产生了巨大的影响，不仅造就了国际贸易，也促成了文化交流。全球化最新趋势对世界的影响远比想象的要深得多。拉丁美洲，作为一个常常被遗忘的地区，在全球化进程中也受到了极大的影响。"一带一路"倡议、特朗普上台及"金砖四国"会议是当今世界上讨论得最广泛的全球化话题。

中国一直是拉丁美洲各项活动的主要参与者和动力之一，在 2014 年 7 月中国国家主席习近平访问拉美四国期间，中方就提出 10 年内中拉贸易规模达到 5000 亿美元、中国对拉直接投资存量达到 2500 亿美元两大目标。中拉间的贸易合作必然是对双方都有利有弊的，但是中国政府愿保证其中的收益超过成本。有评论家称，未来中国很有可能会修改全球标准，使拉美国家与其他发展中国家的偏好更加一致。尽管如此，拉丁美洲仍然倾向于从中国的银行借钱，而不是世界银行①。

中国是南美诸如阿根廷、巴西、委内瑞拉和哥伦比亚这些国家的最大消费国。石油在南美的自然资源名单中居于首位，中国愿意为这项资源投资大量资金。尤其是在委内瑞拉——世界主要石油生产国，中国已在该国投资了数百万美元。除委内瑞拉，中国还寻求在厄瓜多尔、阿根廷、哥伦比亚和墨西哥购买石油。中国从巴西、智利和秘鲁进口其他自然资源：铜、铁、油和大豆。"一带一路"倡议肯定会对拉丁美洲产生巨大的影响，这将有助于解决经济危机。这种趋势持续下去，"一带一路"倡议必然会给拉丁美洲带来有望解决经济危机的巨大影响。

另一个很重要的全球化事实就是金砖国家（巴西、俄罗斯、中国、印度和南非）的合作，其中的成员国都是对地区和国际事务有巨大影响的发展中国家或新兴工业化国家。2016年巴西被认为是世界上最差的经济体之一②，这也正是其必须投资加入金砖国家的原因。

唐纳德·特朗普任职美国总统是近十年来最热门的话题之一。对于新的美国总统是否会帮助拉丁美洲经济增长并从经济危机中复苏存在着诸多争议。在总统竞选期间，特朗普除了和其他竞选者不同以外并没有表现出其他过人之处，而他的竞选口号"Let's make America great again"（让美国再次伟大）中的"America"也绝对不包括拉美的美洲，而仅仅是美国。他把关注点都放在移民改革上，且提议要在墨西哥和美国之间建立一堵墙，并将美国境内1100万来自墨西哥的非法移民驱逐出境。然而，正如许多人所说的那样，"要认真对待特朗普，但不要依据字面意思理解他"。

选举结束后，墨西哥货币比索对美元汇率跌幅达11%，经济学家预测墨西哥2017年经济增长指数将从2.5%降至2%③。选举过后，由于利率上升美元升值，墨西哥经济将可能遭受巨大打击，因为墨西哥80%的出口都流向美国。特朗普提出准备让美国退出北美自由贸易协定（NAFTA），由于美国和墨西哥两国贸易量很大，如果这一决定成为现实，两国都将受到影响。然而，新一届美国政府仍打算对墨西哥施加压力，威胁称美国将退出北美自由贸易协定。这种威胁极有可能

① Latin America Confronts the Challenge of Globalization. MONTHLY REVIEW. https：//monthlyreview. org/2014/12/01/latin-america-confronts-the-challenge-of-globalization/.

② Brasil：las 4 causas del desplome de la mayor economía de América Latina. BBC MUNDO. http：//www. bbc. com/mundo/noticias/2016/03/160303_brasil_causas_del_desplome_economico_gl.

③ How the Trump presidency could impact South American currency markets. Los Angeles Times. http：//www. latimes. com/world/mexico-americas/la-fg-south-america-currencies-2016-story. html.

迫使墨西哥在特定产品的关税上做出让步，因其一直以来都依赖于美国市场，它将不得不接受这项交易，即便这将使墨西哥的经济陷入更严重的危机。

总体来说，未来几年拉丁美洲地区若想从经济危机中复苏需要进行一些变革。诸如"一带一路"和金砖四国等倡议都将着实帮助并改变许多国家。在"一带一路"的基础上，阿根廷、厄瓜多尔、委内瑞拉、智利和哥伦比亚等拥有多种重要自然资源的国家，可能会拥有强大的经济。此外，金砖组织将巴西与中国和印度等战略国家联系在一起，必然能帮助被认为是"世界上最糟糕的经济体"的巴西恢复过来。至于唐纳德·特朗普，在他的强势的竞选活动和出人意料的上任之后，在他的总统任期内将会发生什么仍充满了不确定性。

三、中国新时期的战略选择

在全球化新趋势的背景下，中国注重在多方面、多领域加强国际合作，并高度重视同拉美国家在不同的平台增进合作，力图持续推动中拉命运共同体的构建。2016 年 11 月，国家主席习近平对厄瓜多尔、秘鲁、智利三个拉美国家进行国事访问，并出席亚太经合组织第二十四次领导人非正式会议。当月 21 日在秘鲁国会上习近平发表题为"同舟共济、扬帆远航，共创中拉关系美好未来"的重要演讲，强调进入新世纪，中拉关系实现跨越式发展，各领域合作全面推进。中拉确立了平等互利、共同发展的全面合作伙伴关系，建立了中国—拉丁美洲和加勒比国家共同体论坛，推动中拉关系进入整体合作和双边合作并行互促新阶段，既符合时代潮流，也符合双方人民根本利益，同时还针对打造中拉命运共同体提出多条意义深远的建议①。

2016~2017 年期间中国举办了三场重大的主场外交活动，分别是 G20 杭州峰会、在北京举行的第一届"一带一路"国际合作高峰论坛以及金砖国家厦门会议，对中国和拉丁美洲地区国家合作发展来说都意义深远。

（一）G20 峰会

2016 年 9 月，在 G20 杭州峰会期间，应中国国家主席习近平邀请，拉丁美洲方面有阿根廷总统马克里、巴西代总统特梅尔、墨西哥总统培尼亚与会，分别代表拉丁美洲地区三大经济体。习近平在开幕致辞《构建创新、活力、联动、包容的世界经济》中专门提到，面对当前挑战，我们应该建设开放型世界经济，继

---

① 《习近平在秘鲁国会发表重要演讲：同舟共济、扬帆远航，引领中拉友好关系驶入新航程》，载《人民日报》2016 年 12 月 23 日。

续推动贸易和投资自由化、便利化。我们应该发挥基础设施互联互通的辐射效应和带动作用，帮助发展中国家和中小企业深入参与全球价值链，推动全球经济进一步开放、交流、融合①。

多年以来，全球发展议程都是在发达国家主导下制定的，发展中国家往往只能被动地接受议程，自己的意见很少得到重视。在中国的倡议下，G20 杭州峰会不仅首次将发展问题摆到了全球宏观政策框架的突出位置，还进一步邀请多个发展中国家参与讨论，共同为 SDG② 制订了具体的行动计划，力争在实现人类社会可持续发展的前提下，保证发展中国家的发展权力，体现了中国发展中大国的义务与责任。《公报》提出，要实现包容和联动式发展，让 G20 的发展成果惠及全球，特别是发展中国家和地区③。可以说，此次二十国集团峰会上的关键词之一就是发展中国家的合作。

（二）金砖国家厦门会议

2017 年 9 月在厦门举行的金砖国家第九次领导人会晤中，在"金砖+"合作模式下中国国家主席习近平还邀请了五个非金砖国家领导人，其中包括拉丁美洲国家墨西哥的总统培尼亚，至此参与金砖国家会议的 10 个国家中有两个来自拉丁美洲的国家，是最具地区代表性的两大经济体。会晤的最后一天举行了新兴市场国家与发展中国家对话会，金砖国家领导人同墨西哥等五个非金砖国家领导人，强调金砖国家奉行开放包容的合作理念，高度重视同其他新兴市场国家和发展中国家的合作，促进南南合作和南北对话，联手应对新国际形势下的风险和挑战。

2017 年 8 月 1 日，金砖国家第七次经贸部长会议期间，中国商务部副部长王受文与巴西工业外贸和服务部副部长马塞洛马亚签署《中华人民共和国商务部与巴西工业外贸和服务部关于服务贸易合作的谅解备忘录（两年行动计划）》，该《两年行动计划》的签署将有力地推动两国服务贸易领域的互利合作④。9 月 1日，金砖会议前夕，在中国国家主席习近平和巴西总统特梅尔的共同见证下，中国商务部部长钟山和巴西工业外贸和服务部部长马尔库斯·佩雷拉签署了《中华人民共和国商务部和巴西联邦共和国工业外贸和服务部关于电子商务合作的谅解备忘录》。双方将建立电子商务合作机制，创造互利互惠的发展环境，推动企业交流、专业培训、分享最佳实践等电子商务领域的合作⑤。金砖领导人会晤期

---

①　《二十国集团领导人杭州峰会专题报道》，2016 年 9 月 4 日，新华网，http：//www.xinhuanet.com/world/2016G20/index.htm。

②　联合国 2030 可持续发展议程，简称 SDG。

③　"一带一路"国际合作高峰论坛官网，http：//www.beltandroadforum.org。

④　商务部：《中国和巴西签署服务贸易合作两年行动计划》，http：//www.mofcom.gov.cn。

⑤　商务部：《中华人民共和国商务部与巴西工业外贸和服务部签署关于电子商务合作的谅解备忘录》，http：//www.mofcom.gov.cn。

间，中国与巴西签署的协议包括物流、交通、金融服务、银行自动化和信息技术等多个领域。

而墨西哥方面，这次邀请也是加强墨西哥对中国了解的契机，增加合作的可能性，扩大合作的范围。墨西哥与会带有明确的议程：平衡与中国的贸易收支，增加对印度、巴西的出口，接近非洲大陆①。墨西哥的政治经济历来对美国有着极大的依赖，特朗普上台后对墨西哥的态度不容乐观。墨西哥有着减少对美国依赖的愿望，而厦门金砖国家会议的主办国——中国给了墨西哥一个拥有接近可能性的机会。

（三）"一带一路"国际合作高峰论坛

2017 年另一个对中国和拉丁美洲国家都至关重要的共赢机制是"一带一路"国际合作高峰论坛，28 位外国元首、政府首脑及联合国秘书长、红十字国际委员会主席等多位重要国际组织负责人出席论坛，其中与会的拉美国家元首有智利总统巴切莱特和阿根廷总统马克里，他们还分别于 5 月 13 日和 17 日与中国国家主席习近平进行见面会谈。

高峰论坛期间及前夕，各国政府、地方、企业等达成一系列合作共识、重要举措及务实成果，中方对其中具有代表性的一些成果进行了梳理和汇总，形成高峰论坛成果清单，其中与智利和阿根廷在"扩大产业投资，实现贸易畅通"方面达成协议，内容涵盖农业、旅游业等相关产业，并签署合作备忘录②。

同时，《"一带一路"国际合作高峰论坛圆桌峰会联合公报》中提到，"一带一路"倡议加强亚欧互联互通，同时对非洲、拉美等其他地区开放。"一带一路"作为一项重要的国际倡议，为各国深化合作提供了重要机遇，取得了积极成果，未来将为各方带来更多福祉。国际、地区和国别合作框架和倡议之间沟通协调能够为推进互联互通和可持续发展带来合作机遇。这些框架和倡议中涉及拉丁美洲包括南美洲的区域基础设施一体化倡议③。

5 月 13 日，国家主席习近平同智利总统巴切莱特举行的会谈中，两国元首一致同意共同努力，深化中智全面战略伙伴关系。习近平指出，智利是第一个同新中国建交的南美国家，也是第一个同中国签署自由贸易协定的拉美国家，在发展对华关系方面开创了多项"第一"。当前形势下，两国作为好朋友、好伙伴，应该携手合作，推动中智全面战略伙伴关系开好局、起好步。双方要充分发挥两

---

① 墨西哥参议员翁贝尔托·费尔南德斯：《墨西哥在第九届金砖峰会上》，载《今日中国》，http://www.chinatoday.com.cn。

② 《"一带一路"国际合作高峰论坛成果清单》，"一带一路"国际合作高峰论坛官网，http://www.beltandroadforum.org。

③ 《"一带一路"国际合作高峰论坛圆桌峰会联合公报》，"一带一路"国际合作高峰论坛，http://www.beltandroadforum.org。

国各领域、各层级对话机制作用，落实好两国政府共同行动计划，为两国关系长远发展筑牢基础。要以双边自贸协定升级为主线，构建多元合作格局，在"一带一路"建设框架内对接发展战略，促进相互投资，推进两国在基础设施建设、地区互联互通、清洁能源、信息通信等领域重大合作项目。要深化在防灾救灾、灾后重建以及南极科考、天文观测、生物科技、空间卫星等科技领域合作，扩大文化、教育和旅游等人文交流，丰富全面战略伙伴关系内涵。中方愿同智方加强在亚太经合组织框架内协调和配合，共同推动亚太自由贸易区建设，并以智利加入亚洲基础设施投资银行为契机，共同促进亚太地区基础设施互联互通。习近平还指出，拉美是当今世界最具发展潜力的新兴地区之一，是国际格局中一支不断上升的重要力量。中方赞赏智利为推动中拉论坛建设所做的积极贡献，愿与智方共同努力，推动中拉实现更高水平、更宽领域、更深层次互利共赢，共建中拉命运共同体。会谈后，两国元首共同见证了政治、经贸、投资、金融、农业、旅游、南极科考等领域双边合作文件的签署①。

　　同年 5 月 17 日，国家主席习近平同阿根廷总统马克里举行会谈。两国元首一致同意，扩大两国各领域互利友好合作，推动中阿全面战略伙伴关系得到更大发展。习近平指出，2017 年是中阿建交 45 周年。中阿两国作为二十国集团成员和重要新兴市场国家，双方加强合作，不仅符合两国和两国人民根本利益，也有利于促进世界繁荣稳定。中阿双方要巩固政治共识，引领好两国关系发展方向，使两国合作成果更好惠及两国人民。习近平赞赏阿根廷支持并积极参与"一带一路"建设，强调拉美是"21 世纪海上丝绸之路"的自然延伸。中方愿同拉美加强合作，包括在"一带一路"建设框架内实现中拉发展战略对接，促进共同发展，打造中拉命运共同体。会谈后，双方发表了《中华人民共和国和阿根廷共和国联合声明》。两国元首共同见证了教育、文化、农业、质检、体育、投资、能源、铁路和金融等领域双边合作文件的签署②。同日下午，国务院总理李克强会见阿根廷总统马克里。李克强表示，中阿建交 45 年来，两国关系始终稳步前行。习近平主席与总统先生多次会晤，有力推动两国关系向前发展。中方愿同阿方坚持相互尊重、平等相待，不断增进政治互信，密切互利合作，加强人文交流，扩大共同利益，促进共同发展。李克强指出，中阿同为新兴市场国家，合作前景广阔。中方愿同阿方相互扩大市场开放，推动双边贸易均衡发展，共同促进贸易投资自由化、便利化。着力加强基础设施建设和产能合作，深化能源、矿产、农

---

　　①　《习近平同智利总统巴切莱特举行会谈：一致同意深化中智全面战略伙伴关系》，"一带一路"国际合作高峰论坛，http：//www.beltandroadforum.org/n100/2017/0514/c24-405.html。

　　②　《习近平同阿根廷总统马克里举行会谈：两国元首一致同意推动中阿全面战略伙伴关系得到更大发展》，"一带一路"国际合作高峰论坛，http：//www.beltandroadforum.org/n100/2017/0518/c24-446.html。

业、金融、中小企业等领域合作，实现互利共赢。李克强总理强调，中方支持拉美区域经济一体化，愿同包括阿根廷在内的拉美各国共同努力，推动中拉关系不断发展进步，也为地区和世界的和平稳定发展做出贡献。

四、中国与拉丁美洲合作发展要素分析

虽然拉丁美洲和加勒比地区的经济长期处于持续低迷状态，但在 2017~2018 年显示出逐渐复苏迹象，说明该区域一些国家的经济衰退即将结束，尤其是南美洲的阿根廷和巴西两国。各国国内需求正在逐步恢复，实际进口量随着内需的增加而增加，但净出口量对经济增长的贡献率则随之减少。其中，委内瑞拉作为一个特殊情况仍然深陷于严重的经济危机，由于其人道主义和政治多方面危机，2014~2017 年，实际国内生产总值预计下降约 35%，其经济陷入恶性通货膨胀。拉美地区若想走出经济低谷、在社会层面全面恢复，仍需多方面的努力和改革。该小节从营商环境、国家及区域治理和制造业合作三个方面来讨论新国际趋势下，中拉命运共同体如何携手发展。

（一）营商环境的改善有利于推进共同发展

营商环境在一定程度上可以显现出一个国家或地区在政策法规方面是否或在何种程度上为企业或是经济的发展创造了便利性，正如中国国家总理李克强提出的"营商环境就是生产力"。近年来，国际形势的多变及各地区发展的分化，高收入经济体的营商环境指数总体上一直高于中低收入国家，拉丁美洲各经济体由于自身政治和经济的各因素的多变性导致营商指数一直处于中等水平，且各个国家间也存在一定的差距和较大的不均衡。

世界银行（World Bank）"营商环境报告"项目，对全球 190 个经济体 10 项与营商环境密切相关的指标的定量数据进行收集和分析①，并对各经济体在不同时期的营商监管环境进行比较。报告显示，2017 年，拉丁美洲和加勒比地区 33 个国家和地区在全球的 190 个经济体中营商便利度排名平均居中，但表现最优的和最差的之间距离很大。其中，墨西哥作为该地区排名中最靠前的，位于第 49 名，而排名最靠后的委内瑞拉则位于倒数第 3 名，在统计的全球 190 个经济体的

---

① 用于分析和比较的指标有 10 项：开办企业、办理施工许可证、获得电力、登记财产、获得信贷、保护少数投资者、纳税、跨境贸易、执行合同和办理破产。——世界银行（World Bank）http：//www.shihang.org/zh/news/immersive-story/2017/10/31/15-years-of-reforms-to-improve-business-climate-worldwide。

排名中仅优于非洲两个国家。位于前100名的拉美经济体有14个①，总体上中美洲和加勒比地区多个国家营商环境相对良好，而南美洲众多国家中进入前100名的仅智利、秘鲁及哥伦比亚三个。而与中国贸易量巨大、吸纳中国投资最多的巴西营商环境排名在拉美地区中仍属倒数，在全世界范围内属于落后的。值得一提的是，按照所进行的改革，萨尔瓦多第一次入选营商便利度改进最大的排名前十。

巴西、墨西哥、智利、秘鲁、阿根廷及哥伦比亚六个经济体是近年来与中国保持有最大贸易量的拉美国家，且具有一定的地区和经济代表性，但仅这六个国家之中仍存在营商环境的巨大差异（见图5）。

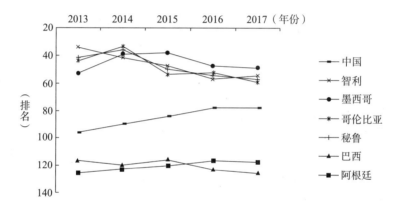

图5 2013~2017年拉美六国营商环境排名及其与中国的比较（在全球190个经济体中的排名）

注：横轴为数据年份，纵轴为对经济体营商环境指数的排名。

资料来源：世界银行（World Bank），根据2014~2018年的《全球营商环境报告》制作。

如图5所示，中国在政府的管控和支持下在营商便利度方面逐年得到改善。拉丁美洲方面，近三年来除阿根廷外，其余五国在全球竞相优化的情况下相对竞争力都有所下降，一定程度上制约了企业的生产经营和发展，同时也会减少外商对该地区直接投资的机会，进一步导致生产力的下降，使经济的恢复更加困难。

尽管营商环境优化方面该地区表现并不理想，但近年来我国对拉美的投资仍在加大，并且合作越来越多样化，除南美洲各国及北美墨西哥之外，与中美洲一些新兴经济体的合作也越来越密切。试图在营商环境不理想的状况下尽可能增加合作，带动开放共荣，这也正是"命运共同体"的宗旨之一。同时，2015年，中国—拉共体论坛（中拉论坛）共同制定的《中国与拉美和加勒比国家合作规划（2015-2019）》提到，为促进中国同拉共体成员国间贸易和投资，投资存量

---

① 包括波多黎各自治邦（美国）及圣卢西亚，后者为英联邦成员，位于东加勒比海向风群岛中部。

特别关注高科技和高附加值商品生产领域①，这使中国和拉美命运共同体的联系更加紧密。

（二）从国家治理到区域合作治理

拉美和加勒比地区面临着很多方面的形势，正如幅员辽阔、人口众多的中国，但其发展难度和不均衡性给经济增长及社会发展带来的挑战也是巨大的，诸多国家和地区的经济模式及结构有待改善或革新，次区域经济体间发展和收入的差距也亟待改善。

华东政法大学政治学研究院发布了《国家治理指数 2016》年度报告，对全球 192 个国家的国家治理水平和程度做出了综合性的客观评价。其中，围绕"基础、价值与可持续性"三大支柱性指标向下划分为"设施、秩序、服务""公开、公平、公正""效率、环保、创新"多项指标，并对这些国家的数据进行了整理和分析并排名。其中，中国整体评分排名为 28，高于所有拉美国家。在基础性指标的得分方面，拉美六国之间有差距，但平均值与中国得分距离并不明显，说明拉美六国在基础性设施、秩序和服务方面有一定的基础，作为国家的"硬"条件不算薄弱。得分差最为显著的是可持续性指标方面，中国得分 1340.5，拉美最高分值的阿根廷和墨西哥才仅仅达到 1005.8，而该六国的平均分值则比中国低出近 400 分，对照"效率、环保、创新"三项指标可知，我国近年来重视的这三个领域效果显著，而拉美国家由于经济结构等原因对该方面的治理并未加以重视，相信在将来这一领域的中拉合作会有很大空间（见图 6）。

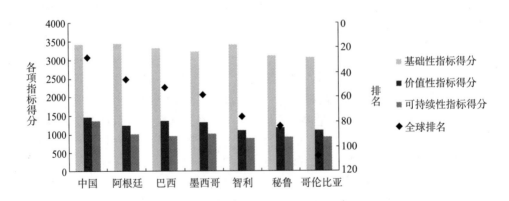

图 6　2016 年中国与拉美六国国家治理指数排名和三项支柱指标得分情况

资料来源：华东政法大学政治学研究院：《2016 国家治理指数报告》，华东政法大学政治学研究院，2017 年，第 30~31 页。

---

① 转引自中国—拉共体论坛，http://www.chinacelacforum.org/chn/zywj/t1230230.htm。

中拉命运共同体的构建是中国参与全球治理的重要组成部分，中国和拉美主要国家的国家治理比较显示了治理发展水平的相近趋势，但是由于发展的不平衡，无论是中国自身的国家治理还是拉丁美洲的区域治理，要探求的发展战略、发展路径和发展策略还将涉及十分丰富的内容，但是作为命运共同体，政治经济的治理都有一个从地方化到国家化，再从国家化到区域化的过程，期间政府的、企业的、社会的各种机构都有很大合作发展空间。

（三）制造业依然是中拉合作的重要领域

制造业的强盛过程一定程度地说明了一个国家实体经济的坚固程度，这一产业的发展是大多数国家必然经历的成长阶段。而在拉丁美洲地区，近 30 年来产业结构调整反复并且曲折（苏振兴，2015），得到的效果却不尽如人意。而中国通过改革开放一直是制造业大国，在制造业方面拥有丰富的经验，但仍未达到制造业强国的水平，且面临严重的结构性问题，其中制造业行业严重的产能过剩制约着我国工业的转型升级（王飞，2016）。在全球新形势下，多国都在谋求强化制造业，中国与拉丁美洲都面临着巨大的挑战，但同时也蕴含着无限的合作机会。中拉在制造业部门的合作不但可以有效解决我国部分行业的产能过剩压力，也有利于帮助拉美国家实现"再工业化"目标（王飞，2016）。

中国近年来一直倡导的发展先进制造业，把科技创新、环境保护和可持续发展作为核心已取得初步成效。并且，中国对拉丁美洲一定程度上拥有共同需求的经济体也加紧了合作，制定了方针。随着中国与拉美国家的高层的协商和谈判不断展开，中国与拉美制造业的合作已经是产业价值链链接的最佳领域①。这两年，中国不同领域的制造业企业都在卷入拉美投资建厂的热潮。2015 年 1 月中国—拉共体论坛首届部长级会议在北京召开，并共同制定了《中国与拉美和加勒比国家合作规划（2015–2019）》。在这份文件中也提到了关于工业方面的规划和意向，提出扩大制造业领域互相投资，推进多双边合作工业园区建设，加强从"硬件"到"软件"等多个先进科技领域的互利合作②。随后在 2016 年 11 月发布的《中国对拉美和加勒比政策文件》中也进一步具体化了关于双方在制造业领域的合作，包括"支持有实力的中国企业参与拉美和加勒比国家重大资源能源开发项目、基础设施建设项目，并以此为依托，在当地建立建筑材料、有色金属、工程机械、机车车辆、电力和通信设备等生产线和维修服务基地，帮助拉美和加勒比国家降低资源能源开发和基础设施建设成本。鼓励企业赴拉美和加勒比

---

① 李永宁：《中国积累的效应溢出与中拉合作的战略路径》，载《2016 年拉丁美洲蓝皮书》，经济管理出版社，2016 年，第 51 页。

② 《中国与拉美和加勒比国家合作规划（2015–2019）》，中国—拉共体论坛，http：// www. chinaceacforum. org。

国家开展汽车、新能源装备、摩托车、化工等领域全产业链合作，实现优势互补，增加本地就业，提升工业化水平，促进当地经济社会发展；以'企业主体、市场运作'为原则，探讨合作共建工业园区、物流园区、高技术产业园、经济特区等各类产业集聚区，助力拉美和加勒比国家产业升级。鼓励双方中小企业间的交流合作，积极搭建平台，营造良好环境"①。可以说，在策略上为拉美这个命运共同体设计好了审时度势并且适应其现状和特点的合作模式，未来对该地区的经济改善是不言而喻的，而增加的收入和就业机会也会改善社会多方面问题。

拉美方面，由于地区跨越度大，经济发展模式和水平都不相同，但总体来说制造业方面与中国的合作相对滞后（王飞，2016），甚至中国对南美洲普遍的投资和合作方向仍集中于基础设施领域和资源开发方面。据巴西媒体报道，2015年1月至2017年6月，中国在巴西收并购总额为600亿雷亚尔（约200亿美元），占外国同期在巴收并购总额的约30%。这一数额表明，中国已超越美国，成为在巴最大投资国，中资2016年全年和2017年上半年在巴收并购总额分别为239.6亿雷亚尔和178亿雷亚尔，均大幅超过美资②。而早在2014年7月，中国与巴西、秘鲁三方领导就已对开展连接大西洋和太平洋的两洋铁路合作共同发表声明，并建议三国组建联合工作组，研究其可行性及方案③。2015年中国内燃动车组首次出口阿根廷，成为中企在南美最大订单。2017年7月28日，哥伦比亚基础设施及战略项目跨部门委员会批准将塔拉萨（Talasa）水电站列为国家级战略重点项目，在该项目中中国交建以合资公司身份参与开发④。墨西哥方面，虽然在过去几年由于多方面原因大项目的合作并不顺利，但今年7月水电七局（40%）与山东电建一公司（60%）组成的紧密联营体以"电建国际墨西哥子公司"名义，与墨西哥国家电力公司（CFE）正式签约"墨西哥2002北部—西部交流输变电（一期）工程"⑤。

中拉合作有诸多进展的同时，也存在相应的风险和阻力，政治不稳定性、贸易保护主义、双方人才和劳动力市场规则等方面的差距以及汇率风险等都是必须考虑的状况（王飞，2016）。

① 《中国对拉美和加勒比政策文件》，中国—拉共体论坛，http：//www.chinacelacforum.org。

② 《中国超过美国成为在巴最大投资国》，中国驻巴西大使馆经济商务参赞处，http://br.mofcom.gov.cn/article/jmxw/201709/20170902646499.shtml。

③ 《中国—巴西—秘鲁关于开展两洋铁路合作的声明》，新华网，2014年7月18日。

④ 中国集团公司促进会：《中国交建参建哥伦比亚国家级战略重点项目》，http：//www.cgcpa.org.cn/bhyw/hydt/2017-08-02/7509.html。

⑤ 中国水利水电第七工程局有限公司：《水电七局中标墨西哥2002北部—西部交流输变电项目》，http：//7j.powerchina.cn/Article_Show.asp？ArticleID=42684。

五、结论与政策建议

全球化新趋势下中拉命运共同体的构建内涵十分丰富，也涉及许许多多的方面，本文仅对经济发展水平和合作推进的重要因素进行比较，即从基本收益、国际投资、营商环境、国家治理和制造业等方面展开研究，就足以得出中拉命运共同体的构建已经进入重要发展阶段的研究结论。这种构建作为一种区域全球化的模式，前景方兴未艾。与此同时，这种发展前景还将给中国和拉丁美洲国家的决策方展示诸多新的合作领域，可以成为政策建构的坚实基础。

（一）中拉命运共同体的构建方兴未艾

如前文所述，中国"一带一路"的倡导和实施，本身就是在当今美国等大国反全球化背景下的一种全球合作共赢、谋取新发展态势的世界趋势。对拉丁美洲国家而言，这种趋势意味着新的机制、新的格局和新的资源，而这种资源的整合，需要中国和拉丁美洲共同营造新的环境、新的合作框架和新的合作机遇，同时强化已有的合作成就及其共利领域。

众所周知，尽管拉丁美洲并未直接纳入中国"一带一路"框架，中国和拉美地区的全面合作水平依然在上升，根据商务部的估计，到2021年，中国在该地区的投资将超过5000亿美元①。加勒比国家寻求加入"一带一路"，也主要是希望吸引中国投资。中国和拉美国家正在建立的"1+3+6"合作新框架和"3×3"新模式正是为这种中拉命运共同体构建量身定做的载体以及加速推进的强劲东风。由于中国投资将带来的推动力，中拉命运共同体构建前景的方兴未艾至少可以体现在以下几个方面：

首先，中国2018~2021年每年对拉丁美洲数以千亿美元的投资将有利于减缓近年来发达国家对其投资的弱化，有利于改善其宏观经济环境，刺激经济上某些领域，特别是基础设施产业的发展，即使投资流向主要集中在相对比较发达的加勒比国家，对于其经济体量的提升，促进部分国家尽早摆脱"中等收入国家陷阱"将会有一定的"活血"作用，对于一些产业的可持续发展也将带来有益的推动。

其次，FDI理论研究表明，所有的直接投资带给对象国的除了货币资本之外，还有技术、管理和营商环境的发展要素。中国对拉美的投资对其营商环境的

---

① 多丽丝·奈斯比特等：《世界新趋势："一带一路"重塑全球化新格局》，载《站在十字路口》，中华工商联合出版社，2017年，第19页。

改进将有巨大的推动作用，不仅许多基础设施产业可以直接提升，道路、桥梁、港口和基础设施，包括基础设施利用率以及相关运作机制也将得到建立和健全，许多合作领域的对接，对于中拉命运共同体的构建中投资国和宗主国的经济发展均具有长远的历史意义和重大的现实意义。

再次，中国的制造业和拉美国家对接的余地很大，中国产能迅速扩大过程中积累了大量的中国模式和中国经验，可以运用于拉美国家的再工业化中大规模发展。事实上，中国已有许多产业和企业成功实施了在拉美的对接，但是新的领域，特别是 ITC 技术和智能机械领域还有待进一步加强合作。同时，中拉合作企业的产品营销平台电子商务化管理和技术方面，中国的经验在拉美国家也具有广泛的应用前。

最后，中国投资拉美的进程与国家和区域治理模式也息息相关，无论是拉美国家还是中国，区域治理都取决于制度化和机制化的水准提升。中国提出并且和拉美国家共同推进的"1+3+6"和"3×3"模式不仅包括了国家与国家、国家与区域合作治理的重要理念、重要路径，而且还是一种行动实施方案。这一整套的合作体系作为一个系统工程，不仅对于中拉命运共同体的构建具有实践价值，也对中国构建人类命运共同体，特别是与其他新兴经济体构建命运共同体的宏伟愿望具有重大的借鉴意义。

（二）推进中拉命运共同体的构建的决策建议

中国提出的"1+3+6"框架中的"1"主要是指《中国与拉美和加勒比国家合作规划（2015-2019）》。在此基础上，中拉商定了贸易、投资、金融合作三大引擎，以及与此相关的能源、基础设施、农业、制造业、科技创新和信息技术六大合作领域。作为战略宗旨和纲领性合作文献，本文认为其已经堪称高屋建瓴，相当全面。对于具体的合作发展行动计划以及作为补充性观点，本文于此仅拟提出如下相关建议：

第一，鉴于中国"一带一路"框架目前没有涉及拉丁美洲和加勒比国家，而拉美大国尤其是诸如巴西、墨西哥和智利等进出口大国，还有其他一些国家在基础设施建设方面的需求，中国可以研究对"一带一路"辐射的区域范围采取相应等同"一带一路"沿线国家的合作政策，这既有利于扩大"一带一路"倡议的国际影响力，也有利于推进建设世界"人类命运共同体"。

第二，由于营商环境的差异，特别是许多拉美国家缺乏传统产业的并购对象，建议中国投资者多采用合资合作模式规避投资风险，同时也应鼓励企业多采取绿地投资（Green-field）投资模式，切实帮助拉美当地发展新型产业，振兴制造业。和各国政府共同推进的基础设施建设项目也应当注重长远性和回报协议，以确保合作方双赢。

第三，继续加强中拉学术和科技研究机构，包括研发机构、智库和大学的合作研究，研究双方的政治环境、经济模式、文化机制和市场要素，为投资者、合作者和决策者提供各种阶段性、项目性和全局性的决策依据，对所有风险防微杜渐，同时对所有可整合的优势和资源建立长效预测和管理体系，以确保中拉命运共同体构建的可持续发展。

第四，除了政府间企业间的合作，公共外交在中拉命运共同体的构建中也有巨大的空间。由于拉丁美洲国家的语言文化和历史环境，西班牙语和葡萄牙语世界的合作伙伴应当加强合作，与经济发展相关及相近的领域活跃着许多国际团体和机构，民间文化的链接、沟通和互动，对于政治经济和外交、对于长远和稳固共同体关系都有着不可估量的价值。

第五，开展与经济社会福祉相关的项目推进，中国在过去数年对于消除国内贫困已经做出了巨大努力，取得了举世瞩目的显著成效。虽然国情可能差别巨大，一个区域和一个国家的不平衡要素也有较大的差异，但是作为命运共同体，中国在这方面也可以尝试帮助拉美有关国家推进消除贫困的进程，例如发展劳动密集产业、推进贫困人口就业、加强未来劳动力培训等。总之，积极的全球化是人人参与的全球化，中拉命运共同体所有参与国均应当共同奋进，摒弃"中等收入陷进"的魔咒，走向更加光明的未来。

参考文献

［1］习近平：《决胜全面建成小康社会夺取新时代中国特色社会主义伟大胜利——在中国共产党第十九次全国代表大会上的报告》，第十二部分，2017 年 10月 18 日，新华社 10 月 27 日电。

［2］多丽丝·奈斯比特等：《世界新趋势："一带一路"重塑全球化新格局》，中华工商联合出版社，2017 年，导言部分。

［3］王栋、曹德军：《中国已成为"再全球化"的主要力量》，载《环球时报》国际论坛栏目，2017 年 10 月 12 日。

［4］高飞：《反全球化难改全球化发展趋势》，载《学习时报》2017 年 4 月24 日，http：//theory. people. com. cn/n1/2017/0424/c40531-29230751. html。

［5］张燕生、裴长洪、赵晋平等：《专家：全球化新趋势重塑世界经济格局》，载《经济参考报》2017 年 8 月 19 日。

［6］李翠兰：《中国与拉丁美洲国家的"中等收入陷阱"比较》，载隋广军主编：《2016 拉丁美洲蓝皮书——拉美发展与中拉合作关系》，经济管理出版社，2016 年，第 66 页。

［7］苏振兴：《拉美国家制造业的结构调整》，载《拉丁美洲研究》2002 年

第 6 期，第 20-25 页。

［8］苏振兴：《论拉美国家产业结构调整的必要性和紧迫性》，《拉丁美洲研究》2015 年第 37 卷第 3 期，第 3-10 页。

［9］李永宁：《中国积累的效应溢出与中拉合作的战略路径》，载《2016 年拉丁美洲蓝皮书—拉美发展与中拉合作关系》，隋广军等主编，P.51，经济管理出版社，2016 年 12 月。

［10］王飞：《中国制造业出口与拉美国家的合作：机遇与挑战》，《西南科技大学学报·哲学社会科学版》2016 年第 33 卷第 4 期，第 11-20 页。

［11］华东政法大学政治学研究院：《2016 国家治理指数报告》，上海：华东政法大学政治学研究院，2017 年。

［12］Economic Commission for Latin America and the Caribbean （ECLAC），*Preliminary Overview of the Economies of Latin America and the Caribbean*，2016 （LC/G. 2698-P），Santiago，2016.

［13］Economic Commission for Latin America and the Caribbean （ECLAC），*Statistical Yearbook for Latin America and the Caribbean*，2016 （LC/PUB. 2017/2-P），Santiago，2016.

［14］International MonetaryFund （IMF）. *América Latina y el Caribe：En Movimiento，Pero a Baja Velocidad*，Perspectivas económicas：Las Américas，Departamento del Hemisferio Occidental，Washington，2017.

［15］World Bank. 2018. *Doing Business* 2018：*Reforming to Create Jobs.* Washington，DC：World Bank.

21 世纪拉美和加勒比地区与中国：
关系的强化机构

恩里克·杜塞尔彼得斯[①]

一、引　言

拉美和加勒比地区（LAC）与中国的关系在量上没有大幅增长，但在质上有所提高。如同拉美加勒比与中国学术研究中心网站（Red ALC-中国）所述，通过互派双边和区域性的代表团，两国在政治、贸易、投资以及中国在 LAC 的项目增加。因此这方面的讨论很有必要。

理解 LAC 和中国之间的贸易联系涉及两个主要问题。首先，最新分析（杜塞尔彼得和阿莫尼，2017）中 LAC-中国经济关系四阶段分析很好地反映了两国关系发展的复杂性：①贸易联系的发展（20 世纪 90 年代开始）；②融资的发展（2007~2008 年开始）；③中国直接投资的增加（2007~2008 年开始）；④基础设施项目（2013 年开始）。也就是说，现在不能单从贸易、直接投资、融资或基础设施项目来分析，因为都是并行发展、不可或缺的，并且经济关系还将进一步发展。其次，根据 Red ALC-中国的分析，截至 2017 年 LAC-中国贸易呈现：①LAC 贸易逆差加大；②受原材料价格下跌的影响，2014 年以来 LAC 对中国的出口有所下降，因此加剧了贸易的不平衡；③LAC 地区对中国的出口有很强的集中性，也就是说，一些国家少数几种产品的出口占 LAC 对中国出口的 90% 以上；④LAC 出口中国的产品附加值和科技含量低——约 3% 具有中高等科技含量，而

────────────────

①　墨西哥国立自治大学（UNAM）经济研究生院教授，UNAM 中国—墨西哥研究中心与经济学院协调员，LAC 中国学术网协调员，本文由王敏翻译。

中国对 LAC 的出口中超过 60% 具有中高等科技含量。LAC 和中国都应该克服这种典型的 20 世纪四五十年代劳尔普雷维什提出的"中心—边缘"式的贸易结构。

本文主要讨论 LAC-中国关系的相关机构方面，特别是机构存在的不足。根据杜塞尔彼得和阿莫尼（2015）的研究，两国在发展双边关系上设置了许多机构，包括"随处可见"的中国部门、公共和民间组织、企业和学术机构等。本文突出了三个文件，即两份中国外交部颁布的白皮书（2008 年和 2016 年）以及 2015~2019 拉美加勒比共同体—中国论坛工作计划。因此，本文也分为两部分。第一部分是大体分析，包括 LAC-中国关系涉及的机构，无论是在中国还是 LAC 地区。第二部分专注上述提到的白皮书和拉美加勒比共同体—中国论坛的提议。

二、LAC-中国机构概况

令人意外的是，LAC-中国关系方面较少设有系统和细致的机构：杜塞尔彼得和阿莫尼（2015）同昂森和海涅（2014）均指出了 LAC-中国关系方面机构存在的不足，特别是与经济和政治活力相比较。下文将 LAC-中国关系机构分为民间机构、学术机构和公共机构。

（一）商务机构

在私人领域存在大量研究 LAC 和中国的双边民间机构，也就是说大多数国家都不乏研究中国特别是商业组织的民间机构。中国—巴西企业家委员会（CEBC）是 LAC 地区政治和经济上最强有力的组织（芬特，2017）；所有的国家均设有贸易和外商直接投资的商业组织，即使没有与中国建立外交关系，例如中美和加勒比（杜塞尔彼，2014）。中国在制造业、基础设施特别是像电子和汽车的增值链方面有许多商会都可以被归为"准政府机构"（杨，2014）。中国国际贸易促进委员会（CCPIT）是中国这方面最强有力的组织，不久前并为商务部，负责国际贸易和外商直接投资，例如举办展会和派送代表团。并入商务部后，CCPIT 失去了一定的地位和独立性，尽管可以同商务部协调合作更广泛的国际贸易和投资。

区域上目前最重要的机构是一年一度的 LAC-中国商业峰会，该峰会由 CCPIT 和泛美开发银行支持举办已有十余年之久，在 LAC 和中国轮流举办。尽管该峰会的反响和效果受到质疑，并且同商业、战略和长期发展并无多大关联，

但其的确是 LAC 和中国之间最相关的年度活动之一。

（二）学术机构

从学术上看，LAC-中国的关系明显增强。国家汉语国际推广领导小组办公室（Hanban）不仅在 LAC 大多数地区设立了几十所孔子学院——巴西和墨西哥超过 15 所，还与布宜诺斯艾利斯大学、智利和秘鲁不同的天主教学校，还有哥斯达黎加和墨西哥等签订了不同级别的谅解备忘录和合作协议。但是大多数学术交流目前主要是用于语言学习。交流的对象从中国顶尖学校如北京大学、中国人民大学、清华大学和复旦大学，以及中国社会科学院，扩展到全国各地的大学，包括重庆、成都、杭州、广州、香港地区、台湾地区等。目前，多数学校的交换生都是本科生、研究生，研究员和教授的交换也逐渐增加。墨西哥国立自治大学中国—墨西哥研究中心（CECHIMEX）和墨西哥国立自治大学其他的几所机构曾接受过一些 LAC 其他地区的研究员。

中国也是如此。中国社会科学院拉丁美洲研究所是亚洲研究 LAC 最重要的学术机构，其他如中国现代国际关系研究所、中国人民大学、对外经贸大学、复旦大学、上海大学、苏州大学、上海外国语学院、北京外国语学院、广东外语外贸大学和上海国际问题研究所等已建立 LAC 研究项目、中心和机构。跟 LAC 一样，许多机构都是新成立的，是否能长久还有待证明。

区域性的有两个有趣的机构。在中国，中国—拉美中心（CECLA）是新近成立的，成员为对 LAC 感兴趣的媒体人和研究员。该机构的 500 个成员可以直接同中国研究员联系，也可以做自己的研究和出版物。另外，拉美加勒比与中国学术研究中心网站（Red ALC-中国）创办于 2012 年，拥有 450 个成员，出版了 15 本西班牙语和英文书籍，其成员来自中国、欧洲、美国和其他地区。

（三）公共和战略机制

过去十年，许多作者和机构希望在 LAC 开展区域性的关于中国的研讨或与中国展开研讨，在文化、经济、贸易和投资等领域已经同中国建立了双边议程。这些作者注重同中国的交往经验（包括贸易和投资），也希望搭建区域平台来讨论和协商共同的区域问题：从区域性基础设施项目到贸易和投资数据的登记、最惠国或国民待遇、互利互惠、签证、移民、旅游、交通等问题（Agendasia，2012；杜塞尔彼，2005；拉加经委会，2011）。因此，LAC 应该与其第二大合作伙伴——中国建立一个区域性的议程。

因此，拉丁美洲和加勒比国家共同体（CELAC）在 LAC 同中国的关系中就十分重要了。CELAC 自 2011 年 11 月成立之时起，在智利（2013）、古巴（2014）、哥斯达黎加（2015）、厄瓜多尔（2016）和多米尼加共和国（2017）陆续举办峰会。CELAC 的成员国遍及 LAC 地区的 33 个国家。CELAC 相关话题很多，其中最相关的是 2014 年 1 月提出的 CELAC-中国论坛，一经提出，中国外交部就予以批准。首届 CELAC-中国论坛部长级会议于 2015 年 1 月 8 日至 9 日在北京举行。

除了一些政治宣言，该论坛还提出了一些整体战略："1+3+6"方式，即一个项目，三个引擎——贸易、投资、合作，六个领域——能源资源、基础设施建设、农业、制造业、科技创新、信息技术。新型 LAC-中国合作的大背景是双边以及机构之间例如联合国、世贸组织、G20、G77、亚太经合组织，以及其他国际自治和多边机制是政治全面互信、目标一致的合作伙伴。

对于 LAC，CELAC-中国论坛合作计划（2015-2019）尤其重要。有意思的是，该合作计划涉及中国和 CELAC 的 33 个 LAC 国家，包括没与中国建立外交关系的国家（特别是在中美和加勒比）。此外，区域性组织例如拉加经委会、泛美开发银行和拉美开发银行会参加此论坛。第二届 CELAC-中国论坛部长级会议确定于 2018 年 1 月在智利举行，因此有三年的时间来评估 2015 年第一届论坛的价值。

三、主要合作领域

第一届 CELAC-中国论坛部长级会议的主要成果是什么呢？特别是在贸易和投资方面。[①]"合作计划"（2015-2019）反映了 CELAC 国家和中国取得的主要共识：

（1）大体上"合作计划"专注 14 个领域的合作：

从政策和安全到国际事务、贸易、投资和金融、基础设施和交通、能源和自然资源、工业、科技、航空航天、教育、人力资源培养、文化、体育、旅游。中国关于 LAC 的"白皮书"颁布后（墨西哥国立自治大学经济学系下中墨研究中心双月刊，2011），"合作计划"就成了 LAC 和中国之间最具体的地区议程。

（2）在贸易、投资和金融方面，"合作计划"规定了一些优先事项：

1）10 年内把 LAC-中国贸易提升至 5000 亿美元；

2）10 年内至少吸引中国外商投资 2500 亿美元，特别是在高科技和高附加值产品方面（CELAC，2015：2）；

---

① 完整的研讨，参见（CELAC）2015。

3）支持 LAC-中国商务峰会，合理利用中国-LAC 合作基金、中国-LAC 基础设施专项贷款以及其他资金，支持中国和 CELAC 国家关键合作项目，与 CELAC 国家社会、经济和环境发展相协调，同时须符合可持续发展（CELAC，2015：2）。

（3）对于贸易和投资比较重要的章节是关于基础设施和交通、能源和自然资源、工业、科技、航空航天、教育和人力资源培养、旅游的章节。在这些章节中，"合作计划"（2015-2019）包括以下承诺：

1）鼓励中国和 LAC 企业参与"拉美和加勒比一体化"的重大项目（CELAC，2015：2），开创中国-LAC 基础设施论坛。

2）推动建立中国-LAC 能源和矿产资源论坛，在能源和矿产领域加强平等、互利互惠的合作（CELAC，2015：2）。

3）建立中国-LAC 产业发展和合作论坛，在施工设备、化工、农产品加工、清洁能源、机械设备、汽车、航空、船舶和海上工程设备。交通设施、电子、数字医疗设备、信息和通信科技、双边技术和知识转让、生物科技、食品和医药等领域建立产业园（ECLAC，2015：3）。

4）中国致力于发展例如中国-LAC 科技伙伴关系、中国-LAC 青年科学家交流计划、6000 政府奖学金、6000 培养机会和 400 在职研究生机会、"未来之桥"青年领导十年培养计划。

5）在加强对话和推动旅游方面，旅游领域的承诺不那么具体。

（4）为了实施"合作计划"，如下所述"……将予以实施，根据灵活和自愿的原则，……个体不应影响任何双边合作，也不能取代双边协议、决定和所做的承诺。对此，应该在合作计划、项目和倡议的制定与跟进上确立具体步骤，所有 CELAC 成员都应与此相关……具体合作计划的执行和标准的采用根据中国和对此感兴趣的 LAC 国家协商而定"（CELAC，2015：3）。

需要注意的是，目前 CELAC 只有临时主席（委内瑞拉、智利、古巴、哥斯达黎加、厄瓜多尔，以及多米尼加共和国分别于 2011 年、2012 年、2013 年、2014 年和 2015 年担任）没有专门官员。CELAC 最大的不足也许就是缺少一个秘书长或专门机构来负责 CELAC 承诺[1]；通常各个临时主席国外交部会把这些承诺和会晤收入年度议程。目前，临时主席在其任期内管理该组织及其运作程序。

到 2017 年中旬，已经举办了数次 CELAC-中国会议。第一次 CELAC-中国基础设施会议（2015 年 6 月 4~5 日，澳门），会上，中国出资 350 亿美元进行交

---

① 专职秘书处的最新机构是 CELAC 的"四方"，即临时主席国、前任主席国、下任主席国和一个加勒比国家定期举行会议。

通、港口、技术、通信、电力等领域的金融项目：中国发展银行（CDB）、中国进出口银行和国家发改委（NDRC）将分别出资 200 亿美元、100 亿美元和 50 亿美元。根据厄瓜多尔临时主席透露，第一届科技论坛和第一届能源论坛将于 2015 年下半年举行。

CELAC-中国论坛第二次部长级会议将于 2018 年 8 月于智利的圣地亚哥举行。尽管设有提案和建议小组，但主要的不足在于 CELAC-中国论坛的制度缺陷，以及相关提案的执行问题。贸易和海外直接投资的增长率有望满足要求，但其他方面例如基础设施、旅游、教育和体育还未进行估算，似乎距离共同期望较远。

总而言之，中国和 LAC 国家都未建立应有的机构，特别是 CELAC-中国论坛下的执行机构和提案的评判机构。

四、结论及政策建议

这里分析的贸易和投资模式 LAC 在 20 世纪五六十年代也讨论过。例如，依靠原材料的发展在中长期内是否可持续？科技发展——今天指的是"升级"——能否重振 LAC 依靠出口原材料的经济？在这些社会经济活动中公共部门扮演着什么角色？LAC 的政治和经济精英准备好接受为了解中国、同中国开展合作和竞争所制定的政策了吗？等等。承认 LAC-中国贸易和对外直接投资关系的结果之前，本文着眼于 LAC-中国机构，指出其存在的严重不足，有些在近几年作用也逐渐弱化，不管是在 LAC 还是在中国。商业组织也许是最薄弱的环节，学术方面因为大量的双边活动、持续对话、重要研讨和不断的学习，因此近 15 年表现异常活跃。大多数机构都是新成立的，面临资金问题，所以学术方面的活力能否持久还不能确定。最后，LAC 公共部门同对应的中国部门在双边机构上共同呈现出良好的景象。尽管提出许多双边倡议，但在区域层面 CELAC-中国论坛的表现让所有成员国包括中国失望。CELAC-中国论坛制定了先进且可持续的目标和全面的议程，但不能评估其实施效果，意味着许多事项没有实施。中国和 LAC 都必须对这些议题的执行抱有明确的兴趣，也就是说双方都应该尽快投入加强 LAC-中国机构，以便着手 LAC-中国议程中最重要的事项。成与败，关乎双方。

参考文献

［1］Agendasia. 2013. Agenda Estratégica México-China. Dirigido al C. Presidente ElectoEnrique Peña Nieto. Agendasia, México.

［2］Arnson, Cynthia and Jorge Heine (edits.). 2014. Reaching across the Pacific. Latin America and Asia in the New Century. Washington D. C.: Woodrow Wilson Center. CECHIMEX (Centro de Estudios China-México). 2014. "La política de China hacia América Latina y el Caribe". Cuadernos de Trabajo del Cechimex 3, pp. 1-11.

［3］CELAC (Community of Latin American and Caribbean States). 2015. CooperationPlan (2015-2019). CELAC, Beijing.

［4］Dussel Peters, Enrique. 2014. Política económica-comercio e inversiones-deGuatemala hacia la República Popular China. Hacia una estrategia en el corto, mediano y largo plazo. CEPAL: México.

［5］Dussel Peters, Enrique and Ariel Armony. 2015 Wo are the Actors? Latin America-China Relations Beyond Raw Materials. Nueva Sociedad, UNAM/CECHIMEX andUniversity of Pittsburgh: Buenos Aires.

［6］ECLAC (Economic Commission for Latin America and the Caribbean). 2011. LaRepública Popular China y América latina y el Caribe. Hacia una nueva fase en el vínculo económico y comercial. ECLAC, Santiago de Chile.

［7］ECLAC. 2015/a. América Latina y el Caribe y China. Hacia una nueva era de cooperación económica. ECLAC, Santiago de Chile.

［8］ECLAC. 2015/b. Primer Foro de la Comunidad de Estados Latinoamericanos yCaribeños (CELAC) y China. Explorando espacios de cooperación en comercio einversión. ECLAC, Santiago de Chile.

［9］Fendt, Roberto. 2017. "El renminbi, la economía china y el futuro: algunas reflexiones". En, Dussel Peters, Enrique (edit.). América Latina y el Caribe y China. Economía, comercio e inversiones. Red ALC-China: México, pp. 33-42.

［10］GRPC (Gobierno de la República Popular China). 2011. La política de China haciaAmérica Latina y el Caribe. Cuadernos de Trabajo del Cechimex 3, pp. 1-11.

［11］GRPC (Gobierno de la República Popular China). 2016. "Documento sobre la Política de China hacia América Latina y el Caribe". Cuadernos de Trabajo del Cechimex 1, pp. 1-19.

［12］RED ALC-CHINA（Red Académica de América Latina y el Caribe）. 2015. Red ALC-China（Red Académica de América Latina y el Caribe sobre China）. 2017. Four Volumes on LAC-China. In: http: //www. redalc-china. org/publicaciones.

［13］Yang, Zhimin. 2015. "Key Actors in China's Engagement in Latin America and theCaribbean: Government, Enterprises, and Quasi-Governmental Organizations". En, Dussel Peters, Enrique and Ariel C. Armony（edit.）. Beyond Raw Materials. Who are the Actors in the Latin America and Caribbean-China Relationship? Nueva Sociedad, Red ALC-China and University of Pittsburgh: Argentina, pp. 73-85.

中拉产能合作的机遇、挑战与对策建议

张燕芳　　朱文忠[①]

摘　要：资源禀赋的差异和经济的互补性促使中拉不断加强经贸往来，双边贸易规模增长迅速。但随着世界经济的低迷和中拉双方经济的下行，中拉双方面临经济结构转型升级的压力，传统的以互补为驱动、以贸易为核心的中拉经贸合作模式缺乏活力。中拉国际产能合作恰逢其时。中拉开展产能合作不仅有助于中国的经济结构调整，帮助中国的过剩产能"走出去"，促进中国开放型经济的转型升级，还可以推动拉美地区基础设施建设和工业转型升级，实现中拉双方的互利共赢和共同发展。目前，中拉产能合作态势良好，但仍然存在一些现实的挑战，影响其发展进程。针对这些挑战，本文提出相关的对策建议。

关键词：中国；拉美地区；产能合作；对策建议

一、导　论

中国和拉美地区（拉丁美洲和加勒比地区，以下简称"拉美地区"）两大经济体各自的资源禀赋和产业结构具有很强的互补性，这促使这两大经济体之间不断加强经济贸易合作和产业部门的相互投资。自 20 世纪 70 年代尤其是进入新世纪以来，中拉关系飞速发展，截至 2016 年底，拉美地区已有 21 个国家同中国建交，其中智利、秘鲁和哥斯达黎加三个国家更是同中国签订了自由贸易协定。2012年，中国和拉美国家地区的双边贸易创下 2612 亿美元的新高，同比增长 8.1%，此后中国成为拉美地区的第二大贸易伙伴和主要投资来源国，也是巴西、智利等多个

---

① 朱文忠，广东外语外贸大学商学院院长，广东外语外贸大学拉丁美洲研究中心主任，教授，博导；张燕芳，广东外语外贸大学商学院研究生。

拉美国家的第一大贸易伙伴。而拉美地区则是中国重要的资源类产品进口来源地，其巨大的基础设施需求市场，也使得拉美地区成为中国开展国际工程的重点地区。

但是目前，中国和拉美地区都不同程度地面临着经济下行和经济结构调整的挑战。随着世界经济进入深度调整期，原油、矿产品等大宗商品的价格持续下跌，主要依赖初级加工产品出口的拉美地区经济遭遇重创（万军，2016），同时拉美地区存在产业结构趋同、产品结构单一、基础设施的建设缺口严重等问题（周志伟和岳云霞，2016）。而中国进入经济新常态后，面临较大的下行压力，产能过剩尤其是钢铁、水泥和纺织等传统产能过剩的问题十分突出，迫切需要通过资本和产业的结合带动富余的产能"走出去"。同时，在经济下行的压力下，中国对拉美地区资源的需求出现下滑，中拉贸易规模出现明显萎缩，中拉双边贸易增长乏力。因此，传统的以互补为驱动、以贸易为核心的中拉经贸合作模式已经不再适合现阶段的中拉合作模式，产业链的对接和中国需求结构的变化都在要求中拉寻求合作的新模式。

在此背景下，2014 年习近平主席访问拉美，提出构建"五位一体"的中拉新关系和构建"1+3+6"中拉合作新框架，标志着中拉关系迈入全面合作的历史新时期。2015 年 5 月，李克强总理访问拉美期间，强调要加强中国与拉美地区的产能合作，并首次提出中拉产能合作"3×3"模式，积极推动中拉经贸的转型，打造中拉合作的升级版。所谓产能合作，实质上是产业和投资的合作，即一国引进别国有竞争力的装备和基础设施建设所需的建材生产线、技术和管理经验（张涵和梁励，2015）。李克强总理指出，当前中拉产能合作恰逢其时，中拉国际产能合作不仅有利于拉美地区充分利用中国性价比高的装备制造能力和集成技术，带动拉美地区低成本和高起点，推动拉美地区基础设施建设和工业化升级，也有助于中国的经济结构调整和开放型经济新格局的构建，打造中国和拉美地区互利共赢和共同发展的新局面，最终将有力推动世界经济复苏进程。目前，中拉产能合作初见成效，前景广阔。然而，中国和拉美地区的国际产能合作不会是一帆风顺的，拉美地区复杂的政治法律环境等都对中国和拉美地区的产能合作提出了现实的挑战。因此，分析中拉国际产能合作的机遇、面临的挑战以及提出相应的对策建议显得尤为重要。

二、中拉经贸合作的概述和中拉产能合作的机遇

（一）中拉经贸合作的概述

中国与拉美地区的经贸往来由来已久，尤其是进入 21 世纪以后，中拉的经

贸合作快速发展，这也是中拉开展产能合作的基础。最能反映中拉的经贸合作关系发展的就是中拉的经贸合作规模的情况，包括中拉贸易规模和贸易商品结构、中国对拉美的直接投资、中国与拉美的经济合作等。

（1）中拉贸易规模。中国出口到拉美地区、中国从拉美地区进口及中拉双边贸易额如图1所示。2003~2012年，拉美地区成为中国对外贸易增长最快的地区，中拉贸易额也从268亿美元猛增到2612亿美元，双边贸易额年均增长超过28%，其中中国向拉美地区出口由119亿美元增至1352亿美元，从拉美进口由149亿美元增至1260亿美元。全球大宗商品的超级周期是形成如此盛况的重要推力之一。2013年以后，相关产品的价格震荡下行又成为中拉双边贸易增长速度放缓的一个主要原因。2013~2016年，中拉进口额与出口额呈现下降趋势。2016年，中拉双边贸易额同比下降8.4%，但中国仍然是拉美地区第二大贸易伙伴国，在拉美地区对外贸易中的伙伴地位仍然稳固。

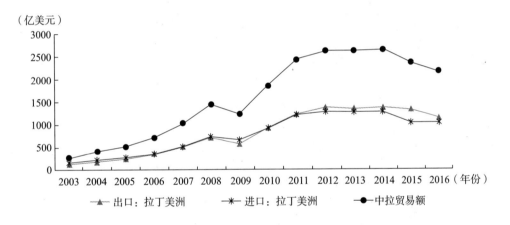

图1　2003~2016年中拉贸易规模

资料来源：CEIC中国经济数据库（检索日期：2017年10月）。

为了能够更好地反映中拉各国之间贸易联系网络的演化特征和中国在该贸易联系网络中的地位变化，本文采用2008年、2012年以及2016年三个年度的截面贸易数据（由于部分国家数据可获得性的限制，且缺失的数据主要为一些贸易流量较小的国家，因此我们对此进行了剔除，并最终保留22个中拉国家的数据），通过Ucinet软件的运算和可视化操作，并赋予数据以核心中心度的属性，最终得到中拉贸易网络核心边缘结构图（见图2至图4）。结果表明，2008年巴西核心地位最突出，2012年中国、巴西和墨西哥都处于核心位置，而2016年中国已经占据该贸易网络的绝对核心位置，显然此时中国对该贸易网络中其他国家的影响力达到最大。总而言之，中国与拉美地区的贸易联系日益紧密，且近年来中国在其中发挥着主导作用。

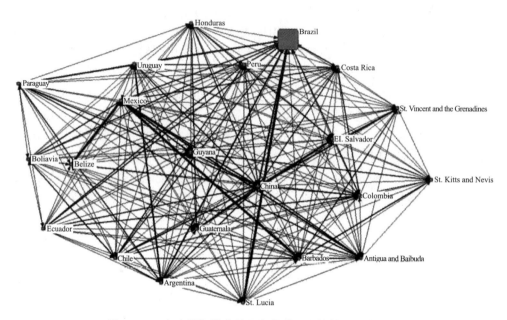

图 2　2008 年中国与拉美地区贸易联系网络核心边缘结构

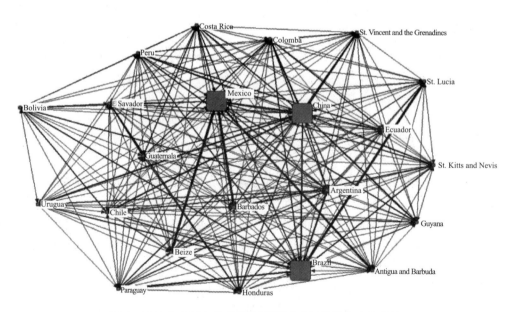

图 3　2012 年中国与拉美地区贸易联系网络核心边缘结构

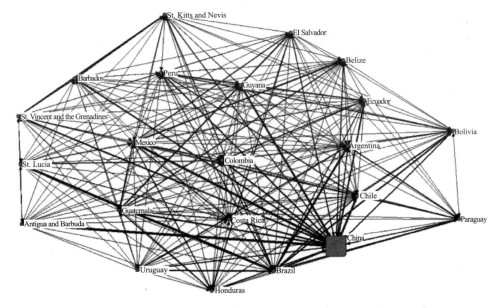

图 4　2016 年中国与拉美地区贸易联系网络核心边缘结构

资料来源：International Trade Centre（ITC）数据库，并以 UN Comtrade 的数据作为补充。

（2）中拉贸易的商品结构。中拉贸易商品结构是由中拉各自产业的静态比较优势所决定的，互补性较强，主要体现在"中国出口制成品，拉美出口能源、原材料和部分自然资源加工品"。根据联合国拉美经委会的报告，大部分拉美地区国家向中国出口初级产品的集中度很高，只有墨西哥、哥斯达黎加和萨尔瓦多等少数国家向中国出口大量的高技术制成品（ECLAC，2011）。如表 1 所示，2016 年拉美地区国家与中国进行双边贸易总额排名前五的依次是巴西、墨西哥、智利、秘鲁和阿根廷。其中，巴西、智利、秘鲁和阿根廷向中国出口前五类商品占对华出口总额的比重分别达到 90.3%、56.9%、90.6% 和 92.2%；进口中国的"机械和运输设备"占对华进口总额的比重分别达到 43.3%、29.8%、37.7% 和 50%，而对华出口这类商品却低于 5% 甚至秘鲁对华出口"机械和运输设备"仅有 0.1%，这些体现了大部分拉美地区国家和中国之间进行商品贸易结构的现状。究其原因，拉美作为一个资源丰裕的地区，资源储量大、种类繁多、品种齐全，石油、天然气、黑色与有色金属矿，以及农林牧副渔资源应有尽有，中国的城镇化、工业化快速发展面临资源与环境的约束，在此意义上，拉美是中国工业原料的重要供应地，也是中国能源供给来源多样化的现实选择（张勇，2015）。与此同时，拉美地区大部分国家的工业进程缓慢，长期出口初级加工成品为主的商品输出也不利于技术的进步，而中国对拉美的原材料进行加工之后又将工业制成品出口到拉美。这样，很长时间内，中拉各取所需，以这种产业间的贸易为主。墨西哥等少数的拉美地区国家则比较特殊，如表1所示，墨西哥从中国进口"机械和运输设备"的比重达到52%，但同时中国从墨西哥进口"机械和运输设备"的比重达到58.2%，其中存在相当比例的产业内贸易。

表1 2016年中国与巴西、墨西哥、智利、秘鲁和阿根廷的商品贸易结构

单位：%

	巴西		墨西哥		智利		秘鲁		阿根廷	
	出口	进口	出口	进口	出口	进口	出口	进口	出口	进口
0类：食品及活动物	2.51	6.23	1.84	1.10	1.70	9.88	0.86	10.25	0.50	11.91
1类：饮料及烟类	0.02	0.38	0.00	0.49	0.06	1.44	0.12	0.00	0.00	1.85
2类：非食用原料（燃料除外）	0.72	69.91	0.44	19.07	0.19	45.49	0.73	78.82	0.19	65.88
3类：矿物燃料、润滑油及相关原料	0.77	13.17	0.54	2.69	0.07	0.00	0.44	1.31	0.17	9.85
4类：动植物油、脂及蜡	0.01	0.60	0.00	0.01	0.26	0.05	0.02	0.24	0.00	2.69
5类：化学成品及有关产品	15.19	0.87	5.90	2.90	6.45	1.40	10.06	0.20	15.76	4.60
6类：按原料分类的制成品	17.62	4.40	14.95	4.30	23.51	41.69	28.85	9.06	14.26	2.99
7类：机械及运输设备	43.27	4.30	51.98	58.19	29.79	0.04	37.67	0.01	49.99	0.21
8类：杂项制品	19.83	0.13	24.31	11.24	37.91	0.10	21.21	0.10	19.09	0.02
9类：未分类的商品和交易	0.07	0.00	0.03	0.02	0.07	0.00	0.03	0.00	0.04	0.01
总计	100	100	100	100	100	100	100	100	100	100

资料来源：根据 UN Comtrade 计算，按 SITC Rev.4 分类。

（3）中国对拉美的直接投资。从投资存量来看（见图5），2003~2015年中国对拉美的投资规模总体上不断扩大，中国对拉美的直接投资存量由46.2亿美元增至2071.5亿美元，年均增幅超过30%。此外，2003~2006年中国对拉美的直接投资存量占中国对外直接投资存量的比重呈现上升趋势，2007~2015年除个别年份外呈现逐年下降的趋势，2015年占比仅为11.5%，但2016年有所上扬，占比达到15.3%。

从投资流量来看（见图5和表2），在2007年以前，中国对拉美投资流量在当年对外投资中的占比都在30%以上，此后逐渐下降，2016年激增为近五年占比最高。自2007年以来，除个别年份外，拉丁美洲吸收的中国对外投资流量一直仅次于亚洲（万军，2016）。就投资流向的区域而言，2003~2016年的《中国对外直接投资统计公报》显示，中国对拉美的投资主要流向了开曼群岛和英属维

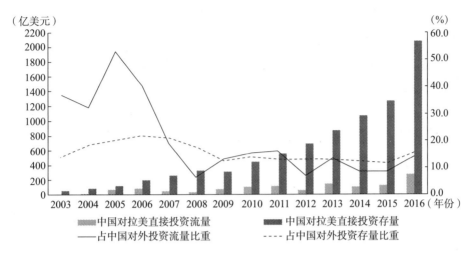

图5　中国对拉美的投资及其在中国对外总投资中的占比

资料来源：根据 2003~2015 年《中国对外直接投资统计公报》整理。

尔京群岛这两个离岸金融中心，其他投资主要分布在南美洲，如巴西、委内瑞拉、厄瓜多尔等。2016 年中国流向拉丁美洲地区的投资为 272.3 亿美元，同比增长 115.9%，其中，对避税地开曼群岛和英属维尔京群岛的投资达 258.1 亿美元，占对拉美地区投资总额的 94.8%；投资牙买加 4.2 亿美元，墨西哥 2.1 亿美元。此外，2015 年中国对拉美非金融类投资 214 亿美元，同比增长 67%。概括来说，目前中国是拉美主要的投资来源国之一，拉美则是中国海外第二大投资目的地，也是中国对外投资增长最快的区域之一。

表2　2013~2016 年中国对外直接投资流量地区构成情况

单位：亿美元,%

大洲	2013 年			2014 年			2015 年			2016 年		
	流量	同比	比重	流量	同比	比重	流量	同比	比重	流量	同比	比重
亚洲	756.0	16.7	70.1	849.9	12.4	69.0	1083.7	27.5	74.4	1302.7	20.2	66.4
欧洲	59.5	-15.4	5.5	108.4	82.2	8.8	71.2	-34.3	4.9	106.9	50.2	5.4
拉丁美洲	143.6	132.7	13.3	105.4	-26.6	8.6	126.1	19.6	8.6	272.3	115.9	13.9
北美洲	49.0	0.4	4.5	92.1	88.0	7.5	107.2	16.4	7.4	203.5	89.9	10.4
大洋洲	36.6	51.6	3.4	43.4	18.6	3.5	38.7	-10.7	2.7	52.1	34.6	2.7
非洲	33.7	33.9	3.2	32.0	-5.0	2.6	29.8	-7.0	2.0	24.0	-19.4	1.2
合计	1078.4	22.3	100.0	1231.2	14.2	100.0	1456.7	18.3	100.0	1961.5	35.9	100.0

资料来源：根据 2013~2016 年《中国对外直接投资统计公报》整理。

（4）经济合作。经济合作也是中拉贸易合作的重要内容。截至 2015 年底，中国累计在拉美地区签订承包工程合同金额 1100 亿美元，完成营业额 745 亿美元；2015 年中国对拉美承包工程完成营业额 164 亿美元，占总量 10.6%（见图 6）。拉美地区已成为中国重要的海外工程市场。

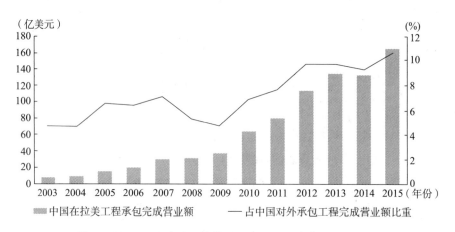

图 6　2003～2015 年中国在拉美承包工程完成营业额及其占比

资料来源：CEIC 中国经济数据库（检索日期：2017 年 9 月）。

（二）中拉产能合作的机遇

中拉产能合作恰逢其时。一方面，近几十年来，拉美地区经历了"外向—内向—外向"（初级产品出口—进口替代工业化—外向型）等不同的经济发展模式。这种产业政策的"钟摆效应"造成了拉美的"去工业化"现象，导致拉美地区的制造业发展进程缓慢，绝大部分拉美国家仍然过度依赖初级产品出口或旅游业。但是面对全球经济的低迷和中国经济的增速放缓，拉美具有显著比较优势的资源密集型大宗商品的出口优势也不再明显，使拉美地区的经济陷入困境，急需加快工业化进程，推动生产业结构的转型升级。

另一方面，近年来，在经济周期和投资冲动等多重因素影响下，中国的投资率不断提高，以及各行业的产能持续快速扩张。但自 2011 年下半年以来，随着经济增长速度明显下降，各种产品的市场需求增长有所放缓，新一轮产能过剩问题日益突出（赵昌文和许召元等，2015）。而就产业竞争力而言，经过 30 多年的快速发展，中国制造业获得了比较优势，在国际上也占有一席之地，并逐步进入工业化中后期，形成了产业门类全、技术水平高的工业体系。中国的产能总体处于中端及中高端水平，技术先进适用，价格合理适中，性价比较高，特别符合广大发展中国家的现实需要和承载能力（刘梦娇，2015）。

在上述背景下，中拉开启产能合作面临巨大的机遇。在这种合作模式下，拉美地区可以借助中国输出的优质产能，改变单一经济结构，生产并出口更多高附加值的优质产品，提高拉美在国际贸易中的地位（张涵和梁励，2015）；中国也可以发展壮大具有优势的装备和产业链并参与到国际市场的竞争中去，推动产业的优化升级，中拉双方借此可以实现外贸的"优进优出"。通过投资，中拉可以重整价值链，逐步扩大产业间贸易的比例，形成新的贸易增长点。简言之，以产能合作为支撑的中拉贸易和投资结构都可以因此得到改善，有利于推进中拉经贸合作的升级。

当前，拉美各国都在大力发展基础设施建设，为经济结构转型和可持续的经济增长奠定坚实的基础（万军，2017）。实际上，拉美地区却普遍缺乏基础设施建设所需的先进的建材生产线、技术和管理经验，基础设施建设也因此成为中拉经贸合作中最具增长潜力的领域之一，同时也是中拉开展产能合作的重点领域之一。

华东政法大学政治学研究院2017年发布了旨在对全球192个主权国家的国家治理程度进行科学、客观评估的《2016国家治理指数报告》。该报告中的指标采用四级体系：一级指标包括"基础（A）""价值（B）""可持续（C）"三个全球治理领域的核心部分，各部分又下辖一系列具体二级、三级和四级指标。其中，基础性二级指标包含设施、秩序、服务；价值性二级指标包含公开、公平、公正；可持续性二级指标包含效率、环保、创新。而且评估指标全部采用客观数据，指标间权重采用"层次分析法"，综合相关专家的评估，得出指标体系权重表，形成一个综合且较客观的评估体系。

中国与拉美地区的国家治理指数如表3所示。中国在同一报告中全球排名28，位于第一梯队，其中基础性指标得分3416.5、价值性指标得分1447.2、可持续性指标得分1340.5及总分6204.2。从拉美地区的整体得分来看，大部分拉美国家位于第二梯队，处于中游水平，但也有海地几个国家居末尾。从各一级指标来看，拉美地区的基础性指标即设施、秩序、服务三个方面的得分与中国相近的仅有五个，表明大部分拉美地区的基础建设水平与中国存在较大差距。与拉美地区相比，中国在工业发展过程中积累了丰富的基础设施建设经验，装备制造技术发展领先，这正与需要大规模进行基础设施建设和工业化升级的拉美各国形成了很强的互补，也为中拉开展产能合作提供了新的契机。

表3　2016年中国与拉美地区的国家治理指数

国家	全球排名	基础性指标得分	价值性指标得分	可持续性指标得分	总分
中国	28	3416.5	1447.2	1340.5	6204.2
苏里南	43	3266.2	1490.3	1005.4	5761.9

续表

国家	全球排名	基础性 指标得分	价值性 指标得分	可持续性 指标得分	总分
阿根廷	46	3443.3	1248.3	1005.8	5697.4
乌拉圭	48	3440.4	1300.6	938.3	5679.3
巴西	52	3319.2	1341	960.2	5620.4
哥斯达黎加	54	3362.6	1258.1	981.6	5602.3
墨西哥	58	3232.9	1316.3	1005.8	5555
委内瑞拉	60	3287.3	1361.6	904.6	5553.5
古巴	63	3481.4	1159.2	889.3	5529.9
巴巴多斯	75	3582	935.4	899.4	5416.8
智利	76	3413.2	1089.5	891.6	5394.3
圭亚那	77	3008.3	1501.7	882.3	5392.3
巴哈马	78	3300.8	1235.8	854.5	5391.1
秘鲁	84	3110.1	1309.4	917.3	5336.8
安提瓜和巴布达	87	3261.3	1209.4	848	5318.7
特立尼达和多巴哥	88	3317	1249.9	749.1	5316
多米尼加联邦	93	3083.4	1254.4	908.5	5246.3
玻利维亚	96	2869	1355.4	978.8	5203.2
厄瓜多尔	97	3101.3	1153.6	939.3	5194.2
格林纳达	98	3209.1	1119.7	854.3	5183.1
圣卢西亚	103	3218.3	1038.9	848.8	5106
牙买加	104	3211.7	1046.6	845.2	5103.5
尼加拉瓜	107	3019.3	1191.7	879.4	5090.4
哥伦比亚	108	3063.5	1093.6	926.7	5083.8
多米尼加	109	3249	962.5	871.5	5083
萨尔瓦多	110	3052.7	1110.4	897	5060.1
巴拉圭	121	3013.5	1072.9	898.5	4984.9
伯利兹	129	3196.2	858.9	842.9	4055.1

续表

国家	全球排名	基础性指标得分	价值性指标得分	可持续性指标得分	总分
圣文森特和格林纳丁斯	136	3094.4	897	837.3	4828.7
圣基茨和尼维斯	139	3188.9	780.7	821.2	4790.8
危地马拉	141	2894.1	1014.3	873.5	4781.9
洪都拉斯	150	2962.4	878.3	866.3	4707
海地	191	1911.4	839.7	765.5	3516.6

资料来源：华东政法大学政治学研究院. The Fundamental Dimensions of National Governance：China Per-spective 2016 National Governance Index Report ［R］. 上海：华东政法大学政治学研究院，2017：30-31.

三、中拉产能合作的进展

自中拉进入产能合作新模式以来，中拉双方在推进经贸磋商、贸易结构优化、投资多元化以及重点领域合作等方面已取得初步成效，且发展前景广阔。

（一）经贸磋商

（1）建立中国—拉共体论坛。早在 2014 年 1 月，拉共体第二届峰会就已经通过《关于支持建立中国—拉共体论坛的特别声明》，为中拉开启整体合作进程奠定了基础。同年 7 月，习近平主席第二次访问拉美期间，中方与拉美地区共同宣布成立中国—拉共体论坛，并决定建立平等互利、共同发展的中拉全面合作伙伴关系。直至 2015 年 1 月，中国—拉共体论坛召开首届部长级会议，并制定《中国与拉美和加勒比国家合作规划（2015—2019）》，标志着双方整体合作由构想变为现实。中国—拉共体论坛是中国与拉共体成员国进行磋商的重要平台，《中国与拉美和加勒比国家合作规划（2015—2019）》的制定也为双方在政治和安全、国际事务、贸易、投资、金融、基础设施和交通运输等领域的合作提出了指导性建议。

（2）积极推进自贸协定的签订与升级。2006~2011 年，中国与拉美地区的智利、秘鲁、哥斯达黎加三个国家先后签署了自由贸易协定。在此基础上，2016 年 11 月，在习近平主席第三次访问拉美期间，中方宣布启动开展中智自贸协定升级谈判和中秘自贸协定升级联合研究工作。此外，中国与哥伦比亚的自贸协议可行性研究也已经完成。自贸协定的签订与升级，对于逐步消除贸易壁垒、推动产能合作顺利开展等具有重要意义。

此外，2016 年 11 月，中国发布了新的《中国对拉丁美洲和加勒比政策文件》，提出建设中拉命运共同体的新目标，为全面优化中拉经贸领域务实合作、协同创新产能合作模式指明了方向。

（二）贸易结构优化和投资多元化

中拉经贸关系由单纯的贸易主导向贸易、投资、金融三轮驱动模式演进，中拉双方也在不断优化贸易结构，扩大产业间贸易和高附加值产品的进出口。2016年，中国对拉美非金融类直接投资 298 亿美元，同比增长 39%。随着中拉产能合作的开展，中国对拉美投资方式和投资主体也日趋多元，大型并购项目不断涌现，如中国长江三峡集团以 37.7 亿美元收购巴西朱比亚水电站和伊利亚水电站 30 年经营权项目，成为截至 2016 年底中国企业在电力生产和供应领域最大的对外投资并购项目；中国对拉美投资领域也从传统的能源矿产、基础设施领域开始向金融、农业、制造业、信息产业、服务业、电子商务、航空运输等诸多领域扩展（中华人民共和国商务部，2017）。

根据 2013~2016 年度各年末中国对拉丁美洲直接投资存量前五位的行业显示（见表 4），中国对拉美直接投资的行业高度集中，2013~2016 年租赁和商业服务业、采矿业、金融业、批发和零售业稳居前五，但采矿业的占比与 2013 年相比明显下滑，信息传输/软件和信息技术服务业则在 2016 年跃居第二。数据表明，2016 年中国流向拉美直接投资的领域得到较为明显的扩展，尤其在信息传输/软件和信息技术服务业上的投资势头十分强劲，这也符合中国与拉美近两年在通信行业全产业链上展开深入合作的现实。

表 4　2013~2016 年各年末中国对拉丁美洲直接投资存量前五位的行业

单位：亿美元，%

2013 年				2014 年			
排名	行业名称	存量	占比	排名	行业名称	存量	占比
1	租赁和商业服务业	410.8	47.7	1	租赁和商业服务业	605.0	57.0
2	采矿业	149.3	17.3	2	金融业	194.1	18.3
3	金融业	120.7	14.1	3	批发和零售业	84.4	8.0
4	批发和零售业	85.6	9.9	4	采矿业	54.3	5.1
5	交通运输、仓储和邮政业	22.6	2.6	5	交通运输、仓储和邮政业	34.5	3.2
	小计	789.0	91.6		小计	972.3	91.6

	2015 年				2016 年		
排名	行业名称	存量	占比	排名	行业名称	存量	占比
1	租赁和商业服务业	602.5	47.7	1	租赁和商业服务业	690.4	33.3
2	金融业	230.7	18.3	2	信息传输/软件和信息技术服务业	380.2	18.4
3	采矿业	121.5	9.6	3	批发和零售业	371.4	17.9
4	批发和零售业	96.2	7.6	4	金融业	242.6	11.7
5	交通运输、仓储和邮政业	45.5	3.6	5	采矿业	159.3	7.7
	小计	1096.4	86.8		小计	1843.9	89.0

资料来源：根据 2013~2016 年《中国对外直接投资统计公报》整理。

（三）重点领域合作

2016 年，中国企业在拉美签署承包工程合同 191.2 亿美元，同比增长 5.3%，完成营业额 160.3 亿美元，同比下降 2.3%。中国企业承揽的工程涉及铁路、公路、通信、水电站、高压输电工程等领域，中国在拉美近年增加的大量投资也有相当一部分流向了基础设施项目。目前，中国与拉美在基础设施领域的合作前景仍然十分广阔。

此外，产能合作也离不开融资平台的支持。由于中拉产能合作项目大多具有投资大、周期长、风险大的特点，而拉美地区资本市场规模较小、银行融资成本高，中长期开发投资基金因在很短的时间内以自身的投资撬动银团贷款等外部融资的优势，在这些项目中能够发挥更加积极的作用，成为产能和贸易合作深入推进的保障。近年来，中国已经设立了多项专项资金用以支持中拉产能合作，包括100 亿美元对拉美和加勒比国家优惠性质贷款、200 亿美元中拉基础设施专项贷款、200 亿美元中国巴西扩大产能合作基金等。

四、中拉产能合作面临的挑战

虽然中拉产能合作迎来全新的机遇，并取得初步成效，但是，由于拉美地区特殊的实际情况，未来的中拉产能合作还面临着一些现实的挑战。

（一）拉美的政治法律环境复杂

绝大部分的拉美国家在 19 世纪初才取得独立。在取得独立后，拉美地区也没有完全解决个别国家之间的领土、领海的划界问题，紧张局面不时出现。尽管拉美地区大多实行民主制，但各国政局较为动荡，政权更迭，影响其制定境外投资政策以及政策实施的稳定性，政府的违约行为增加了我国境外投资企业潜在的政治法律风险。加之刑事司法体系低效甚至无效，腐败猖獗，凡此种种，都对中国企业在拉美地区投资贸易带来更多的不确定性。而基础设施建设是中拉开展产能合作的重点领域之一，其建设具有投资大、周期长的特点，一旦受到政治、法律风险等因素的干扰，往往会使项目受阻甚至停滞，损害企业的经济利益。例如，2014 年，中国公司曾遭遇中标墨西哥高铁项目又被取消的意外事件，原因是反对党质疑其招标时间太短，对参与企业不公平，政府迫于压力不得不临时变卦（张梅，2016）。

此外，随着中国元素在拉美日益增多，拉美各界对于"中国机遇论"和"中国威胁论"各执一词（洪俊杰，2013），鼓噪"中国威胁论"的政客和媒体极力主张限制中国商品和资本的进入。而随着中拉经贸关系日益密切，贸易摩擦也逐渐增多，拉美已成为中国在发展中国家遭遇贸易保护主义限制最严重的地区。根据世界贸易组织（WTO）有关数据显示，1995～2012 年中国遭受来自拉美的反倾销调查就有 248 项，占总量的 27%；同期，中国遭受反倾销措施 168 项，占总量的 25%（胡必亮和张勇，2014）。

（二）拉美的投资环境并不乐观

"营商环境"排名表明一个经济体的排名越高，其投资便利化程度越高，监管环境越有利于开办和运营一家本地企业。世界银行依据开办企业、办理许可、获得电力、登记财产、获得信贷、保护少数投资者、纳税、跨境贸易、执行合同和办理破产这 10 个议题的前沿距离（DTF）得分对各经济体进行综合排名。其中，每个议题所占权重相同，且包括多个指标。前沿距离显示当前每个经济体距离"前沿水平"的差距，具体反映在 0～100 的区间里，其中 0 表示最差表现，100 表示前沿水平。

拉美地区资源丰富，气候、环境、生物多样，但是从投资的角度看，大部分拉美地区的国家却不是投资者的沃土（查道炯和李福胜等，2014）。根据世界银行 2017 年发布的《2017 年营商环境报告》，对全球 190 个经济体的营商环境进行分析和评估，其中拉美地区"营商环境"的地区排名和全球排名如表 5 所示。2017 年中国的 DTF 得分为 64.28，全球排名居 78 位。在被评估的 31 个拉美经济体中，排名居中国之前的仅有 6 个；居中国之后的有 25 个，超过拉美经济体总数的 2/3。

表5　2017年拉美地区"营商环境"的地区排名和全球排名

拉美地区排名	国家	DTF得分	全球排名	拉美地区排名	国家	DTF得分	全球排名
1	墨西哥	72.29	47	17	安提瓜和巴布达	58.04	113
2	哥伦比亚	70.92	53	18	厄瓜多尔	57.97	114
3	秘鲁	70.25	54	19	阿根廷	57.45	116
4	智利	69.56	57	20	巴巴多斯	57.42	117
5	哥斯达黎加	68.5	62	21	巴哈马	56.65	121
6	牙买加	67.54	67	22	巴西	56.53	123
7	圣卢西亚	63.13	86	23	圭亚那	56.26	124
8	危地马拉	62.93	88	24	圣文森特和格林纳丁斯	55.91	125
9	乌拉圭	61.85	90				
10	萨尔瓦多	61.02	95	25	尼加拉瓜	55.75	127
11	特立尼达和多巴哥	60.99	96	26	圣基茨和尼维斯	53.96	134
12	多米尼加	60.27	101	27	格林纳达	53.75	138
13	多米尼加联邦	59.35	103	28	玻利维亚	49.85	149
14	洪都拉斯	59.09	105	29	苏里南	47.28	158
15	巴拉圭	59.03	106	30	海地	38.66	181
16	伯利兹	58.06	112	31	委内瑞拉	33.37	187

资料来源：The World Bank Group, A World Bank Group Flagship Report 2017 ［R］. Washington：The World Bank Group, 2017：15.

（三）拉美劳动力市场有诸多限制

中国将优势产能转移到拉美，在拉美投资建厂或承包拉美的基础设施工程项目，都必然离不开雇用当地的员工。但是中国与拉美在处理人事问题和劳工保护措施上存在较大差异，稍有不慎，就会引起劳资纠纷，给经营发展带来困难。中国首钢秘鲁铁矿股份有限公司的工会罢工事件就是典型的例子。首钢是中国首个进入拉美地区的中国公司，1992年出资3.118亿美元收购秘鲁钢铁公司及其铁矿（以下简称首钢秘铁），1992~1995年因裁减冗员和工资水平相对较低而多次发生罢工事件；2004年7月首钢秘铁通过中介机构雇用的180名工人举行无限期罢工，要求工资待遇与正式工齐平，为向企业施压，他们同时封锁了通往矿区的唯一通路，致使首钢秘铁被迫停产一个月（郭洁，2015）。另外，工会、政府部门、当地居民组织等对首钢秘鲁的劳动保护、安全生产措施等多次进行批评和指责，甚至发生围堵厂区、阻挠生产等严重事件，企业在应对、适应当地劳动法规，以及与东道国的劳工局谈判方面也常遭遇困难。

（四）环境保护和社会责任提出挑战

基础设施的建设往往会对当地生态环境产生较大影响，而拉美地区各国政府和非政府组织都非常重视对自然环境的保护。近年来，中国企业进入拉美地区从事大型工程项目的过程中，一些已经开展的项目如首钢经营的秘鲁马科纳矿、多米尼加的迈蒙山矿和阿根廷的谢拉格兰德矿因环境保护和社会责任等履行不足的问题招致周边居民的不满和抗议；一些未开展的中国企业的项目，如对牙买加戈特岛的开发，以及对厄瓜多尔伊斯平戈-坦博科查-蒂普蒂尼油田的开发，由于当地出于"未来很可能会因潜在的……涉及环境脆弱区域的项目的增加而加剧"的环保理由遭遇抵制。在环境保护和企业社会责任的监督方面，拉美地区不仅有一些非政府组织在此领域非常活跃，还有一些热衷于批评中国企业行为的媒体，大肆宣扬中国企业在环保及社会责任等方面的不足之处或故意曲解中国企业的做法，这样不仅企业形象会因此受损，工程项目的进程也会因此受阻。

五、深化中拉产能合作的对策建议

针对中拉产能合作面临的挑战，本文从政府和企业两个角度出发，提出了相关的对策建议。

从政府的角度出发，本文提出：

（一）完善中拉产能合作的制度性保障

拉美大多地区政策稳定性和持续性较差，部分国家采取不同程度的贸易保护政策，尤其是一些拉美大国在税收、法律、劳工、环保等方面较为严苛，而且腐败盛行与政府效率低下，部分国家的政客和媒体鼓噪"中国威胁论"等都对中国企业在拉美地区投资运营形成重重阻碍。对此，本文建议，中国政府一方面仍需加强与拉美地区政府的政治经贸谈判，积极签署、升级自由贸易协定和投资保护协定，加快双方在商品贸易、服务贸易、投资等领域标准与规范的相互认可，推动双方在贸易和投资领域新的规则实践，为降低双向贸易投资风险提供行之有效的制度性保障。在国际结算方面，李克强总理在 2015 年出访拉美时就强调要扩大中拉之间的货币互换及本币结算等合作，便利双方经贸往来，这也可助力人民币国际化进程。另一方面，中国政府通过支持媒体"走出去"，引导东道国舆论，减少东道国政府和民众对中国及中国企业的误解和排斥；宣传中国传统文化，促进中拉的文化交流，为中国传统文化的输出和打破中拉文化壁垒做出努力。

（二）搭建企业全面了解拉美投资环境的信息共享平台

就中国企业在拉美地区开办企业、办理许可、获得信贷、纳税、跨境贸易、执行合同等而言，中国企业尤其是中小规模的中国企业较难应对部分拉美国家给境外企业设置的过高投资门槛和提供的不足够安全友好的营商环境。这就需要政府部门和行业组织等搭建辐射面广、分享快捷的商业合作平台和投融资平台，提供较为充分的市场信息、政策法规、投融资渠道等，具体的措施如建立中国企业走向拉美各国市场和政策的资料库，帮助中国企业了解相关的政策和市场动态，以更好地规避风险。

（三）积极倡导和严格监督企业依法保护环境和履行企业社会责任

拉美地区十分注重生态安全和环境保护，环保政策较严格，对废水、废气、噪声及各种其他废弃物的排放有十分严格的标准。中国企业环保和企业社会责任履行的不足，不仅会影响企业声誉和企业运营，长此以往也将不利于民族形象和中拉长期友好的关系。因此，中国政府有必要大力倡导和严格监督拉美的中资企业依法保护当地的环境以及积极履行企业社会责任。

从企业的角度出发，本文提出：

（一）灵活运用多种手段合理规避投资风险

中国企业在做投资决策前应对东道国的投资环境做好全面的认识和评估，深入了解东道国法律法规和政治格局，并逐步建立风险应急机制；考虑国内外经营环境差异，与熟悉东道国投资和制度环境的咨询管理机构合作调研东道国市场，分析和评估东道国的市场需求、投资风险及投资回报等；与其他当地的公司建立合资企业和联盟或与社区等非市场利益相关者合作，以更好地了解东道国制度环境，为当地经营提供支持，并最终保护企业投资。

（二）积极开展本土化经营，合规处理劳资纠纷

中国企业在拉美进行"绿地投资"实现当地生产，既能够规避可能的贸易壁垒，更容易获得在东道国经营的"合法性"和受到当地社区的欢迎；又能通过区位选择和战略选择，促进产业集群的产生和发展，有利于降低企业的制度成本，提高规模经济效益和范围经济效益，提高产业和企业自身的市场竞争力。在拉美投资建厂，中国企业也应该积极开展本土化经营，尽量雇用当地专业对口、素质较高的劳动力，促进当地的就业；系统地培训当地员工的专业技能，以及结合企业文化对员工进行熏陶和团建，增强员工综合素质的同时提高员工归属感；建立起一支国际化素养高尤其是熟悉东道国环境的职业经理人团队，能够高效、恰当地解决企业在当地运营遇到的文化冲突、利益冲突等各种问题。此外，中国

企业雇用当地劳动力，要深入了解并严格遵守当地的《劳工法》等法律法规，履行按时发放薪资、保证员工福利等法律义务，合规处理劳资纠纷。

（三）主动承担社会责任，树立良好的企业形象

中国企业在拉美进行投资应注重企业的长远发展，树立与当地社会共同发展、互利共赢的理念。企业在开展经济活动的同时应该积极履行保护环境的法律义务，主动承担企业社会责任，支持当地环境保护事业。在经营过程中，应绝对避免违背当地反腐败等商业道德法规或企业社会责任制度，积极通过非政府组织或第三方社会机构力所能及地捐助、支持当地社区发展，回馈当地社区，以开展公益活动等为抓手，塑造良好的"社会公民形象"，提升企业品牌知名度和社会影响力。

参考文献

[1] 国务院发展研究中心《进一步化解产能过剩的政策研究》课题组，赵昌文，许召元，袁东，廖博. 当前我国产能过剩的特征、风险及对策研究——基于实地调研及微观数据的分析 [J]. 管理世界，2015（4）：1-10.

[2] 郭洁. 首钢秘鲁铁矿项目的历史与变迁 [J]. 国际政治研究，2015，36（1）：51-73.

[3] 华东政法大学政治学研究院. The Fundamental Dimensions of National Governance：China Perspective 2016 National Governance Index Report [R]. 上海：华东政法大学政治学研究院，2017：30-31.

[4] 胡必亮，张勇. "太平洋和拉美的世纪"——中拉经贸合作的现实挑战与发展机遇 [J]. 人民论坛·学术前沿，2014（17）：6-16.

[5] 洪俊杰. 中拉合作"大棋局"逐步铺开 [N]. 解放日报，2013-05-31（007）.

[6] 刘梦娇. 产能合作 开启中国—东盟合作新篇章 [J]. 国际工程与劳务，2015（11）：38-39.

[7] 万军. 中拉产能合作的动因、进展与挑战 [J]. 拉丁美洲研究，2016（4）：23-41，154-155.

[8] 万军. 中拉产能合作与拉美通信基础设施建设 [J]. 拉丁美洲研究，2017，39（3）：38-59，155.

[9] 查道炯，李福胜，蒋姮. 中国境外投资环境与社会风险案例研究 [M]. 北京：北京大学出版社，2014：94.

[10] 张涵，梁励. 李克强拉美四国行首要成果：千亿美元大单开启国际产能合作之路 [N]. 21世纪经济报道，2015-05-27（008）.

［11］中华人民共和国商务部新闻．2017-02-13.【2016 年商务工作年终综述之二十九】中国与拉美国家经贸合作保持平稳发展［EB/OL］．［2017-09-30］．http：//www. mofcom. gov. cn/article/ae/ai/201702/20170202513555. shtml.

［12］张梅．对外产能合作：进展与挑战［J］．国际问题研究，2016（1）：107-119.

［13］张勇．拉美能源资源产业发展及中拉合作建议［J］．国际经济合作，2015（8）：89-95.

［14］周志伟，岳云霞．中拉整体合作：机遇、挑战与政策思路［J］．世界经济与政治论坛，2016（5）：122-135.

［15］ECLAC. People's Republic of China and Latin America and the Caribbean：Ushering in a New Era in the Economic and Trade Relationship［R］. Santiago，2011：23.

［16］The World Bank Group. A World Bank Group Flagship Report 2017［R］. Washington：The World Bank Group，2017：15-15.

平等：多个方面及其影响

豪尔赫·爱德华·纳瓦雷特[①]

摘　要： 在全球经济增长缓慢、拉美经济低迷甚至部分国家经济受到重创的背景下，常年存在且反复加剧的社会和经济多方面的不平等问题更加凸显。在拉美，无论经济是增长还是停滞都没有缩小各收入阶层之间的差距，贫富差距正反过来作用于经济，使其发展愈加困难。多个国际组织已经把拉美社会不同纬度的不平等提升到了重要位置。本文对拉丁美洲和加勒比地区的经济不平等现象及其影响做了简略的分析。

关键词： 不平等；收入差距；再分配政策

在 21 世纪尤其是最近十年，在经济和社会科学领域没有比"不平等"这一话题更备受争论的了。这一话题已经在国家层面引起了广泛的政治争论，无论是新兴国家和发展中国家，还是发达国家，在国际组织中更是如此。

不平等现象，既贯穿于美国政府提出的有利于富裕阶层的减税立法[②]辩论的议题之中，也是作为另一巨大经济体和世界经济增长动力的中国，在其当前领导人开始第二任期[③]时，关于中国方向讨论的背景。

在拉丁美洲和加勒比地区，到了该"重视平等的时刻"了。据拉丁美洲经

---

① Jorge Eduardo Navarrete，墨西哥国立自治大学特约国际问题专家，本文由崔跃、金鑫翻译。

② "2018 年，所有收入群体的平均税负将下降。在 95% 的低收入阶层中会出现这一现象的原因是他们的税后收入将高出 0.5~1.2 个百分点。而对于收入在 73 万美元以上的那 1% 的人群，其原因是他们将获得税收总额 50% 左右的优惠，税后收入平均增长 8.5%。"税收政策中心，2017 年 9 月 29 日《税制改革统一框架》初步分析（Tax Policy Center, *A preliminaryanalysis of the Unified Framework*）。

③ 2017 年 10 月，中国共产党第十九次代表大会确定了"到 2020 年全面建设小康社会，实现民族复兴的梦想"的国家奋斗目标。为了实现这一点，有必要扭转近年来伴随着经济高速增长时期日益加剧的不平等问题。习近平：《十九大报告》，人民出版社，2017 年。

济委员会（CEPAL）的宣言，秉持"平等为了增长，增长为了平等"① 这一理念是有必要的。在墨西哥，正如罗兰多·科尔德拉（Rolando Cordera）所指出，多方面对于贫穷的测量、不平等问题在长期演变中所造成的影响以及贪污和不受法律制裁的问题应当成为 2018 年即将到来的政治选举辩论②的中心问题。

对于不平等的关注和不断增长的担忧在全球范围内都可以觉察到，而引起这一现象的原因又是多方面的。

毫无疑问，"不平等的自身爆发"是处于支配地位的，体现为收入最高的一小部分人口与该国家或世界其余人口之间的收入差距以一种异常的方式扩大，并且这一少数人口在整体中所占的比例越来越小，从 10% 到 1% 甚至到 0.1%。

在美国，从 2007 年到 2016 年这十年的时间里，20% 最贫穷人口平均收入降低到 571 美元，与此同时，20% 最富人口的收入提高到了 13749 美元，不平等现象急剧扩大③。在墨西哥，基尼系数——最常见的用于统计分配不平等的量度，它的数值位于 0~1（0 代表分配绝对公平，1 代表分配绝对不公平）区间，用来计算人均收入水平——显示出在 1984 年（0.489）和 1998 年（0.549）期间其不平等现象的增长。虽然 2014 年的系数下降到 0.5086④，但是这已经成为拉丁美洲地区最尖锐的问题之一，同时，拉美也是全球收入最不平等的地区之一。

经济不平等的其他方面也会受到影响：财富或遗产、工资和薪水以及代际持续的不平等。诺曼·萨马涅哥（Norma Samaniego）通过对墨西哥收入再分配的研究，发现相应的薪水收入占比下降，而其他收入尤其是资本收入有所上升。他表示，"墨西哥国民收入中工资的份额 70 年代中期开始下降，从 1976 年的 40% 下降到 2012 年的 27.2%，是 40 年来的最低水平"。

除了经济上的不平等之外，社会不平等的诸多表现也令人悲痛。由性别和婚姻状况这两个主要方面引起，体现在充足和优质的教育和保健服务的提供方面，薪资水平以及工作晋升条件方面的不平等。很显然，在社会发展的政治活动中，包括住房都是由于经济不平等所引起的。比如墨西哥，在 2017 年的最后几个月

① 拉丁美洲经济委员会：《地平线 2030：平等是可持续发展的》，2016 年 7 月，第 176 页（Horizontes 2030：la igualdad en el centro del desarrollo sostenible，julio de 2016，pp. 176，http://repositorio. cepal. org/handle/11362/40159）。

② 罗兰多·科尔德拉（Rolando Cordera）：《常年出现的不平等》，墨西哥经济文化基金会（La perenne desigualdad，Fondo de Cultura Econo′mica，México），2017 年，第 158 页。

③ 宾亚明·阿佩尔鲍姆（BinyaminApplebum）：《美国中等收入家庭收入连续第二年上涨》，《纽约时报》，2017 年 9 月 12 日（"Median U. S. HouseholdIncome Up for 2nd Straight Year"，The New York Times）。

④ 费尔南多·科尔特斯（Fernando Cortés）等：《可持续发展目标中的收入分配不平等——墨西哥 2030》，《2016 年墨西哥发展报告》，大学发展研究项目，墨西哥国立自治大学（UNAM），墨西哥，2017，表 2，第 269 页（"La desigualdad en la distribución del ingreso en los ODS. México a 2030"，Informe del desarrollo en México 2016，Programa Universitario de Estudios del Desarrollo，UNAM，México，2017，cuadro 2，p.269）。

里自然灾害对加剧不平等的影响就是显而易见的：收入最低和物质生活条件最不利的人口是最脆弱的，受到的影响也超过了正常比例。与恢复和重建有关的费用部分也是不成比例的，是这部分人群被迫去清偿的。

不平等也会影响政治系统的运作和演变。已有人研究过不平等尤其是它的恶化是如何影响民主进程的运转，以及引起收入和财富集中迅速滑向政治权利集中及政治组织排外形式的出现和巩固的方式。因此，显而易见在拉丁美洲，长期不充分的经济发展和暴力水平的上升相结合是对民主政治制度信任的致命打击。这一问题被拉丁美洲晴雨表调查机构研究了 20 年，2017 年的报告在 10 月底已发布。在经济危机、贪污丑闻和公共服务不满意的情况下，对于民主的支持率在2016 年有所下降，仅为 54%，而这三个现象是和不平等的各种现象紧密相关，并且也有观点说这是"为少数人服务的政府"①。

根据大萧条时期的经验，这场灾难在近十年摧毁了世界经济和社会，造成的低增长、高失业率（尤其是在年轻人中）、不断增长的不平等问题都远未解决。面对放松管制的市场经济的破产和已成为全球范本的形式选举民主的失败，至少从 20 世纪 90 年代开始，已经显现出了系统性变化的萌芽。

（一） 历史视角下的不平等

罗伯特·博耶尔（Robert Boyer）最近的一项研究显示，从 20 世纪 50 年代开始就可以区分出世界经济的两种行为模式，或者至少说是贡献了全球大部分产品并确定了整体进程的发达国家的经济：

第一种是在 20 世纪 50 年代至 70 年代后期之间，差不多有 30 年的时间，其特点是发达经济体内不平等的减少：工资的高增长和社会覆盖面的扩大，收入的阶层间差距变小，同时利润率保持稳定，投资产出和生产力水平高，几乎达到了充分就业②。

第二种是在 20 世纪 80 年代，生产率全面上升的停止，尤其是在美国，导致增长停滞、危及再分配的循环、造成社会紧张、引起通货膨胀和失业。同时生产全球化的不断发展破坏了资本和劳动在国家层面上的联系，从一开始金融全球化就使整个经济体系为其目标服务。1990~2006 年，这一时期目睹了无序的金融资

---

① 拉丁美洲晴雨表（Latinobarómetro）：《2017 年度报告》，2017 年 10 月 26 日，http：//www. latino-barometro. org/latNewsShow. jsp。

② 罗伯特·博耶（Robert Boyer）：《增长，就业与平等：政府的新角色》，载于由艾丽西亚·巴斯纳（Alicia Bárcena）和安东尼奥·普拉多（Antonio Prado）等编辑出版的《21 世纪初拉丁美洲和加勒比地区的新结构主义和异端趋势》，拉丁美洲和加勒比经济委员会，智利，圣地亚哥，2015 年 4 月，第 300-324 页（"Crecimiento, empleo y equidad：el nuevo papel del Estado", en Alicia Bárcena y Antonio Prado(Eds.)，Neoestructuralismo y corrientes heterodoxas en Ame'rica Latina el Caribe a inicios del siglo XXI, Comisió nEconó mica para América Latina el Caribe, Santiago de Chile）。

本主义制度的胜利，其主要聚焦在福利的私有化、税收减少、国际开放。随着经济大萧条，其第二个发展模式进入了危机，在 2007 年和 2008 年由于过分的金融交易而更为突出，为在国家和经济政策间建立一个新的范式创造了可能。

（二）不平等：快照相册

所有人都察觉到了这场关于不平等引发的骚动。这部分我们可以把它看作是一套（令人沮丧的）摄影作品集：

（1）2015 年，在全球的企业和政府的精英联盟组织——世界经济论坛上，乐施会的代表回忆道，上一年她所在组织揭示了一个占据各大新闻头条的统计数据：全球最富有的 85 个富豪所拥有的财产超过全球底层 35 亿人的资产，也就是全球半数人的财富。并补充道，一年之后这一数据变得更为极端——80 位亿万富豪拥有的资产相当于全球收入较低的一半人口拥有的财富总和。

（2）就不平等程度而言，美国是一个独特的案例。在 1979～2007 年期间，收入排名前 1% 的家庭税后的实际收入增长了 278%，而另有 60% 的家庭增长则不足 40%①。克鲁格（Krueger）补充道，自"咆哮的二十年代"以来，最上层阶级的收入占比从未达到过如此高的水平。这些变化的幅度令人无法理解。收入最高阶层的收入份额在 1979～2007 年期间增加了 13.5 个百分点。这相当于每年有 11 亿美元的财富向最富裕的那 1% 的家庭转移。换个角度说，即在这期间，这些家庭在全民收入中份额的增加比低收入阶层的 40% 的家庭所得的总收入还要多。

（3）据拉丁美洲经济委员会数据显示，拉丁美洲和加勒比地区在 2012～2015 年期间，透过基尼系数的降低可看出，16 个国家之中的 10 个在收入分配方面得到改善，另有 2 个国家呈现稳定态势；而阿根廷、玻利维亚、乌拉圭和巴拉圭在 2015 年的基尼系数显示比 2012 年要高。总体来说，就国际范围而言，拉丁美洲仍然是世界最不平等的地区②之一。

（4）国际劳工组织（ILO）调查显示，在大多数国家薪水都是随着在收入阶层中位置的提高而逐渐增加，然后到这一阶层的前 10% 时急剧升高，而到了前 1% 时这种上升更加猛烈。在欧洲，收入最高的 10% 人群分别平均获得各国工资总额的 25.5%，和低收入阶层的那一半收入份额相当（29.1%）。在一些新兴国家，这 10% 人群的收入在其收入总额中占比更高，如巴西（35%）、印度

① 阿兰·克鲁格（Alan B. Krueger）：《美国不平等的加剧和后果》，经济顾问委员会主席办公室，美国进步中心，2012 年 1 月 12 日（"The Rise and Consequences of Inequality in the United States", Office of the Chairman of the Council of Economic Advisers, Center for American Progress）。

② 拉丁美洲和加勒比经济委员会（CEPAL），《2016 年拉丁美洲社会全景图》（Comisión Económica para América Latina y el Caribe, Panorama social de América Latina 2016），2017 年，圣地亚哥，图 B，第 14 页。

（42.7%）及南非（49.2%）。在欧洲，收入最高的 1% 群人每小时可赚取 90 欧元左右，大约是普通工人收入的 8 倍，是收入最低的 10% 人群的 22 倍。在世界范围内，工资增长自 2012 年以来出现下降，2015 年从 2.5% 降至 1.7%，为四年来最低水平。如果把工资上涨明显的中国排除在外，世界工资的增长率在这几年则从 1.6% 降至 0.9%[①]。

（5）财富或财产的不平等实际上是收入不平等程度的两倍。以 26 个发达国家和发展中国家为例，截至 21 世纪头十年，财富的基尼系数为 0.68，而可支配收入的系数仅为 0.36[②]。在智利、中国、西班牙、意大利、日本和英国，最富有的前 10% 的人口拥有几乎财富总额的 1/2；而在美国、印度尼西亚、挪威、瑞典和瑞士甚至超过 2/3。从 20 世纪 80 年代中期到 21 世纪之初，财富的集中在这 26 个国家之中开始变得显著。而在加拿大和瑞典，财富的增加则集中于收入最高的前 20%，芬兰和意大利的财富基尼系数从 0.55 提高到了 0.6，而在美国这一系数从 80 年代初的 0.8 上升到了 2007 年的 0.84，并且还在持续上升，分别于 2010 年和 2013 年达到 0.866 和 0.871，呈现出更大的集中度。也许有人会问还需要多少年这一系数将达到 1，也就是说所有的财富都集中在一个人身上。

（6）这一相册的最后一张快照呈现了一幅鼓舞人心的场景。据国际货币基金组织（IMF）的一项调查[③]显示，"在 20 世纪 90 年代末至 21 世纪头 10 年之间，每 10 个发达和发展中国家中就有 7 个加强了对再分配的公共支持。例如，在芬兰、德国和瑞典以及中国和印度支持力度大幅增加。在 90 年代末，调查中包括的 57 个经济体中只有 15 个国家（占比 26%）获得额外再分配措施方面的多数支持；另外，到 21 世纪前 10 年末，多数支持再分配政策的国家比例上升到 56%"。

（三）除其他后果外，不平等还抑制增长

考虑到其为储蓄和投资的必要刺激因素，且在另一方面上，与分配有关的问题都得到了市场的有效回应，也并没有要求采取具体的经济政策，不平等就被忽视了。自从 21 世纪初以来不平等的爆发以及它对大萧条具有深度和延伸性的影响，使人们彻底改变了这种错误的认识。

人们认识到，长期的统计系列经济计量分析可以显示出收入的不平等对后续

---

① 盖伊·莱德（Guy Ryder）：《还有时间让全球化为所有人工作——让我们从确定工资不平等开始》（"There's still time to make globalization work for all—Let's start by fixing wage inequality", World Economic Forum），2017 年，世界经济论坛，https：//www.weforum.org/agenda/2017/01。

② 国际货币基金组织（IMF），《财政政策和收入不平等》（Fiscal policy and income inequality），https：//www.imf.org/external/pp/ppindex.aspx。

③ 《提高对再分配的公共支持》，财政政策和收入不平等，第 10 页（"Rising Public Support for Redistribution", en Fiscal policy and income inequality, loc cit, p.10）。

经济增长产生了明显负面影响，例如过去的 30 年。经济合作与发展组织（OECD）的一项研究①开辟了这段空白，下面以此为例：

除了对社会凝聚力产生影响之外，日益增长的不平等也危害着长期经济增长。据估计，1985~2005 年收入差距的扩大使 1990~2010 年所有经合组织国家累积的平均经济增长率下降了 4.7 个百分点。能解释这种下降的主要原因是低收入家庭单位（最低 40%）和其他人口之间的差距越来越大。

然而，对这种的诊断并没有采取足够的政策措施，特别是在税收、工资和收入方面的政策，来修改产生和扩大不平等的机制。大多数政府同意优化缓和行动，如关注最低收入者的转移方案。这些措施往往没法置身市场循环之外，无法获得参与社会福利计划的机会。此外，他们只是在一定程度上对一些影响作出反应，而不改变造成不平等的原因。

在此做一个不仅仅是提及不平等的各种表现，而从根本上应对不平等的现实性建议（诸如全民收入计划②）的评估分析，明显已经超出了本文的范围。由于应对气候变化行动的不足、拖延或拒绝等诸多原因，世界的自然灾害越来越频发，解决不平等变得更为迫切。（2017 年 11 月，墨西哥）

---

① 经济合作与发展组织：《共同探讨：为什么缩小不平等差距对大家都有益处》，经合组织出版社（Organization for Economic Cooperation and Development, In It Together：Why Less Inequality Benefits All, OECD Publishing），巴黎。

② 拉丁美洲经济委员会（CEPAL）针对这些政策的新办法，《社会与生产力之间存在差距，重心和挑战》（Brechas, ejes y desafíos en el vínculo entre lo social y lo productivo），2017 年，第 182 页。

第二部分

中国—拉丁美洲经济关系

新时代中智自由贸易区提升对策研究

朱文忠　　张燕芳①

摘　要：2016 年 11 月，习近平主席出席在秘鲁利马举行的亚太经合组织（APEC）第二十四次领导人非正式会议，并对厄瓜多尔、秘鲁、智利三国进行国事访问，其中首次访问智利，力促升级已建成 10 年之久的中智自由贸易区（以下简称中智自贸区）。恰逢习主席出访智利一周年，2017 年 11 月，中智正式签署中国—智利自贸协定升级版。但中智自贸区的建设还存在诸多问题，如商品贸易结构单一、对外直接投资小、文化认同有待提升等。本文提出，政府部门应促进贸易结构转型升级、推动建设贯穿智利南北太平洋沿岸高速铁路，金融机构推动互设分支机构，教育机构应加强中智研究、教育合作与学术文化交流，驻外机构应帮助中国企业规避当地投资风险，企业应该将优秀的传统文化价值观带到当地，避免短期行为和冒险行为，开展诚信与可持续发展经营。

一、中智自由贸易区的建设成就

智利是第一个与中国建交的南美洲国家，也是第一个就中国加入世界贸易组织与中国签署双边协议、承认中国完全市场经济地位、同中国签署双边自由贸易协定的拉美国家。2005 年 11 月 18 日，中智正式签订自贸协定，于 2006 年 10 月 1 日开始实施；2008 年，中智签订服务贸易协定，于 2010 年 8 月 1 日开始实施；2012 年 9 月 9 日，中智签署投资协定，标志着中智自由贸易区建设的全面完成；2015 年，中智签署《中华人民共和国政府与智利共和国政府共同行动计划》；

①　朱文忠，广东外语外贸大学商学院院长，广东外语外贸大学拉丁美洲研究中心主任，教授，博导；张燕芳，广东外语外贸大学商学院研究生。

2016 年 11 月，在习近平主席对智利进行国事访问期间，中智双方签署谅解备忘录，标志着中智两国建立全面战略伙伴关系的开始，同期宣布启动中智自贸协定的升级谈判；2017 年 11 月，在越南岘港 APEC 会议期间，中智正式签署中国—智利自贸协定升级版，零关税产品将达到 98%，该协定也将成为对我国货物开放水平最高的自贸协定。中智自贸协定的签订已超过 10 年，在双方的共同努力下，中智两国在经贸和文化等方面都加强了合作，智利也成为中国在拉丁美洲投资发展的火车头，以及推动南南合作的典范。

中智自由贸易区的建设成就主要体现在以下三个方面：

1. 中智两国的双边贸易发展迅速，投资增长较为缓慢

就双边贸易规模而言，签订自贸区之前，2004 年的中智贸易额只占智利对外贸易总额的 9.9%。自贸区签署之后，74% 的智利产品和 63% 的中国产品立即享有零关税；中智经贸关系也在双边自由贸易协定实施的带动下快速发展，双边贸易额从 2005 年的 71 亿美元迅速增长至 2013 年的 349.21 亿美元，同比增长 7%。2009 年，中国超过美国成为智利第一大贸易伙伴，至今中国一直保持着智利第一大贸易伙伴的重要地位。但随着世界经济进入深度调整期，受原油、矿产品等大宗商品的价格持续下跌的影响，主要向中国出口矿产品的智利的经济受到打击，2014～2016 年中智双边贸易额连续三年下滑。2014 年中智双边贸易额为 341 亿美元，2015 年降至 318 亿美元，2016 年继续降至 312.17 亿美元，此时约占智利对外贸易总额的 26.3%。就投资领域的合作而言，2006～2015 年，虽然中国对智利的直接投资较之前有所增长，但最高只有 0.34 亿美元；2016 年，中国对智利的直接投资达到 2.2 亿美元，增长势头强劲。

2. 中智加深金融领域的合作，提高投资贸易便利化

2015 年 5 月 25 日，中国人民银行与智利央行签署规模为 220 亿元人民币/22000 亿智利比索的双边本币互换协议。互换协议有效期三年，经双方同意可以展期。双方还同意，将人民币合格境外机构投资者（RQFII）试点地区扩大到智利，投资额度为 500 亿元人民币。中智签署货币互换协议，除提供流动性支持外，更重要的是可以有效规避汇率风险、降低汇兑费用，推动双边贸易和投资的进一步发展，2016 年中智双边贸易的升温以及中国对智利直接投资的大幅上涨部分应归功于此。此外，2016 年，中国建设银行获得许可，成为设在智利的第一家使用人民币结算的银行，中国投资方在智利可以直接使用人民币交易，大大降低了结算风险，有助于中国企业"走出去"。

3. 中智加强人文交流与合作，促进两国文化互融互通

2014 年 5 月，孔子学院拉丁美洲中心在智利首都圣地亚哥成立。2016 年 11 月，在习主席访问智利期间，中智两国教育部签署在智利圣地亚哥设立中国文化

中心的谅解备忘录，以及教育领域合作的谅解备忘录等，在政府层面上就人文科教领域做出积极的承诺。2017 年 5 月，中山中视文化传播有限公司主办的"2017 年中国与智利文化友好交流活动"在广州拉开帷幕，这种由政府支持、社会参与、市场运作的文化交流合作方式，为促进中智文明互鉴、实现民心相通搭建起了良好的合作交流平台。

总体而言，中智之间密切的经贸往来以及中智自贸区在拉美的示范作用，使得智利成为中国在拉美进行投资贸易部署的重点国家之一。随着"一带一路"延伸到拉美，以及中拉产能合作的开展，升级中智自贸区、进一步释放中智自贸协定红利势在必行。

2016 年 11 月，习近平主席出席在秘鲁利马举行的亚太经合组织（APEC）第二十四次领导人非正式会议期间首次访问智利，力促升级已建成 10 年之久的中智自贸区。习主席出访智利极大地推动了升级中智自贸协定的进程，这也对外发出中智经贸关系进一步发展的信号，增强了中智双方合作的信心。两国经贸关系最明显的变化体现在双边贸易的迅速升温。

仅 2017 年 1~9 月，智利与中国双边贸易额就达到 220.5 亿美元，同比增长5.2%。其中，智利对中国出口 122.6 亿美元，同比增长 4.1%，占智利出口总额的 25.8%；自中国进口 97.9 亿美元，占智利进口总额的 22.5%，同比增长6.6%，智利与中国的贸易顺差 24.7 亿美元。目前，中国是智利的第一大贸易伙伴、第一大出口目的地国和第一大进口来源国，智利是中国在拉丁美洲次于巴西和墨西哥的第三大贸易伙伴、第三大出口目的地国、第二大进口来源国以及进口铜的最大来源国。

尽管中智自贸区经过十多年的建设在经贸方面取得了辉煌成果，2017 年 11月中智也已经签订自贸协定升级版，但中智自贸区还面临贸易结构单一、服务贸易与投资滞后等问题与挑战。在这一时代背景下，积极开展中智自由贸易区问题研究并提出进一步提升中智自贸区建设的对策建议具有重要的现实意义。

二、中智自由贸易区存在的问题

如前所述，中智自贸区成立十多年，尤其是 2016 年 11 月习主席访智以来，建设成果丰硕，如中智双边贸易稳步增长，中国建设银行在智利设立第一家人民币结算银行，中智正式签署中国—智利自贸协定升级版，零关税产品将达到 98%等。不过，根据笔者到智利圣托马斯大学开展的专题调研与座谈，目前中智自由

贸易区提升仍存在以下几个突出问题:

1. 贸易产品类型相对集中,缺乏多样性

在中智的商品贸易中,中国主要向智利出口机电产品、纺织品等资本和劳动密集型产品,主要进口智利的资源密集型产品,如铜、铁矿石等矿产资源性产品,此外,中国近年来进口智利的水果、葡萄酒、海产品涨幅较大。就 2017 年 1~9 月而言,贱金属及制品、矿产品占智利对中国出口总额的 78.8%,机电产品、纺织品及原料占智利从中国进口总额的 52.2%。此外,智利食品、饮料、烟草对华出口呈现快速增长趋势,同比增长 21.2%。2016 年,中国就取代美国成为智利葡萄酒出口的最大市场,较 2015 年销售量增长 14%,销售额增长 18%。2017 年上半年,中国葡萄酒进口量同比增长 13.9%,其中从智利进口的葡萄酒增幅最大。目前,中国是智利纺织品和服装的主要进口国,而智利成为中国第二大鲜果进口国、第三大葡萄酒进口国,以及第七大海产品进口国。

总而言之,虽然中智商品贸易额较为可观,但是以产业内贸易为主且层次较低,贸易产品附加值较低,因而优化中智双边贸易结构是进一步建设中智自贸区的必然要求。

2. 服务贸易与投资进展缓慢

中智两国双边贸易增长迅速,但在服务贸易和相互投资方面却进展缓慢。

在服务贸易方面,中智在 2008 年签订服务贸易协定,双方对彼此开放了服务领域的多个项目,并鼓励向对方建设进行投资,但是丰富的理论设想并未得到充分落实,主要原因在于一直以来中智之间的服务贸易结构不平衡。我国主要出口旅游、运输和商业服务等资源、劳动密集型的传统服务业,知识、技术和资本密集型的新兴服务贸易出口虽有所增长,但所占比重较小;智利也是以旅游、运输等传统服务业为主导。因此,随着中智加快调整产业结构,优化中智的服务贸易结构的重要性不言而喻。

在投资方面,中国和智利的相互投资额度都不大,近年中国在拉美地区国家年均投资流量约为 100 亿美元,但中国对智利的直接投资仅有 0.16 亿美元(见图 1),占比约 0.15%。而中智两国相互投资额均为 1 亿多美元,与两个经济体经济总量不符的是,智利对中国的直接投资很长一段时间内超过中国对智利的直接投资。此外,2016 年以来,虽然中国企业在智利投资规模不断扩大,中国在智利投资企业数量明显增加,但总体数量仍不多。我国在金融与投资领域对智利的投资过少,尤其是基础设施领域的投资存在很广阔的增长空间。

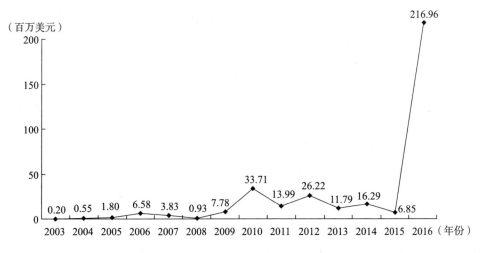

图1 中国对外直接投资：智利

3. 企业社会责任意识薄弱，发展面临困境

近期中国采矿业、木材制造业等企业纷纷进入智利等拉美市场。智利虽然是一个发展中国家，但该国企业社会责任法规制度非常健全，高度重视环保和诚信经营，比如说，只要对环境有影响的投资项目就需要通过环评，以尽量减少对环境的影响。而中国企业由于环保意识较为薄弱，企业诚信文化意识不强，社会责任履行不足，轻者容易招致当地居民、政府和工会的不满，导致经营受阻，重者可能触犯当地商业道德法规，遭受法律的严厉处罚。

三、提升中智自由贸易区的对策建议

根据目前中智自贸区存在的问题，本文就如何进一步提升中智自贸区建设提出相应的对策建议：

1. 扩大技术密集型产业合作，促进贸易结构转型升级

目前中智的商品贸易仍然以产业间贸易为主，虽然存在较大的经济互补性，但不利于智利的工业转型升级，也不利于中国提升开放型经济的水平。对此，中国应扩大资本和技术密集型产品的出口，从以出口机电、纺织品、工艺等制成品为主，逐步转向以出口电子信息类产品及其配件为主；从智利以进口原材料、粮食、水果初级产品为主转向进口以钢铁、石化产品等中间产品为主，同时逐步扩大产业间贸易的比例，优化贸易结构。

此外，中国今后可进一步扩大与智利在电信、计算机和信息业、文化服务、技术、金融等服务贸易领域的合作；增加对智利农业、基础设施建设和新能源开发等领域的投资，形成新的贸易增长点。值得一提的是，中国在超级稻技术、量子通信、3D 打印技术、激光制造技术、超级钢技术、常温超导材料技术、人工智能技术、无人机技术、铁路建设技术等方面世界领先，而中国可以把这些技术出口到智利，在当地设立研发中心，尤其是超级稻和铁路建设等对智利的农业、交通业发展十分有益的技术。

2. 推动建设贯穿智利南北太平洋沿岸高速铁路，建设高速铁路示范项目

今年中方已经确认连接大西洋、阿根廷港口和太平洋智利港口"两洋铁路"的可行方案，"两洋铁路"建成后将成为一条巴西通往亚洲的便捷通道，对联通拉美和亚洲意义十分重大。但同时，项目周期计划为九年，周期较长，最为关键的是，建成后对巴西、秘鲁的直接影响最大，而对智利而言，并不能对改善智利全国的交通基础设施状况做出实质性的贡献。

智利是世界上地形最狭长的国家，贯穿南北太平洋沿岸，国内地形多样，气候多变，多山地、沙漠，这种特殊的地理条件使智利非常需要便捷的铁路网。而中国拥有世界领先的铁路和地铁相关技术，以及在各种地质条件下建造铁路的经验，而且施工周期短，平均造价低。因此，中国向智利出口铁路技术，不仅有利于改善智利的交通基础设施状况，助推当地发展经济和摆脱贫困，也有利于中国"优势产能"的输出，在智利建设高速铁路示范项目，对继续投资建设拉美其他国家的高速铁路项目提供"样板"。

3. 强化人民币在国际结算中的地位，推动中智投资便利化

中智签订货币互换协议以及中国在智利设置人民币结算银行，都为中智的投资贸易提供了便利，也可以推进人民币的国际化进程。但是在金融和保险领域，中智的相互往来却不多。中国应进一步扩展在智利甚至整个拉美地区使用人民币进行结算的辐射范围和使用对象。此外，推动中智相互增设银行分支机构，建立拉美"一带一路"项目建设基金，也会大大便利两国的投资和贸易。

4. 加大教育文化合作力度，夯实经贸合作基础

人文交流是政治互信和两国经贸关系的基础。而中国和智利语言文化差异较大，对中智的投资和贸易造成一定的阻碍。语言上，智利的官方语言为西班牙语，而根据全球语言教育公司在今年 11 月发布的第七版英文能力指数报告显示，智利掌握英语的能力为"基础"水平。文化上，宗教主要是天主教对智利人的影响无处不在，周末对于智利人来说神圣不可侵犯，但智利人又不是很守时，社会传统和习俗与中国大有不同。而中智想要进一步加强经贸往来，必然需要加强人文上的互融互通。对此，中方可以借助智利圣托马斯大学是中国孔子学院在拉

美总部的平台优势，积极开展中智研究、教育合作与学术文化交流，如举办"汉语桥""中智文化交流月"等活动，增加中智师资交流和学生留学项目等，促进文化包容、文明互鉴，共同努力打破文化壁垒，增进心灵互联互通，为中国开拓智利市场乃至拉美市场起到连接作用。

5. 增强中国企业可持续发展意识教育，推动中智自贸区可持续发展

由于两国在投资环境的各方面存在较大差异，中国企业在智利进行投资发展容易在劳工、环保等方面"水土不服"。在智利，其《劳工法》对外资企业在员工最低工资水平、雇佣当地人比例等方面都有严格要求；环保方面要求只要对环境有影响的项目就需要通过环境评估，以尽量减少对环境的影响，尤其是对如矿业开发、能源、基础设施等规模较大的项目有严格的环保要求。对此，政府一方面可加强对中国企业可持续发展意识的教育，另一方面和驻外机构一起为中国企业提供智利较为充分的市场信息、政策法规、投融资渠道等，降低其投资风险。对企业自身而言，中国企业应严格遵守当地的环保标准和《劳工法》，避免短期行为和冒险行为，开展诚信与可持续发展经营；将优秀的传统文化价值观带到当地，扩大品牌知名度；积极践行企业社会责任，树立良好的企业形象。

中国对拉丁美洲和加勒比地区的直接投资（FDI）：对新资本和创造就业的贡献

塞缪尔·奥尔蒂斯·贝拉斯克斯[①]

摘　要：本文第一部分对目前外国直接投资（FDI）与资本存量、产出增长和就业之间的关系进行了简要的理论回顾；从投资系数（及对其从 FDI 到国内投资的重新定位）与人均产值增长之间的积极联系出发，提出强调东亚呈现出"良性循环"的经验证据，与拉丁美洲和加勒比地区（LAC）的投资活力截然不同。第二部分提出导致 FDI 与 LAC 的新资本形成之间关联薄弱的原因。第三部分对 2001~2016 年中国对 LAC 的直接投资进行案例分析。鉴于中国仅次于美国之后，已经是世界上 FDI 第二大来源国，该案例分析尤为重要。主要结论表明，自 2009 年以来，中国在 LAC 的战略投入基本建立在购买创办企业上，尤其是建立在与原材料相关的活动上，因此，其直接投资对地区资本存量的扩大和新就业机会的产生非常有限。然而，将巴西、秘鲁和阿根廷与墨西哥的案例相比较，人们就能看到其中的显著差异。

关键词：外国直接投资（FDI）；中国；拉丁美洲和加勒比地区

一、外国直接投资、资本存量与就业

实物投资的定义为，能够使社会拥有的资本存量增加的资源流动。通过提高资本存量，投资有助于通过两种机制来实现人均产值的增长：根据哈罗德—多马（Harrod-Domar）模型，通过投资系数（投资与产出比）来增设生产工厂，在短

---

① Samuel Ortiz Velásquez，墨西哥国立大学经济学教授。

期内，投资有助于人均产值和就业的增长；在中期内，投资提高人均固定资本（即所谓的资本密度）和技术的进步，这有助于提高劳动生产率，而劳动生产率是产出增长最重要的中心因素。

另外，根据需求，投资可以是公有的、私有的，也可以是国内的、国外的。对外投资可以是直接投资（FDI）或者组合投资，两者的实质性区别在于，FDI中一种经济体的投资者通过投资，获得对另一个经济体公司管理的控制和一定程度的影响（FMI，2009），此外，投资者可以提供技术上的知识和转让。而组合投资最重要的中心因素是资产回报率。

最近的经验证据（2000~2015 年）证实了投资与人均产值增长、需求的比重之间的积极联系。一方面，东亚地区的人均产值增长具有如此高的活力，部分原因是不断增长的高投资系数，在2000~2015 年，该系数的上涨幅度超过9%，达到了40.5%，从 FDI 到国内投资，对其固定投资总额进行了结构上的调整。在LAC，人均产值活力缓慢与停滞不前的低投资系数有关，2015 年该系数在21.6%左右。与此同时，作为固定资本总额的一部分，FDI 的相对份额占15%左右。也就是，事实说明，在发展中国家这一群体中，在最有活力的经济体中占比更高的国内投资显著上升，而 FDI 扮演了次要的角色（见表1）。

表 1 2000~2015 年地区 FDI

	IFB/GDP （%）			FDI/IFB （%）			人均产值 TCPA
	2000 年	2010 年	2015 年	2000 年	2010 年	2015 年	2000~2016 年
世界	23.5	23.4	25.0	17.3	9.0	9.6	1.3
发达经济体	23.4	19.9	20.5	18.5	8.1	11.1	3.8
转型经济体	18.8	22.4	22.7	8.4	13.3	8.5	3.6
发展中经济体	24.2	30.3	32.0	13.5	9.8	8.1	1.0
非洲	16.8	23.0	22.3	10.0	13.6	12.2	1.8
美洲	21.0	20.4	21.6	17.8	16.1	14.8	1.4
加勒比海地区	23.6	21.8	20.3	18.8	14.4	15.5	2.5
中美洲	23.0	21.0	22.5	12.6	13.4	14.4	0.9
南美洲	19.9	20.2	21.2	21.0	17.1	14.9	1.5
亚洲	26.9	34.7	35.6	12.2	8.1	6.9	5.2
东亚地区	31.2	41.1	40.5	15.6	6.2	5.8	6.8

资料来源：笔者基于联合国贸易和发展会议报告（2017）的分析。

就 LAC 而言，FDI（系数高且在缩减）并没有对人均产值的增长做出贡献，部分原因是 FDI 的流动资本并非所有情况下都能创造新资本。事实上，FDI 可能用于不同的目的（ECLAC，2016）：

（1）一部分 FDI 通过新的投资和/或扩大资本以增加资本存量。

（2）一部分 FDI 采用并购（MA）的形式，这仅能改变现有资产的所有权，至少在短期内不能增加资本和就业。但是在政策上，这意味着新的参与者，这些参与者拥有潜在的决策权。

（3）另一部分 FDI 流失或者亏损（拉丁美洲和加勒比经济委员会，2016），这是因为 FDI 有可能替代挤占了国内投资或内部融资的流动，而这些资金本来可以投入到国内企业，因此，FDI 会对接受国产生消极的副作用。这些投资以金融资产的形式进行，作为亏损出现。例如，一个存在有特殊目的实体（EFEs）的国家，将投资引向第三方，允许投资企业利用税收、监管和可靠性的优势，这些都可能曲解 FDI 的来源和目的地（OCDE，2008）。例如，作为资本高度输出的经济体，2015 年荷兰和卢森堡 FDI（或者英语缩写 OFDI）的输出总量分别占美国 OFDI 存量的 79% 和 64%，但是，荷兰 76% 的 OFDI 由瞬态流动资金组成，卢森堡的同类相应份额则接近 95%（Ortiz Velásquez，2017）。

另一方面，跨国公司（TNC）通过与供应者的复杂关系与不同的管理形式对全球价值链实施控制，以此在进行投资和/或建立合同关系之间选择，这种合同关系通常称为国际生产非股东形式（FNA）（UNCTAD，2013），而发展中经济体 FDI 的减少，也与跨国公司（TNC）自身的战略及该控制有关。FNA 意味着，跨国公司的当地供应者承担投资和就业的责任，而前者可以影响当地企业的管理。

根据 ECLAC（2016），LAC 大约 1/3 的 FDI 直接有助于对该地区固定资本总额的形成，29% 左右以并购的形式运转，其余的则流失和亏损。然后，以此为背景，重点关注中国 FDI 产生新资本和创造就业的能力，评估其对该地区增长贡献的潜力，以对中国在拉丁美洲和加勒比地区的 FDI 行为进行考察。考虑到特别是 2009~2010 年以来，中国通过基础设施建设项目、融资和 FDI（以企业并购的形式不断上涨）的方式①，在全球的投资都非常活跃，在 LAC 地区尤甚，该考察就尤为重要。中国已经成为世界上 FDI 第二大来源国（位于美国之后）和资本净出口国。

---

① 为更好地理解该投资活力产生的原因，有三件事很关键：1999 年推出的"走出去"政策；2008 年中华人民共和国商务部（MOFCOM）发表《中国对拉丁美洲和加勒比地区的政策文件》，指出纵观全球多极化的局面，LAC 为中国国内发展提供重要资源的重要性以及该地区的政治意义（Stanley y Fernandez，2016）；2017 年 5 月习近平主席提出的 2013 年对基础设施项目进行投资的"一带一路"倡议。

二、中国在 LAC 的 FDI

2016 年，LAC 的 FDI 约为 1671.8 亿美元（ECLAC，2017）。美国是该地区主要投资国，投资额为 334.63 亿美元，占 20%，其次是荷兰，占 12%，卢森堡占 8%。如上所述，这并不能严格反映该地区这些经济体中跨国公司（TNC）的参与，因为由于税收优惠，许多 TNC 在荷兰和卢森堡设立分公司，因此该部分流动资金的记录来源于这些国家，曲解了 FDI 的来源和目的地。

有趣的是，中国不是 LAC 的五大投资国之一。根据中国在 LAC 的 OFDI 公报数据（2017），2016 年中国对外投资总额为 97.99 亿美元，占拉美地区 FDI 的 5.86%。该估算包括在避税天堂进行的交易，也包括贷款和基础设施项目，因为它们属于不应计入 FDI 的流动资本（详细讨论见 Ortiz Velásquez，2017）。要统计出中国在该地区的真实 FDI 困难重重，其主要原因在于：中国企业大部分投资通常是通过第三方进行的①；对中国香港的优惠政策；LAC 一些接受 FDI 的经济体不记录投资来源，例如秘鲁；从收支平衡来看，并非所有外国公司参与的外部融资都会被算作 FDI。

比较各种宏观经济数据，不难理解中国 FDI 对 LAC 的重要性。例如，在中国对该地区 FDI 最活跃的时期（2009～2016 年），LAC 获得 798.65 亿美元（2001～2016 年的 91%）来自中国的 FDI，占该区域 FDI 总额的 5.73%、地区固定投资总额的 0.87% 和国内生产总值的 0.18%。

三、中国在 LAC 地区的 FDI 对创造新资本与就业的贡献②

中国在 LAC 地区 FDI 的高峰主要来自并购。比如，在 2010 年，中国公司投资近 232.257 亿美元，占区域 FDI 总额 14%，余下 86% 是购买现有资产（见图 1）。同年，三笔收购占 FDI 总额 57%：在巴西，中国石油化工集团（Sinopec）以 71 亿美元收购雷普索尔公司（Repsol）；中国中化集团（Sinochem）以 31 亿

---

① 根据国家商务部数据，2015 年中国在 LAC 的 FDI 为 126.1 亿美元，其中 81% 用于投资开曼群岛。

② 绘图数据来自于中国在 LAC 地区 FDI 对外公报数据库，可通过以下链接免费下载：http://www.redalc-china.org/monitor/informacion-por-pais/busqueda-por-pais。

美元收购巴西国家石油公司（Statoil）；在阿根廷，中国海洋石油总公司（CNOOC）以 31 亿美元获得 BRIDAS 公司 50% 的份额。另一个高峰期在 2014 年，中国投资为 186.25 亿美元，占区域 FDI 总额 9.6%，近 2/3 来自并购。中国在秘鲁仅这两项操作在 FDI 中就占超过 50%：中国五矿集团（MMG）以高于 70 亿美元的价格收购拉斯班巴斯铜矿项目；中国石油天然气股份有限公司（CNCP）以 26 亿美元收购位于秘鲁的巴西国家石油公司。

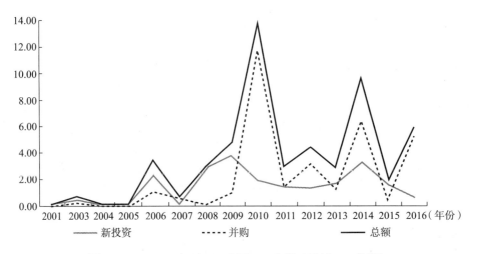

图 1 2001~2016 年 LAC：中国 FDI 分类（区域 FDI 份额）

资料来源：根据 LAC 地区中国对外公报数据和 ECLAC 数据绘制。

自 2001 年起，促进资本产生的中国 FDI 上涨至 320.59 亿美元，占中国 FDI 总额近 36.5%，区域 FDI 的 1.57%。在创造就业岗位方面，一份最近的研究指出，在 1995~2016 年，中国给 LAC 地区带来 180 万工作岗位：近 2/3 来自于贸易，20% 和 15% 来自于基础设施和 FDI（Dussel Peters y Armony，2017）。

表 2 为 2001~2016 年根据投资类型和投资公司所有权对新岗位产生的估算，其中突出以下几点：①表 2 记录了 274 笔中国公司在 LAC 地区交易，总额为 879.29 亿美元，创造了 202200 个工作岗位，平均每 43.4855 万美元带来一个新的工作机会；②72% 的交易来源于新投资，创造了 100788 个工作岗位（占其总比 49.85%），平均每 31.8084 万美元带来一个新的岗位；③近 28% 的交易来自于并购，平均占中国 FDI 的 63.5%，创造 101412 个工作岗位，总体而言，岗位只意味着模式改变（现资产所有人为中方），而不一定是创造了新的工作岗位；④高于 80.9% 的投资是源于国有企业，共计产生 118870 个新岗位（占其总量 58.8%）。但不到 26% 的国有企业投资促进了区域资本存量的扩大，创造岗位 67522 个。即基于购买现有资本的中国国有企业的 FDI 占主导地位，这对资本形

成总额方面，以及创造新的就业岗位方面的影响十分微弱。

表 2　2001~2016 年 LAC 地区：中国 FDI 根据投资公司投资与财产分类

	中国 FDI 总额			新投资			并购		
	交易 （数量）	总额 （百万美元）	创造岗位 （数量）	交易 （数量）	总额 （百万美元）	创造岗位 （数量）	交易 （数量）	总额 （百万美元）	创造岗位 （数量）
2002~2009 年	63	12210	33394	47	9687	21416	16	2522	11978
国有	94	10095	18894	24	8229	15491	10	1866	9403
私有	29	2115	14500	23	1459	5925	6	656	8575
2010~2016 年	211	75718	168806	151	22372	79372	60	53346	89434
国有	97	61081	99976	59	10318	52031	38	50765	47945
私有	114	14637	68830	92	12056	27341	21	2581	42489
2001~2016 年	274	87928	20200	198	32059	100788	76	55869	101412
国有	131	71176	118870	83	18544	67522	48	52632	52348
私有	143	16752	83330	115	13515	33266	28	3237	50064
（百分比图）									
2001~2009 年	100.00	100.00	100.00	74.60	79.34	64.13	25.40	20.66	35.87
国有	100.00	100.00	100.00	70.59	81.51	88.99	29.41	18.49	18.01
私有	100.00	100.00	100.00	79.91	68.97	40.86	20.89	91.03	59.14
2010~2016 年	100.00	100.00	100.00	71.56	29.55	47.02	28.44	70.45	52.98
国有	100.00	100.00	100.00	60.82	16.89	52.04	39.18	83.11	47.96
私有	100.00	100.00	100.00	80.70	82.37	39.72	19.30	17.63	60.28
2002~2016 年	100.00	100.00	100.00	72.26	36.46	49.85	27.74	63.64	50.15
国有	100.00	100.00	100.00	63.36	26.05	56.80	36.64	73.95	43.20
私有	100.00	100.00	100.00	80.42	82.68	89.92	19.58	19.32	50.08

资料来源：根据 LAC 地区 2017 年中国 FDI 对外公报数据绘制。

根据这些经济活动用途不同，在 2001~2016 年，中国在 LAC 地区的交易的 1/3 与原材料业有关，占中国 FDI 总比近 71%（约 622.43 亿美元），创造岗位占其总量 48%（见表 3）。在该相对份额中，32.29% 为与原材料业相关的新投资，200 亿美元创造新岗位 50905 个。也就是说，用于扩大资本存量和用于与原材料相关的中国投资占因新投资产生的新岗位的一半以上。

表3　2001~2016 年 LAC 地区：中国 FDI 根据投资与经济活动用途分类

	中国 FDI 总额			新投资			并购		
	交易 (数量)	总额 (百万美元)	创造岗位 (数量)	交易 (数量)	总额 (百万美元)	创造岗位 (数量)	交易 (数量)	总额 (百万美元)	创造岗位 (数量)
2001~2009 年	63	12210	33394	47	9687	21416	16	2522	11978
原材料业	38	11163	23760	25	9112	15397	13	2050	8363
制造业	8	264	4723	8	264	4723	0	0	0
服务业与国内 市场业	16	771	4796	14	311	1296	2	460	3500
技术采购业	1	12	115	0	0	0	1	12	115
2010~2016 年	211	75718	168806	151	22372	79372	60	53346	89434
原材料业	49	51081	73236	22	10989	35508	27	40092	37728
制造业	84	6390	48287	73	5545	23486	11	845	24801
服务业与国内 市场业	75	18167	45683	55	5808	20278	20	12359	25405
技术业采购业	3	80	1600	1	30	100	2	50	1500
2001~2016 年	274	87928	202200	198	32059	100788	76	55869	101412
原材料业	83	62143	96996	47	20101	50905	40	42142	46091
制造业	92	6654	53010	81	5809	28209	11	845	24801
服务业与国内 市场业	91	18938	50479	69	6120	21574	22	12819	28905
技术采购业	4	92	1715	1	30	100	3	62	1615

资料来源：根据 2017 年中国 FDI 统计公报数据绘制。

　　用于服务业与国内市场的 FDI 由 2001~2009 年的 7.71 亿美元在 2010~2016 年涨至 181.67 亿美元，由此，在中国 FDI 所占比重也从 6%涨至 24%。用于服务业与国内市场的新投资约为 61.2 亿美元，创造就业 21574 个，占新投资创造就业岗位总量 21.41%。然而，考虑到目前 LAC 地区平均不到 3%的国内生产总值投资在基础设施上，中国并购的主导地位，新投资对服务业与国内市场的再定位，表明了中国 FDI 缩小拉丁美洲与加勒比海地区发展差距的潜力（Serebrisky, Suarez, et. al., 2015）。

　　中国 FDI 主要集中在巴西、秘鲁和阿根廷。这些国家的相对份额由 2001~2009 年的 30%在 2010~2016 年上涨至 77.85%（见表4）。此外，它们 FDI 创造岗位量占比超过 60%。尤其是在墨西哥，在 2001~2016 年间，尽管 FDI 占比不到 2.28%，但墨西哥区域创造岗位量占 7%。

　　根据投资类型分类，从 2001 年起，在巴西、秘鲁和阿根廷，超过 75% 的中国 FDI 集中在并购方面。这跟委内瑞拉、智利、厄瓜多尔、墨西哥截然相反。在这些国家，FDI 集中在新投资方面（见表 4）。新投资创造的岗位量在巴西为 34792 个（占总量 35.81%）；在秘鲁，为 8470 个（占总量 47%）；在阿根廷，为 4276 个（占总量 58%）。然而在委内瑞拉，中国公司投资 41.12 亿美元完全用于新投资，创造工作岗位 8683 个；在智利，新投资占比 76.56%（25.31 亿美元），创造岗位不到 502 个（占总量 10%）；在墨西哥，新投资为 12.71 亿美元（占总额 63.34%），创造岗位约 8035 个（占总量 56%）。

表 4　2001~2016 年 LAC 地区：中国 FDI 及创造岗位根据投资类型及国家分类

| 国家 | 时间段 | FDI 总值 | | | 新投资 | | | | |
		总额（十亿美元）	岗位（数量）	总额/岗位	总额（十亿美元）	（%）	岗位（数量）	（%）	总额/岗位
巴西	2010~2016	39114	88976	0.440	7161	18.31	32.298	36.30	0.222
	2001~2016	39688	97650	0.406	7655	19.29	34972	35.81	0.219
秘鲁	2010~2016	12752	9815	1.299	1091	8.55	1912	19.48	0.570
	2001~2016	15823	17935	0.882	4055	25.62	8470	47.23	0.479
阿根廷	2010~2016	7083	7118	0.995	958	13.53	4076	57.26	0.235
	2001~2016	7087	7318	0.968	962	13.57	4276	58.43	0.225
委内瑞拉	2010~2016	3937	7835	0.503	3937	100.00	7835	100.00	0.503
	2001~2016	4112	8683	0.474	4112	100.00	8683	100.00	0.474
智利	2010~2016	817	4685	0.174	592	72.48	424	9.05	1.397
	2001~2016	3306	5013	0.659	2531	76.56	502	10.01	5.041
厄瓜多尔	2010~2016	675	22561	0.030	641	95.01	22161	98.23	0.029
	2001~2016	3052	24704	0.124	2918	95.62	23854	96.56	0.122
墨西哥	2010~2016	964	6722	0.143	892	92.55	2269	33.75	0.393
	2001~2016	2007	14338	0.140	1271	63.34	8035	56.04	0.158
余下国家	2010~2016	10376	21094	0.492	7099	68.42	8397	39.81	0.845
	2001~2016	12853	26559	0.484	8555	66.56	11996	45.17	0.713
总值	2010~2016	75718	168806	0.449	22372	29.55	79372	47.02	0.282
	2001~2016	87928	202200	0.435	32059	36.46	100788	49.85	0.318

资料来源：根据 2017 年度中国对外直接投资统计公报自制。

表5 2001~2016年巴西、秘鲁、阿根廷与墨西哥：中国FDI与工作岗位根据投资及经济活动用途分类

国家		共计		原材料业		制造业		服务业与国内市场业		技术采购业	
		对外投资（十亿美元）	岗位数量	对外投资（十亿美元）	岗位数量	对外投资（十亿美元）	岗位数量	对外投资（十亿美元）	岗位数量	对外投资（十亿美元）	岗位数量
巴西	对外直接投资总额	39688	97650	25362	21829	4668	37493	9578	36728	80	1600
	新投资（%）	19.29	35.81	1.86	10.43	87.37	47.73	32.11	40.02	37.38	6.25
	合并与收购（%）	80.71	64.19	98.14	89.57	12.63	52.27	67.89	59.98	62.62	93.75
秘鲁	对外直接投资总额	15823	17935	15057	17539	2	276	764	120	0	0
	新投资（%）	25.62	47.23	26.66	46.27	100.00	100.00	5.06	65.83	—	—
	合并与收购（%）	74.38	52.77	73.34	53.73	0.00	0.00	94.94	34.17	—	—
阿根廷	对外直接投资总额	7087	7318	4095	5688	15	477	2977	1153	0	—
	新投资（%）	13.57	58.43	22.47	62.20	100.00	100.00	0.91	22.64	—	—
	合并与收购（%）	86.43	41.57	77.53	37.80	0.00	0.00	99.09	77.36	—	—
墨西哥	对外直接投资总额	2007	14338	315	1593	1038	10689	654	2056	0	—
	新投资（%）	63.34	56.04	31.75	78.03	93.19	58.34	31.20	27.04	—	—
	合并与收购（%）	36.66	43.96	68.25	21.97	6.81	41.66	68.80	72.96	—	—

资料来源：根据2017年中国FDI统计公报数据绘制。

根据经济活动不同，FDI 在巴西近 64% 与原材料业相关，98% 为并购，创造工作岗位 19552 个（见表 5）。在秘鲁，95% 的 FDI 为原材料业，创造工作岗位为总体 98%；超过 73% 的 FDI 总额为并购，创造工作岗位 9424 个。在阿根廷，53% 的 FDI 为原材料业，创造工作岗位占其总量 78%；高于 77% 的 FDI 为并购，创造岗位 2150 个。和南美洲不同，中国在墨西哥制造业方面的 FDI 占其总额 52%，创造岗位占其总量 74.5%；制造业方面的新投资为 9.67 亿美元，创造岗位 6236 个。此外，对墨西哥制造业的 FDI 占中国总 FDI 的 1/3，创造岗位占其总量 14%。而另外 2/3 的 FDI 为并购，创造岗位 1500 个。

四、主要结论

LAC 地区投资系数低是自 2000 年起人均收入增长慢的原因之一。从其内部分析，在 2015 年，FDI 相对份额比例为 14.8%，较 2000 年下降 3%。亚洲经济体的经验证明，人均收入的增加是以类似于 2015 年 36% 左右增势迅猛的高投资水平为基础的。亚洲国家国内投资高速发展，FDI 占固定投资总额不到 5.8%。而在 LAC 地区，FDI 和人均收入增加没有形成同步增长，这是因为仅 1/3 的 FDI 用于资本存量扩大，剩下的 2/3 用于并购、流失和亏损（ECLAC，2016）。此外，TNC 及其目的地关系新模式（如服务外包）使投资和带来新工作的责任落在供应商公司肩上。

中国一直都是自美国之后第二大资本出口经济体，2009～2010 年，FDI 大幅度增长，然而在 LAC 地区，却不在前五个最重要的 FDI 国家之列。这是因为中国公司常常借助第三方国家作为渠道来投资。根据 2017 年中国 FDI 公报的数据，自 2001 年起，中国 FDI 上涨至 879.28 亿美元，平均占区域 FDI 比重 4.29% 及固定投资总额 0.64%。国有企业以并购占主导地位。扩大资本存量的投资为 320.59 亿美元，占区域 FDI 总额 1.57%，同时，并购占其 2.73%。中国公司投资创造的岗位 254722 个，但严格意义上说，不到 100788 份工作为扩大资本存量投资创造。原材料业的投资占中国 FDI 的 70% 以上，带来 48% 的岗位，其主导为并购。基础设施方面的投资自 2010 年起稳步上涨，这说明中国 FDI 有提高区域基础设施投资率的潜力（占国内生产总值 3% 左右）。中国 FDI 复制商业模式，通过和原材料业相关的并购，把 FDI 集中在巴西、秘鲁和阿根廷。在委内瑞拉、智利、厄瓜多尔和墨西哥，新投资不仅是中国 FDI 的基本组成部分而且创造工作岗位。在墨西哥，制造业和国内市场业的新投资占主导地位。

一个有待进行的研究在于，从企业层面进一步深入调查研究中国 FDI 的决定因素以及产生的效果；此外，把中国 FDI 和其他传统伙伴 FDI（如美国、欧盟）创造新岗位的情况进行对比十分重要。

参考文献

［1］Comisión Económica para América Latina y el Caribe（CEPAL）. 2016. CE-PAL. 2016. La Inversión Extranjera Directa en América Latina y el Caribe. CEPAL, Santiago.

［2］CEPAL. 2017. La Inversión Extranjera Directa en América Latina y el Caribe. CEPAL, Santiago.

［3］Dussel Peters, Enrique y Ariel C. Armony. 2017. Efectos de China en la cantidad y calidad del empleo en América Latina y el Caribe. OIT Américas Informes Técnicos 2017/6.

［4］Fondo Monetario Internacional（FMI）. 2009. Manual de Balanza de Pagos y Posición de Inversión Internacional. Sexta edición（MBP6）. FMI, Washington, D. C., capítulos 6, 7 y 11.

［5］Monitor de la OFDI de China en América Latina y el Caribe. 2017. Estadísticas. Información por país. ［http：//www. redalc-china. org/monitor/infor-macion-por-pais/busqueda-por-pais］. Fecha de consulta：14. 11. 2017.

［6］OCDE. 2008. OCDE Benchmark Definition of Foreign Direct Investment. Fourth edition. OCDE, Paris.

［7］Ortiz Velásquez, Samuel. 2017. "Inversión Extranjera Directa de China en América Latina y el Caribe, aspectos metodológicos y tendencias durante 2001-2016". Economía Informa（Facultad de Economía de la UNAM）406（septiembre-octubre）, pp. 4-17.

［8］Serebrisky, Tomás, Ancor Suárez-Alemán, Diego Margot, Maria Cecilia Ramirez. 2015. Financiamiento de la infraestructura en América Latina y el Caribe：¿Cómo, cuánto y quién? Inter-American Development Bank（IDB）, Washington DC.

［9］Stanley, Leonardo y José Fernández Alonso. 2016. "El tratamiento a las in-versiones extranjeras tras el ascenso de la República Popular China：¿de las reglas a la discreción?". Cuadernos de Trabajo del CECHIMEX, número 3, 16 págs.

[10] United Nations Conference on Trade and Development (UNCTAD). 2013. World Investment Report 2013. Global Value Chains: investment and trade for development. United Nations, New York and Ginebra, pp. 121-174.

[11] UNCTAD. 2017. Statistics. http://unctadstat. unctad. org/EN/. Fecha de consulta 14. 11. 2017.

潜在产出的动态线性模型：
中国和智利案例

亚历杭德罗·蓬特　曾驭然[①]

摘　要：世界经济意外放缓引发了对潜在产出评估方式的重新审视。本文论述了全要素生产率（TFP）预期，以及借助动态线性模型（DLM）分析中国和智利的潜在产出。假设一个规模报酬不变的柯布—道格拉斯生产函数，TFP和相关参数，连同资本和劳动力均按DLM进行评估。然后借助这些参量，滤过的资本和劳动力，进行潜在产出评估。

根据这个方法，预测2016年中国潜在GDP增长率为6.4%，2021年会下降到5.9%。而智利在未来五年年均潜在GDP增长率为2.7%，这个数字处在智利中央银行2016年9月其金融政策报告中预估范围的中段。

一、引　言

经济学家们对全球经济增长形势看好，导致极少分析长期性的和主要的经济增长决定因素，而发达经济体的衰退，接着新兴经济体面临同样的命运，再度引发了对于经济可持续增长的研究。

经济下滑的现象最初在发展中国家表现得尤为强烈，新兴国家在此领域的研究仍然停留在学术阶段。对这一研究贡献较大的有戈登（2012年、2013年和2014年），他甚至一度怀疑美国的经济增长是否已经终结。此外，皮凯蒂（2014）主要研究低速经济增长给收入不平等带来的影响，论述了长期增长的暗

---

　①　亚历杭德罗·蓬特，智利圣地亚哥圣托马斯大学经济学教授；曾驭然，广东外语外贸大学教师。

淡前景。

戈登认为，经济增长率将大幅降低，主要与两点有关：新的信息技术带来的生产力变革将结束，并且这种贡献力不能像 19 世纪到 20 世纪末那样再次产生巨大效用；所谓"婴儿潮"的结束以及医学的发展，对美国老龄化造成影响，改变了劳动力市场，促进工作小时的减少，劳动生产率必然下降。

反对消极看待长期经济增长的则强调之前也有类似的预言。自马尔萨斯以来，资本主义最初阶段的时候，低估科技增长的潜力以否定停滞不前的长期趋势。甚至认为发展中国家会发展得更慢，因此发展中国家和新兴国家之间的差距会为全球增长带来巨大发展空间，并且近些年新兴国家弥补差距的劲头更是加强了这一乐观态度。

问题是近些年，大多数发展中国家长期倒退，而新兴国家则发展放缓。此外，正如第三章和第四章中的"世界经济展望"（WEO）和 2015 年 4 月的"区域经济展望"所示，许多发达经济体更有活力但难以长时间维持，而新兴经济体从长、短期来说均不被看好。

在中国，近几年经济增长迅速下滑，这是分析家和 IMF 等组织所不曾预料的。就像 2013 年 4 月 WEO 对中国的 GDP 增长预测一样，预测 2016 年该数字为 8.525%，2018 年 WEO 当时预测的经济增长为 8.464%。同段时间，WEO 又给出了另一组数字 6.49% 和 6%，分别低了 2% 和 2.5%。

智利近几年同样掀起了讨论衰退背后因素的热潮，大多认为是临时性或周期性因素所致。然而，衰退背后重要的结构性因素逐渐为人所知，潜在增长预期下滑就说明了这一点。

除了与预估方式相关之外，鉴于各种预估存在的误差，从决定因素或各种变量以及方法论的角度来重新审视关于长期增长的分析变得很有必要。

大多数方法论的一个通病就是极强的同义反复性。从这个意义上说，把全要素生产率当作是减去劳动力和资本对 GDP 增长贡献力之后余下的部分也就不足为奇了。由此得出的 TFP 是不稳定的，对于解释经济现象的作用也不大。解决这个问题最常规的办法是过滤 TFP 和生产要素，假定收益中的每个因素是恒定的，然后进行潜在产出预估。智利关联最直接也是最新的一个案例就是智利经济发展组织和阿道夫大学（2012）的研究，TFP 的预估是面向整个 GDP、不同的经济产业、调整或不调整整个因素的质量和强度。这些案例中，TFP 均呈现很高的不稳定性。

尽管我们的方法没有完全去除上述的同义反复的弊病，也知道这是基于长期来看经济是趋向于平衡的假设，但至少我们是根据主要参量变化的决定因素进行的。因此，参考卡斯特罗、门德兹和蓬特（2007）建立了一个动态线性模型

（DLM）。接下来将详细介绍 DLM 以及中国和智利的研究结果。

选择中国和智利作为例子的原因有很多。其中一个重要原因是，我们是广东外语外贸大学和圣托马斯大学的学者，同时对我们工作和生活的地方的经济发展都很感兴趣。但最重要的是，在过去的 20 年里，这两个国家在经济增长上属于领先国家。智利是拉美经济发展的典范，中国在近几十年对世界经济增长贡献极大，成为全球第二大经济体，货币购买力世界第一。

最后是结论和建议。

二、变系数的动态线性模型

DLM 较之于状态空间模型是一种特例，不同之处在于函数线性和假定常态化干扰项[①]。一般 DLM 可以表示成：

$$X_t = A_t X_{t-1} + Z_t + w_t \tag{1}$$

$$Y_t = c'_t X_t + v_t \tag{2}$$

方程（1）被称为转移方程或状态方程，X 是状态矢量，Z 是一个可省略的矢量参数，w 为误差矢对状态影响极大。方程（2）包括已知变呈的矢量 Y，因为这是观测方程，因此 v 作为方程的误差项。两个方程中的 A 和 c 都是参数，通常设定为不变。矢量 w_t 和 v_t 是白噪声：

$$E(w_t w'_t) = \begin{cases} M & For \quad t = \tau \\ 0 & Otherwise \end{cases} \tag{3}$$

$$E(v_t v'_t) = \begin{cases} M & For \quad t = \tau \\ 0 & Otherwise \end{cases} \tag{4}$$

因为这个案例我们关注的是潜在产出的决定因素，方程（2）用作代表规模报酬不变的柯布—道格拉斯函数：

$$GDP_t = TFP_t K_t^\alpha L_t^\beta \tag{5}$$

在其随机线性表示中：

$$gdp_t = tfp_t + \alpha k_t + \beta l_t + v_t \tag{6}$$

方程（6）中，小写的变量分别代表 GDP、全要素生产率、资本存量和劳动投入。规模报酬不变的柯布—道格拉斯函数的状态空间表示为：

$$X_t = \begin{bmatrix} tfp_t \\ \alpha_t \\ \beta_t \end{bmatrix}, \ A = \begin{bmatrix} 1 & 0 & 0 \\ 0 & 1 & 0 \\ 0 & 0 & 1 \end{bmatrix}, \ w_t = \begin{bmatrix} w_{1t} \\ w_{2t} \\ w_{3t} \end{bmatrix}, \ Y_t = \begin{bmatrix} tfp_t \\ r \end{bmatrix}, \ c' = \begin{bmatrix} 1 & k & l \\ 0 & 1 & 1 \end{bmatrix}, \ v_t = \begin{bmatrix} v_{1t} \\ 0 \end{bmatrix} \tag{7}$$

从 DLM 的定义中可以看出，矩阵 A 是一个维度单位，等同于状态的数量，代表随机游动。c'矩阵作用于两个函数：包含第一排中资本和劳动的对数，因此也就能将生产函数中劳动和资本的弹性系数确定为该模型的状态；第二排中的单位系数连同参数 α_t 和 β_t，以及限制定义 $r=1$，用来调节可变弹性系数——意味着无须假定边际生产力等于平均生产力——同生产函数中的不变规模报酬。

三、数据描述

（一）预估智利 DLM 所采用的信息

变量 GDP、资本存量和劳动投入，智利中央银行、国家统计研究所和财政部给出了 1960~2015 年的年度数据。

GDP 的资料、适合利用强度的资本以及更正后的工作时数均来源于 2015 年 8 月 11 日顾问委员会对 GDP 趋势的调查结果，提供了 1960~2014 年这三个变量的信息。但我们比较感兴趣的是预估 GDP 的潜力，至少要到这个十年结束，借助 2016 年 4 月 IMF "世界经济展望"（WEO）的数据，GDP 和资本储量信息得以完善。WEO 对于 GDP 的预估将保持到 2021 年，而 2021 年的增长率到 2025 年保持不变。

投资作为 GDP 的一部分，其预估对于 WEO 预估资本储量也具有借鉴意义。借助之前得出的 GDP 数据可能获得每年的资本形成总额。最后，根据财政部公布的折旧率、近五年的发展假设，就可以预估净投资和资本储量。根据使用强度调整资本储量的方法历史上也用过，也就是假定劳动使用和资本因素之间存在紧密关联，资本储量可以通过乘以有效就业率和自然就业率之比得以纠正。若就业率高于自然就业率，调整后的资本储量就大于原始资本储量。据观察，就业率将在 2021 年等同于自然率，也就意味着那时调整后的储量等于原始储量。

反映劳动对 GDP 贡献力的变量是以质定量的工作时数，当作数年来学校教育的一个校正因素。这些信息是根据财政部发布的顾问委员会对 GDP 趋势的调查结果。为把这一变量用到 2025 年，假设适龄工作人口增加略快于 INE 预计的整体人口增加；假设劳动力的增长快于适龄工作人口的增长，这与女性进入劳动市场的趋势相一致；假设失业率等同于自然失业率，就获得就业。最后，工作时数和接受教育的增长率采用过去五年的数据，前者情况不太好，后者较为乐观。附件展示了预估所用到的数据。

（二）预估智利 DLM 所采用的信息

中国案例分析中的变量 GDP、资本和劳动力，我们从宾夕法尼亚大学世界表

8.1 中选取了时间序列 emp[①]、hc[②]、$rgdpna$[③] 和 $rkna$[④]，时间跨度为 1952 ~ 2011 年。

为了将 GDP 延展至 2025 年，考虑到同比增长率，我们选用 2016 年 4 月 IMF "世界经济展望" 预估的真实 GDP（2011~2021 年）。

借助（WEO）IMF 报告的 "投资作为 GDP 的组成（2000~2021 年）"，我们收集了算上过去五年平均折旧率（即 4.057747%）的资本储量（2012~2021年）。为了获取资本储量（2022~2025 年），我们选用了前一年的平均增长率。

假设增长率不变，www. tradingeconomic. com 公布的 "中国就业人数（2006~2015 年）"，通过平均过去五年增长率，我们得到了完整的 2012 ~ 2015 年和 2016~2025 年的就业人数。同样，鉴于过去五年的增长率，我们得到了完整的 2012~2025 年受教育人数。因为缺少工作时数的信息，我们将可变人力成本乘以就业人数同受教育人数之比，加以更正。

四、预估 DLM[⑤] 时的几个定义

预估 DLM 时需考虑的其中一个定义就是平滑参数 λ，因为预估出来的趋势和周期取决于该定义。实际上，若是选择年度数据经常使用的 $\lambda = 100$，其实就可以获得一个广义的周期分量。[⑥] 很重要的一点是，λ 不利于加强趋势分量——该趋势的第二个不同——通过最小化原数列和修匀数列的差的平方和（最小化周期分量）。这样得到的一个解释就是 λ 等于趋势变幅同周期变幅之比，假设此段关联的均指为 0，常规的且是恒等分布的。

简单来说，λ 越大，趋势越平滑，周期越大。除了 Ravn 和 Uhlig（2001）的建议，GDP 趋势和缺口取决于 λ 不同的值，GDP 缺口用于简单的通胀模型。此模型的缺口是建立在 $\lambda = 6.25$ 的基础上，根据 Ravn 和 Uhling 的建议，假设预估

---

① 参见例子 West and Harrison（1997）、Harvey（1989）、Durbin 和 Koopman（2001）。就业人数（单位：百万）。

② 人均人力资本指数，基于受教育时间（Barro and Lee，2012）和教育回报率（Psacharopoulos，1994）。

③ 2005 年稳定物价下的实际 GDP（单位：百万美元 2005）。

④ 年稳定物价下的资本储量（单位：百万美元 2005）。

⑤ 使用 MLD Rats 8.0 得出。

⑥ 季度数据 $\lambda = 1600$ 是根据经济周期为十年的标准得出的。但是，要把季度换成年或月，对于 λ 的处理存在不同观点。根据文献，年度值 $\lambda = 100$ 源于公式计算，测量频率和季度频率之比。另一方面：Ravn 和 Uhlig（2001）比较转移函数和不同的值，得到 $\lambda = 6.25$。

的均方误差和为最小值。

若预估出来的趋势符合对数柯布—道格拉斯函数中的 TFP 和弹性系数，我们就可以继续 GDP 趋势预估。这里有一个问题，在 GDP 趋势预估中应该采用什么样的资本和劳动数列，以及是否应该假设要素均为正常。预估 DLM 时运用同样的数列结果却十分不稳定。因此表 1 中的 GDP 趋势的预估采用了 DLM 的 TFP 和弹性系数，资本和工时的系列对数通过 Hodrick-Prescott 滤波，设定 $\lambda = 6.25$，而非采用原来的因数系列。

五、动态线性模型结果

（一）中国全要素生产率、潜在 GDP 和 GDP 缺口

中国实行赶超战略，因此在过去的 35 年，经济快速发展，平均增长率超过 8%。我们估计，资本在过去、现在甚至不远的将来都是促进 GDP 增长的主导因素。我们可以看到三个快速增长期。第一个是 1982~1986 年，受益于中国的开放政策。第二个是 1991~1997 年，第三个是 2002~2007 年。后两个时期得益于工业化的发展，产业价值对 GDP 增长的贡献率分别为 4.5% 和 2%。利用国际化分工和国际产业转移，中国实现了工业化和城市化，吸收农村剩余劳动力，就业压力得到缓解。但外商直接投资型经济带来的一个弊病就是中国现在处于"微笑曲线"的底端。我们可以看到劳动贡献处于较低的位置，特别是在工业化初期（见图 1）。

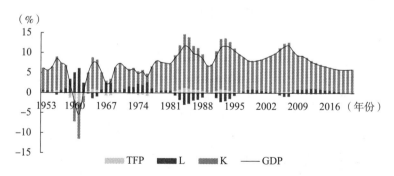

图 1　中国：潜在 GDP 增长和因素贡献度

资料来源：自行计算。

中国实行对外开放政策之前就为基础设施建设的发展做出了巨大努力，这为中国的工业化奠定了坚实的基础。如今，中国拥有世界最长的公路和最快的高

铁。然而，伴随着人口老龄化和生产能力整体过剩，中国未来 GDP 增长高度依赖于创新。我们估计，如果 TFP 增长能维持在 2% 的水平，未来 10 年 7%~8% 的潜在 GDP 增长就有可能实现，否则中国政府很难维持 7% 的增长。根据中国政府的计划，创新型发展主要从两方面着手：科技发展和制度变革。特别是处于经济新常态化阶段，应该紧紧围绕市场在资源配置中起决定性作用深化经济体制改革。但据我们估计，TFP 不能为 GDP 增长做出强有力的贡献，这意味着中国政府将继续面临供给侧改革和结构调整的巨大挑战（见图 2）。

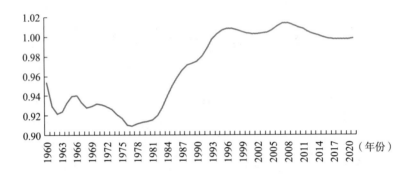

图 2　中国：全要素生产率（2015 年 = 1）

资料来源：自行计算。

从图 3 可以看到中国 GDP 缺口的一个放缓的过程。自 2010 年出现负 GDP 平减指数，2015 年首次实际 GDP 增长超过了名义 GDP。相应地，过去五年城市登记失业率维持在 4.1% 的水平。因为中国的 GDP 增长仍然高度依赖资本，物价控制压力主要来自进口资源，特别是国际石油价格。

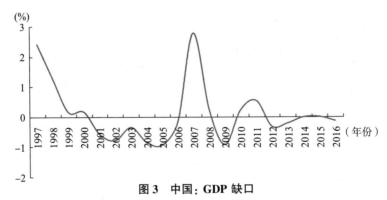

图 3　中国：GDP 缺口

资料来源：自行计算。

（二）智利全要素生产率、潜在 GDP 和 GDP 缺口

智利的情况，值得一提的是自 2005 年达到顶峰后，其 GDP 增长率呈现逐渐下降趋势。实际上，不同的记录略微低于过去十年所做的 GDP 趋势预估。然而，需要注意的是，以前预估出来的信息现今实际上是不可用的，预估 DLM 的方法和卡尔曼滤波算法采用了该系列所有信息，包括历史数据和对未来劳动和资本发展有用的预测。

2016~2020 年预计潜在 GDP 平均增长率为 2.7 %，比去年财政部召集的专家委员会预估的结果低 90%。另外，过去十年 TFP 对增长的贡献为负，自 2013 年始，资本的贡献也开始下降，智利其他的研究也说明了这一点。如果我们相信这个预估结果，在该十年结束的时候有所恢复的 TPF 也只能提供 3.0 %的增长率（见图 4）。

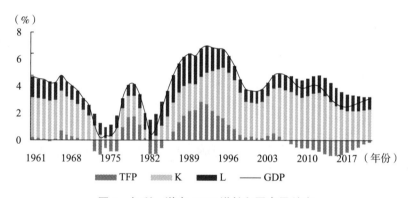

图 4　智利：潜在 GDP 增长和因素贡献度

资料来源：自行计算。

近年来，潜在 GDP 低增长的一个表现就是潜在 GDP 的水平也比较低。产出缺口的定义是实际 GDP 和潜在 GDP 之差占潜在 GDP 的比例，较低的潜在 GDP 表明缺口较大，相反，则没有缺口或缺口较窄。

从主要宏观经济变量的角度来看，这个表现十分明显。首先，GDP 增长速度必然放缓。其次，失业率明显上升，正如奥肯定律预示的那样，不会出现大缺口，但是工资波动会很大。最后，物价受到影响，工资波动或汇率贬值会被放大，并且短时间内不会消除，如同菲利普斯曲线描述的那样受生产能力过剩的影响。

智利过去三年主要宏观经济变量的表现中，就业和通胀与 GDP 增长的表现十分相关。之前就讨论过低失业率，以前被认作是充分就业和低速经济发展背景下的持续通货膨胀之间的矛盾。图 6 从产出缺口的角度能帮助理解这些显著的矛

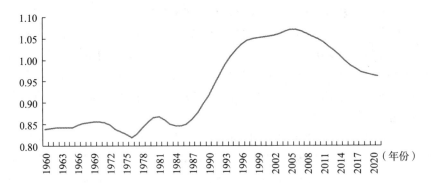

图 5　智利：全要素生产率（2015 年 = 1）

资料来源：自行计算。

盾，结论是这些就是对潜在 GDP 和 GDP 缺口的错误预估。

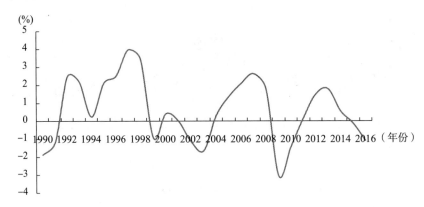

图 6　智利：GDP 缺口

资料来源：自行计算。

六、结论和建议

　　近几年世界 GDP 增长又重新聚焦长期经济增长的决定因素。但这绝不仅仅关乎学术。最重要的几个宏观经济变量的"惊喜"表明了研究长期经济发展的重要性。这不仅有助于理解短期经济动态，也会影响到稳定政策、财政金融政策，同时对预测国内、国际的收入分配的演变也具有重要意义。

　　利用动态线性模型预估潜在 GDP 似乎要比其他常用方法更有效率，因为结合了强有力的方法，借助生产函数的理论经济支持来预估隐秘的状态空间模型的变量。在这一点上，上述方法就允许生产函数加入额外要素。例如，高度依赖外部融资的国家能吸收作为生产要素的融资条件，又如货币受限制的国家可以考虑卡斯特罗、门德兹和蓬特（2007）描述的贸易条件。

在智利，相关的两个延伸一是生产函数的部门分工，至少将自然资源部门分离出来，如同智利中央银行（2015）；二是包含一个反映能源成本的变量，研究表明能源成本会削弱智利经济的生产潜力。

2008 年以后，中国把市场重心从美国和欧洲转向拉美和非洲。同时，中国"一带一路"倡议推向全球。在此背景下，智利和中国成为了经济上的完美战略伙伴。中国仍然是世界最大的市场和发展最快的经济体。智利是拉美稳定和安全的经济体。这两个新兴国家之间必定达成更多经济上的合作和认同。

最后，考虑到两个国家不同的要素对潜在 GDP 增长的贡献，资本在赶超先进经济体中所扮演的角色越发清楚。相反，在智利，劳动的作用更相关、更持久。在这个意义上，中国在这一点还有提升空间，就像中国和智利生产力的情况一样。

参考文献

［1］ Castro, E., Méndez, R. and Puente, A. （2007）. "Producto Potencial, Brecha y Crecimiento." Situación Venezuela, Año 3, N° 2, BBVA.

［2］ Central Bank of Chile （2015）. "Trend GDP Growth." Box in Monetary Policy Report, September.

［3］ Central Bank of Chile （2015）. "Potential GDP, the output gap and inflation." Box in Monetary Policy Report, September.

［4］ CORFO, UAI （2012）. "Evolución de la productividad total de los factores en Chile".

［5］ CORFO, UAI （2015）. "Evolución de la PTF en Chile", https：//issuu. com/adolfoibanez/docs/boletin_9_ptf_chile.

［6］ Fuentes, J. and Morales, M. （2007）. "On the Measurement of total Factor Productivity：A Latent Variable Approach." Central Bank of Chile, Working Papers N° 419.

［7］ Gordon, R. J. （2012）. "Is U. S. Economic Growth Over? Faltering Innovation Confronts the Six Headwinds," NBER Working Paper 18315, August.

［8］ Gordon, R. J. （2013）. "US productivity Growth：The Slowdown HasReturned after a Temporary Revival." International Productivity Monitor, 25：13-19.

［9］ Gordon, R. J. （2014）. "The Demise of US Economic Growth：Restatement,

Rebuttal, and Reflections. " NBER Working Paper 19895, February.

［10］ IMF （2015）. "Uneven Growth: Short-and Long-Term Factors. " World Economic Outlook, April.

［11］ IMF （2015）. "Northern Spring, Southern Chills. " Regional Economic Outlook: Western Hemisphere, April.

［12］ King, Robert G. and Sergio T. Rebelo （1993）. "Low Frequency Filtering and Real Business Cycles," Journal of Economic Dynamics and Control Vol. 17, No. 1- 2, 207-231.

［13］ DIPRES （2015）. "Acta Resultados del Comité Consultivo del PIB Tendencial".

［14］ DIPRES （2011）. "Resultados del Comité Consultivo del PIB Tendencial 2011", http: //www. dipres. gob. cl/572/articles-76637_doc_pdf. pdf.

［15］ Piketty, T. （2014）. "Capital in the 21st Century. " Cambridge: Harvard University.

［16］ Ravn, Morten O. and Uhlig, H. （2001）. "On Adjusting the HP-Filter for the Frequency of Observations". CEPR Discussion Paper N° 285.

附录 1　智利数据

	GDP	Capital	Total hours worked		GDP	Capital	Total hours worked
	Mil. $ prev. year	Mil. $ prev. year	Corrected by educ.		Mil. $ prev. year	Mil. $ prev. year	Corrected by educ.
1960	13326609	36879783	31880988	1970	20287272	55579338	46639460
1961	14015469	38525964	33431180	1971	22189810	57108933	47787253
1962	14612686	40238742	34985550	1972	21917865	58130601	48863169
1963	15495153	42045138	36545905	1973	20816205	58619912	49899259
1964	15868596	43920430	38107993	1974	21356240	58835363	50939911
1965	16032079	45843044	39660189	1975	18569749	59218633	52035718
1966	17792727	47809979	41185309	1976	19259665	60137503	53236043
1967	18438409	49816035	42663374	1977	21252447	61367593	54583823
1968	19108994	51813215	44074595	1978	22907290	62698176	56114416
1969	19900155	53759720	45402823	1979	24875458	64007804	57858690

续表

	GDP	Capital	Total hours worked		GDP	Capital	Total hours worked
	Mil. $ prev. year	Mil. $ prev. year	Corrected by educ.		Mil. $ prev. year	Mil. $ prev. year	Corrected by educ.
1980	26908865	65104015	59848542	2003	71940239	153981718	148451036
1981	28710729	65707059	62121558	2004	76987661	162003204	152486493
1982	25514172	65831047	64721214	2005	81742969	171231854	156826697
1983	24141494	66280451	67690054	2006	86397688	181350991	161471773
1984	25111568	67528326	71057657	2007	90856522	191847557	166411770
1985	26183750	69520553	74831614	2008	93847932	202358755	171628056
1986	27606975	72024044	78994090	2009	92875262	212948151	177092989
1987	29394675	74786225	83501766	2010	98219034	224357441	182768923
1988	31554912	77655741	88287224	2011	103954673	237200525	188609075
1989	34702041	80520241	93261722	2012	109627615	251035672	194565089
1990	35865469	83303315	98320655	2013	113987063	264934240	200595928
1991	38653861	86222200	103351559	2014	116125911	278143852	206673228
1992	42985500	89866210	108243570	2015	118525235	290509167	212782879
1993	45901592	94382317	112899328	2016	120346968	302203778	218923333
1994	48179871	99743676	117249586	2017	122874255	313650125	225101881
1995	52493930	105888082	121264630	2018	126191859	325158249	231330025
1996	56070719	112472143	124957521	2019	130002854	336920778	237619547
1997	60069674	118960727	128380245	2020	134162945	348998277	243979740
1998	62530098	124908245	131615151	2021	138724485	361447581	250415452
1999	62188442	130236620	134763130	2022	143579842	374314787	256925236
2000	65372654	135484097	137931261	2023	148605137	387599152	263499579
2001	67508951	140985388	141218666	2024	153806316	401201099	270120230
2002	69325028	147053241	144706213	2025	159189537	414983311	276762706

Source：DIPRES，自行计算。

附录 2　中国数据

	GDP	Capital	No. of persons engaged		GDP	Capital	No. of persons engaged
	in Mil. 2005US $	in Mil. 2005US $	in Mil. Corrected by education		in Mil. 2005US $	in Mil. 2005US $	in Mil. Corrected by education
1952	463996	489640	233.20	1976	1115404	2068271	661.61
1953	508549	510622	241.66	1977	1174463	2210877	691.31
1954	519902	537237	250.30	1978	1306167	2385241	723.85
1955	544020	562438	258.03	1979	1398248	2562472	760.78
1956	591439	594376	267.66	1980	1455675	2766994	804.69
1957	641286	630717	278.86	1981	1541403	2960134	852.93
1958	718559	695590	302.61	1982	1676698	3176293	894.03
1959	737648	792395	320.18	1983	1794602	3414422	927.80
1960	704740	876600	319.73	1984	2000094	3690050	961.23
1961	493618	902472	321.95	1985	2189237	4025456	995.28
1962	537125	909236	328.05	1986	2322364	4385618	1025.57
1963	604790	931201	340.86	1987	2504512	4768404	1053.60
1964	691633	968340	359.12	1988	2625791	5205815	1091.88
1965	756245	1028896	379.34	1989	2654496	5530973	1140.37
1966	811774	1101690	399.00	1990	2668080	5817351	1184.20
1967	766895	1146561	419.36	1991	2834056	6164618	1231.67
1968	736139	1189832	439.98	1992	3103359	6664483	1266.75
1969	825404	1242114	463.20	1993	3437912	7375357	1301.85
1970	929618	1337208	487.75	1994	3725428	8174819	1337.65
1971	976173	1441364	517.28	1995	4227655	9033200	1373.83
1972	998655	1544679	544.19	1996	4385063	9966689	1410.99
1973	1066033	1654199	569.35	1997	4693969	10946193	1451.70
1974	1084832	1779418	599.36	1998	4713044	12088808	1492.62
1975	1154747	1929051	630.71	1999	4992596	13264680	1533.25

续表

	GDP	Capital	No. of persons engaged		GDP	Capital	No. of persons engaged
	in Mil. 2005US $	in Mil. 2005US $	in Mil. Corrected by education		in Mil. 2005US $	in Mil. 2005US $	in Mil. Corrected by education
2000	5309820	14501287	1573.42	2013	15983726	61957573	1919.93
2001	5678756	15909541	1604.00	2014	17150538	69654052	1943.07
2002	6290808	17517250	1635.25	2015	18333925	77410310	1964.49
2003	6858146	19592796	1664.10	2016	19523791	85365793	1988.71
2004	7585524	21840018	1693.91	2017	20734266	93604020	2013.22
2005	8267831	24356182	1723.32	2018	21978322	102155134	2038.03
2006	9249799	27190004	1746.02	2019	23297021	111006124	2063.16
2007	10363165	30325914	1768.51	2020	24694843	120118299	2088.59
2008	10893638	33799556	1790.20	2021	26176533	129482625	2114.33
2009	11781561	38334244	1811.19	2022	27747125	138163999	2140.39
2010	12779162	43438696	1829.95	2023	29411952	147427429	2166.77
2011	13779918	48872912	1861.60	2024	31176669	157311942	2193.48
2012	14840971	54674592	1897.11	2025	33047269	167859178	2220.52

资料来源：PWT8.1，自行计算。

拉美国家对债务危机的治理及其对中国的启示

李翠兰①

摘 要：2008 年金融危机、2010 年欧债危机的爆发再次给各国政府敲响了债务管理的警钟。经历了 20 世纪 80 年代债务危机的拉美国家在这次危机中较好地表明多年来拉美各国对债务危机治理的探索与经验总体是有效的，这些有益的经验值得各国政府学习与借鉴。本文通过对拉美国家在经历本危机后债务状况的分析，梳理了 30 多年来拉美国家治理债务危机的财政措施与经验，最后结合我国的实际情况总结出需要从财政规则、政府债务规模与结构、财政风险预警、财政及债务信息的透明度等方面做好债务管理的启示。

关键词：拉美国家；债务危机；财政政策

一、引 言

从两百多年前英国的运河、铁路等公共基础设施的建设到当前各国对环境污染的治理，从促进经济增长至熨平经济周期，政府都需要投入大量财政资金。为了有效地解决政府融资来源不足的问题，一国政府常通过举债来实现财政职能。适度的举债不仅能扩大财源，促进经济增长，提高经济效率，还能更好地服务于居民。然而，过度举债和监管措施不完善，又会增大政府债务风险，加大金融体系脆弱性，甚至引发债务危机。政府债务问题已成为当今世界经济不稳定的主要风险源之一。特别是自 2008 年金融危机后，希腊等欧洲债务危机的爆发与不断

---

① 李翠兰，广东外语外贸大学经贸学院讲师，在读博士。

扩散,导致全球经济的复苏进程减缓。这不禁让人联想到 30 多年前发生于拉美国家的债务危机,并由此形成的"失去的十年"。当时曾有经济学家预言,发达国家不会有债务危机的发生,但是事实证明却相反,这次债务危机就发生于国家经济实力与偿债能力均较强的欧洲发达国家。历史和令人信服的经济现实向全球各国政府提出预警:一国的经济水平无论处于哪个阶段,大规模且快速积累的政府债务可能会导致潜在经济增长和生活水平的下降,从而引起债务危机。债务危机可以在不同类型的国家爆发,这说明了债务问题的普遍性和严重性。因此,如何处理好一国政府债务成为当前各国政府关注与重视的问题之一。

二、拉美国家金融危机后的债务水平

回顾 30 多年前爆发拉美国家债务危机的原因,主要是由于 20 世纪 70 年代拉丁美洲各国普遍实施"财政赤字,负债增长"的发展战略,在给当时拉美的经济带来繁荣的同时也给 80 年代拉美债务危机的爆发埋下种子。在政府无节制地举债来大力发展经济的背景下,一方面债务结构和经济结构的不合理加剧了债务风险,另一方面由于当时不恰当的国内经济政策,如"进口替代战略"的实施推动债务问题向债务危机的转化,最终在国际资本流动风向突然转变时引发了拉美国家债务危机爆发。1982 年 8 月,墨西哥政府宣布无力偿还其到期的外债本息,至当年底整个拉美地区的外债余额超过 3000 亿美元,在多数拉美国家中出现了政府因国际负债过度而无法按期履行债务偿付的现象,部分国家宣布推迟偿还时间或进行债权重组,由此引发了全球性的发展中国家债务危机,并使拉美国家的通货膨胀严重,经济发展停滞长达十余年之久,使之成为"失去的十年"。

经过 20 多年的宏观政策与财政政策的有效调控,在 2008 年金融危机再次爆发时,拉美国家的宏观经济总体运行良好,表现为政府债务水平较低、赤字水平较低、货币政策体系稳健、金融部门清偿能力较高。特别是自 2000 年以来拉美国家普遍实行避免"双赤字"的财政政策,通过对财政赤字的削减和加强财政预算与风险的预警、监管等手段总体上减少了政府债务水平,使债务危机问题得到较好的治理与解决,各国经济总体保持较平稳的发展。加之可控水平的通货膨胀与灵活的浮动汇率政策对外来危机的冲击也起到了非常大的缓冲作用,使得拉美各国总体上较好抵御了 2008 年全球的经济危机。尽管自 2011 年后,由于应对全球金融危机的临时政策效果的消退、国际经济局势变化等因素的共同作用,多数拉美国家表现出经济增长动力不足、债务负担加大的现象,但是总体债务水平仍处于可控的范围之内。下面从主权信用、财政支出、债务水平与偿债能力等影响债务安全的几个重要指标出发，对拉美国家近年来的债务情况进行描述与分析，从中可以看出拉美国家对债务危机治理的效果。

（一）主权信用等级的变化

主权信用评级是信用评级机构进行的对一国政府作为债务人履行偿债责任的信用意愿与信用能力的评判。主权信用等级是一个综合性指标，包含着一个国家的国内生产总值增长趋势、对外贸易、国际收支情况、外汇储备、外债总量及结构、财政收支等影响国家偿还能力的指标，需要结合金融体制改革、国企改革、社会保障体制改革所造成的财政负担进行分析，最后进行等级评定。从国际三大评级公司之一的标准普尔的评级结果可以看出自金融危机之后主要拉美国家信用等级的变化情况。如表1所示，选择2011年和2016年为代表，可以看出拉美国家的总体信用等级在上升，仅巴西、乌拉圭、阿根廷和委内瑞拉四个国家的信用等级有所下降；在2011年被标普评为投资级的国家共六个，分别是智利、墨西哥、秘鲁、巴拿马、巴西和哥伦比亚，其他国家均为投机级信用。到2016年除巴西降级外，其他五个国家不仅仍保持为投资级主权信用等级，而且各国的信用等级都有提升。因此，从拉美各国主权信用等级的变化可以看出，各国在经历危机后更加注重对债务的管理，除少数国家外，总体呈现出向好的发展趋势。

表1 主要拉美国家的主权信用评级（标普）

	2011 年	2016 年	等级变化
智利	A+正面	AA 稳定	升
墨西哥	BBB 稳	A 负面	升
秘鲁	BBB-稳	A-稳定	升
巴拿马	BBB-稳	BBB 稳定	升
巴西	BBB-稳	BB+稳定	降
哥伦比亚	BBB-稳	BBB+负面	升
乌拉圭	BB+稳	BB 稳定	降
危地马拉	BB 稳	BB+稳定	升
委内瑞拉	BB-稳	CCC 负面	降
玻利维亚	B+稳	BB 稳定	升
洪都拉斯	B 正面	B+正面	升
巴拉圭	B+正面	BB 稳定	升
多米尼加	B+稳	BB-稳定	升
阿根廷	B 稳	B-稳定	降
厄瓜多尔	B-稳	B 稳定	升

资料来源：标准普尔。

（二）财政收支的变化

2008 年金融危机爆发后，由于财政状况良好，拉美国家基本上都有财力实施财政刺激计划，有的国家还同时实施了反周期的货币政策。在外部全球经济低迷的背景下，拉美各国的税收收入增速有所下滑，加之财政支出需求日益加大，致使其财政收支状况总体呈恶化发展。各国财政支出的总体平衡从 2008 年的 1.7%，减少至 2016 年的 -5.4%，仅在 2012 年情况有所改善，其他年份的赤字都愈加严重，特别是 2015 年赤字占 GDP 高达 7.2%。在这期间，基本平衡也由 2008 年 2.4% 的盈余一路下滑，到 2012 年转变赤字，到 2016 年拉美国家的平均赤字率为 2.7%，但仍然没有超出国际公认的警戒水平（见图 1）。主要拉美国家的债务情况如表 2 所示，在 2008 年拉美各国的财政支出都为盈余，在金融危机之后的 2009 年，为了应对国际经济大环境，在财政政策的导向下，尽管各国财政平衡有所波动，但多数国家都实行了财政赤字的政策，至 2016 年，各国政府财政均为赤字状况，除阿根廷、厄瓜多尔和委内瑞拉外，各国的财政赤字水平总体上都处于合理的范围之内。[①]

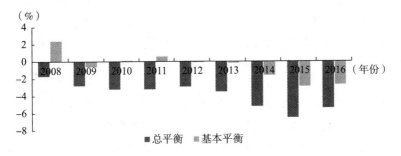

图 1　拉美国家的赤字/盈余占 GDP 比重

资料来源：IMF, Fiscal Monitor, 2017。

表 2　主要拉美国家的赤字/盈余占 GDP 比重　　　　　单位：%

	2008 年	2009 年	2010 年	2011 年	2012 年	2013 年	2014 年	2015 年	2016 年
阿根廷	1.8	-1.1	-0.4	-1.4	-1.5	-2.4	-3.2	-4.4	-5.0
巴西	3.8	1.9	2.3	2.9	1.9	1.7	-0.6	-1.9	-2.5
智利	3.6	-4.4	-0.3	1.5	0.8	-0.4	-1.3	-1.9	-2.6

---

①　总平衡：政府总收入减去总支出，是一种净值。总平衡一般不包括政策性借出，部分国家是政府总收入加上捐赠收入再减去总支出和净借出。

基本平衡：从总平衡中再扣除政府支付的净利息支出（利息收入减去利息支出）。

指标的判断标准使用的是《马斯特里赫特条约》中提出的"警戒线"，即财政赤字不能超过 3%，政府债务率不能超过 60%。

续表

	2008 年	2009 年	2010 年	2011 年	2012 年	2013 年	2014 年	2015 年	2016 年
哥伦比亚	1.9	-1.1	-1.6	-0.1	1.6	1.2	0.3	-1.9	-0.3
多米尼加	-1.7	-1.2	-0.9	-1.0	-4.2	-1.2	-0.5	-0.7	-0.2
厄瓜多尔	1.7	-3.0	-0.8	0.5	-0.2	-3.5	-4.2	2.4	-5.0
墨西哥	1.7	-2.3	-1.4	-1.0	-1.2	-1.2	-2.0	-3.9	0.2
秘鲁	4.1	-0.3	1.2	3.1	3	1.7	0.7	-1.1	-1.4
乌拉圭	1.4	1.1	1.5	1.9	-0.2	0.4	-0.6	-1.3	-0.7
委内瑞拉	-2.0	-7.2	-8.6	-9.4	-12.4	-10.9	-13.0	0	-13.6

资料来源：IMF, Fiscal Monitor, 2017。

（三）债务水平的变化

由于实施了扩张性财政政策，政府举债规模不断增加，2008~2016 年拉美国家整体的债务呈现先上升，后下降再上升的变化。总债务占 GDP 的比重从 2008 年的 46%，增加到 2016 年的 58.3%，净债务占 GDP 的比重从 30.7% 增加至 41.7%，分别增加了 12.3 个和 11 个百分点。总债务与净债务占 GDP 比重的最低水平分别出现在 2011 年（48.6%）与 2012 年（29.5%），此后一直处于上升态势（见图 2）。尽管扩张性财政政策使拉美国家的平均债务水平较 2009 年有较大的提高，债务风险也在不断增加，但随着这些国家主动采取措施控制债务规模扩张，其新增债务风险正趋于降低，总体上来看，无论是财政赤字率还是政府债务率都在国际公认的警戒线之内。特别是拉美国家的外债同比增速超过 GDP 同比增速的幅度逐步收窄，债务风险进一步大幅恶化的可能性减弱，但需要警惕风险

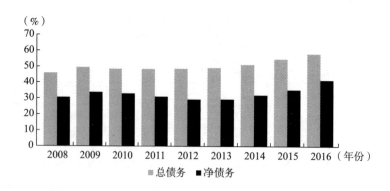

图 2　拉美国家的债务占 GDP 比重

资料来源：IMF, Fiscal Monitor, 2017。

的存在。[1]

进一步从表3中可以看出各国的债务水平（债务占GDP的比重）变化，除巴西以外，其他国家的债务水平均未超过国际警戒水平；具有较高债务风险的国家分别是墨西哥、阿根廷，债务风险较低的国家是巴拉圭与秘鲁，而智利的债务风险率最低。

表3　2009~2016年主要拉美国家的负债率　　　　　　单位:%

	2009 年	2010 年	2011 年	2012 年	2013 年	2014 年	2015 年	2016 年
阿根廷	53.83	42.62	38.06	39.43	42.2	43.59	52.03	51.27
玻利维亚	39.99	38.49	35.71	35.71	36.1	37.02	40.65	42.1
巴西	64.94	63.04	61.2	62.2	60.19	62.31	72.52	78.32
智利	5.82	8.56	11.09	11.95	12.73	14.93	17.37	21.18
哥伦比亚	35.17	36.44	35.73	34.08	37.78	44.23	50.67	47.59
厄瓜多尔	13.51	13.34	14.22	13.5	16.47	19.68	22.61	29.24
圭亚那	64.81	65.3	65.16	62.48	57.23	51.21	47.9	48.31
巴拉圭	18.25	15.58	12.97	16.15	17	19.75	23.99	24.73
秘鲁	28.43	25.5	23.27	21.6	20.76	20.69	24.04	24.81
委内瑞拉	27.57	36.46	50.57	58.09	73.7	63.49	32.08	28.21
墨西哥	43.92	42.23	43.2	43.17	46.35	49.49	53.73	58.1

资料来源：IMF, Fiscal Monitor, 2017。

（四）偿债能力的变化

如果一国债务负担较大，但偿债能力较强，债务风险仍会较低；但如果一国债务负担较大，而偿债能力却日趋弱化，其债务风险将会较高。近年来，巴西、阿根廷等国在债务负担加速提高的同时，偿债能力却日益走低，形成了较高的债务风险，但还有大多数国家的经济发展较平稳，币值稳定，因此从经济增长速度与通货膨胀率两方面来看，拉美的多数国家总体上都具备较高的偿债能力。

首先从国民生产总值同比增速变化来看，2008~2016年总体的变化趋势是受2008年全球金融危机的影响，2009年拉美国家受到外部环境的直接冲击较大，经济增长严重受阻；各政府实施财政等宏观政策调控后，于2010年有明显回暖，

---

① 总债务：需要政府在将来归还本金的所有债务或责任，包括所有公共部门的债务，包括直接显性的到此为止债务、金融或非金融的国有企业债务、中央银行债务、担保等或有负债。

净债务：总债务扣除所有公共部门（不仅政府）的金融资产。

但在渡过危机的 2012 年后经济又出现逐年疲软，并呈持续下降的趋势，但总体较为稳定。其中，除阿根廷、巴西与委内瑞拉等少数国家的经济增长速度较低、呈负增长外，其他多数国家都保持了稳定的增长。另外还可以看出，在 2015 年后，各国的经济增长速度总体减慢，使国家的经济自主增长能力不足，偿债能力明显减弱（见表 4）。

表 4　2008~2016 年拉美国家的 GDP 增长率　　　　单位:%

	2008 年	2009 年	2010 年	2011 年	2012 年	2013 年	2014 年	2015 年	2016 年
阿根廷	4.06	-5.92	10.13	6.00	-1.03	2.41	-2.51	2.65	-2.25
巴西	5.17	-0.33	7.53	2.73	3.97	3.00	0.50	-3.77	3.6
智利	3.29	-1.04	5.75	5.84	5.46	3.98	1.88	2.31	1.59
哥伦比亚	3.55	1.45	4.29	6.59	4.04	4.87	4.39	3.08	2.0
墨西哥	1.40	-4.70	5.11	4.04	4.02	1.36	2.25	2.46	2.3
秘鲁	9.13	1.10	8.33	6.33	6.14	5.85	2.35	3.25	3.88
多米尼加	3.21	0.95	8.32	3.10	2.79	4.74	7.61	7.04	6.65
厄瓜多尔	6.36	0.57	3.53	7.87	5.64	4.55	3.67	0.29	-1.5
萨尔瓦多	1.27	-3.13	1.36	2.22	1.88	1.85	1.43	2.30	2.37
危地马拉	3.28	0.53	2.87	4.24	2.97	3.61	4.25	4.08	3.06
巴拿马	8.61	1.60	5.77	11.81	9.23	6.62	6.05	5.78	4.9
巴拉圭	6.36	-3.97	13.09	4.34	-1.24	14.04	4.72	2.96	3.95
乌拉圭	7.18	4.24	7.80	5.16	3.54	4.64	3.24	0.37	1.45
玻利维亚	6.15	3.36	4.13	5.20	5.12	6.80	5.46	4.85	4.27
委内瑞拉	5.28	-3.20	-1.49	4.18	5.63	1.34	-3.89	-6.22	-16.45
拉美平均	3.99	-1.74	5.78	4.40	2.82	2.79	1.32	-0.15	-0.67

资料来源：世界银行数据库。

　　其次从通货膨胀的水平来看，一国通货膨胀率如果太高会加重影响利率及资本成本，从而造成债务支付成本的上升，增加债务风险的累积。本轮欧洲和拉美债务风险集中爆发时期，拉美国家的货币市场总体表现较为稳定。特别是近两年来，受金融危机和全球低利率环境等影响，个别债务风险较高国家通胀率持续走低，个别国家还出现了一定程度的通货紧缩。具体从 2008~2016 年拉美各国的通货膨胀率来看，除委内瑞拉与阿根廷之外，其他国家的通货膨胀率都控制在较为合理的范围，最高的是乌拉圭，其次是巴西与哥伦比亚，分别为 8.10%、

6.29%和5.75%，其他国家均控制在5%以内（见表5）。拉美各国较稳定的物价水平，使各国的债务风险处于可控的范围之内，总体上使债务风险增量日趋减少。

表5　2008~2016年主要拉美国家的通货膨胀率　　　　　　单位:%

	2009 年	2010 年	2011 年	2012 年	2013 年	2014 年	2015 年	2016 年
阿根廷	7.69	10.92	9.51	10.84	10.95	23.92	16.82	25.62
墨西哥	3.57	4.4	3.82	3.57	3.97	4.08	2.13	3.36
巴西	4.31	5.91	6.5	5.84	5.91	6.41	10.67	6.29
智利	-1.51	2.93	4.39	1.45	2.86	4.69	4.44	2.75
秘鲁	0.25	2.08	4.74	2.65	2.86	3.22	4.4	3.23
哥伦比亚	2	3.18	3.72	2.44	1.93	3.66	6.77	5.75
厄瓜多尔	4.31	3.32	5.41	4.17	2.7	3.67	3.39	1.11
圭亚那	3.65	4.43	3.3	3.48	0.89	1.17	-1.81	1.45
巴拉圭	1.86	7.21	4.94	3.98	3.75	4.21	3.1	3.92
乌拉圭	5.9	6.93	8.6	7.48	8.52	8.26	9.44	8.1
玻利维亚	0.27	7.18	6.9	4.55	6.48	5.2	2.95	4
委内瑞拉	25.06	27.18	27.57	20.07	56.19	68.54	180.87	274.35

资料来源：世界银行数据库。

三、拉美各国治理债务危机的财政措施

拉美国家陷入债务危机和高通胀问题的主要原因是财政收支的严重不平衡，因此在各国进行宏观政策调控时，财政改革是治理债务危机的主要途径。在经受了20世纪80年代的债务危机重创后，拉美各国都深刻地认识到如果政府支出不受约束，政府债台高筑，在经济衰退时，政府将既无力实施反周期财政政策来刺激经济，也不能确保它在社会福利方面的承诺，更为严重的是，一旦出现经济衰退，政府财政将很容易陷入危机，进而拖累经济和社会发展。于是拉美各国开始逐步启动财政改革，通过上面的分析可知，经过多年对债务的治理，当前拉美各国的债务水平总体处于可控的范围之内，说明它们所采用的措施是总体有效的。

（一）主要拉美国家的具体财政措施

1. 智利

智利是拉美最早开始改革尝试的国家。自 20 世纪 90 年代以加强财政责任为核心的财政预算改革，再到 2001 年建立结构性平衡规则，经过 20 多年的努力，智利终于建立起了比较稳健的财政预算制度。首先，需要通过预算制度来约束政治家的支出冲动，需要将预算和政策整合起来，使得预算制度能约束政治家的政策制定。其次，需要考虑周期性因素和结构性因素对财政状况的不同影响，在中长期时间框架内确保财政可持续。

1987 年，智利政府建立铜稳定基金，以控制外部因素对智利财政收入的冲击，这标志着智利政府开始启动预算改革。进入 20 世纪 90 年代，智利在更大范围内启动预算改革，以提高智利的财政治理水平和财政政策质量，改革的重点是加强支出绩效预算，提高预算透明度和负责程度，以及加强总量的控制和限制政府首脑在资金使用方面的自由度等。2001 年，智利政府建立起一个以结构性平衡规则为核心的财政政策的制度框架。在这个财政约束规则下，财政支出是按结构性收入而非当年实际收入来确定的，具体来说即每年政府至少都要将占上一年GDP 比重为 1% 的财政收入储蓄起来以确保财政支出在中长期的稳定性。2006年，智利国会通过《财政责任法》，由于考虑到现代预算制度承担着维护宏观经济稳定的政策功能，它不仅要求对总额（赤字、债务等）的管理和控制必须具备中长期的时间框架，还要求在总额管理中必须有效控制各种外部因素对总额控制目标的冲击，因此需要将结构性平衡规则制度化，同时设置两个主权财富基金来管理实施结构性平衡规则后形成的储蓄，并确保财政支出在中长期的稳定性：一个是养老储备基金，另一个是经济与社会稳定基金。前者实质上是一个储蓄基金，其目的是在代际间转移财富，确保政府能够在中长期兑现其在养老和社会保障方面对社会的承诺，尤其是最低养老水平承诺；后者是一个稳定基金，其设置目的是维持宏观经济稳定，在经济状况良好以及铜价上升时，将一部分财政收入储蓄起来，当经济状况不佳或铜价下跌时，就动用该基金来平滑财政支出。通过结构性平衡规则的制定与实施，不仅让智利在本次危机中安然无恙，而且在债务水平、财政平衡或是经济的稳定增长方面都表现出良好的成绩，因此它成为拉美国家的主权信用评级中唯一达到 A+等级水平的国家。

2. 巴西

巴西是另一个在拉美的经济改革中取得了显著成绩的国家。在经历多次债务危机后，巴西中央政府 1998 年起果断实施财政稳定计划，实施增加公共部门盈余的财政调整政策；加快推进社会保障与行政管理领域的体制改革，从而降低债务的累积程度，减少债务危机产生的隐患。2000年5月，巴西政府颁布了《财政责任法》，立法确立公共财政规则，强化财政及债务管理责任，还规定了包括一整套对地方政府借款进行控制的极为严格的措施。《财政责任法》及其配套法案建立了三级政府在财政及债务预算、执行和报告制度上的一般框架，制定了操作性极强的规范地方政府举债的量化指标，具体包括限制举借新债的规模、限制举债时间与限制偿还债务。一是要求中央政府通过需求控制和供给控制两种方式对地方举债进行控制。二是完善法规体系，加强对地方政府债务的直接控制。巴西对地方政府债务的解决方法包括事前控制和事后惩罚的双重机制，坚持"黄金法则"和可持续原则，成功将地方政府的债务风险保持在可控范围内。巴西《财政责任法》及其配套措施在控制地方政府债务规模方面取得了一定成效，有效地抑制了地方政府债务继续膨胀。债务水平虽然也有所增加，但所占国内生产总值的比例却有所下降，财政盈余数额以及占国内生产总值的比例都有所增加。经过债务重整和经济稳定计划，巴西经济持续发展，近年债务规模虽然有所控制，但由于国际经济环境低迷与国内经济结构的不合理，造成巴西政府债务总体规模仍然偏高。另外，政府还要求财政信息系统公开透明，任何政府和银行都能查看相关信息；系统自动运行，不能人为调整；制定了严格惩罚措施，如不履行《财政责任法》规定的义务，对责任人将进行处分，严重的将给予革职等问责处罚。

3. 阿根廷

阿根廷采取行政手段与财政规则并行的方法对债务进行治理。在债务危机之后，于1995年5月，阿根廷中央政府与地方政府签订了《联邦财政协议》，通过财税改革，对地方政府所有的服务设施、公司和银行进行私有化，减轻债务负担。1999年9月，阿根廷国会通过了仅适用于中央政府的《财政偿付法》，规定联邦政府财政赤字上限和开支的增长幅度，以期在2003年实现联邦政府的预算平衡。然后通过联邦政府的示范作用，促成各省制定自己的《财政责任法》，降低地方债务水平。当时有1/3的省通过了自己的《财政责任法》。2001年再次修订了《财政偿付法》，将预算平衡的实现推迟到2005年并提高了联邦政府的赤字上限，但该目标并没有实现。阿根廷危机之后，2004年阿根廷出台了《财政责任法》，监督地方政府的财政金融行为。其主要内容包括：地方政府预算中的初级公共支出要低于预期的GDP增长率，如果经济增长为负，支出不需要收缩；财政预算要保证基本平衡，新借款需要得到联邦政府的批准；地方政府需采取措施将每个财政年度的偿债率控制在净收入的15%以内；如果地方政府当年债务还本付息额超过净收入的15%，必须保证偿债后初级财政的盈余；国内债务不得以外国货币计价。此外，阿根廷还建立了联邦财政责任委员会，对各个地方政府的财政账户进行监督，但是这些法律规则都没有得到严格遵守，正是由于执行不到位，使阿根廷出现了较其他拉美国家更大的潜在的债务问题。

4. 哥伦比亚

哥伦比亚 2003 年颁布《财政透明和责任法》，通过建立地方政府债务预警指标体系控制地方政府的债务风险。为了控制和管理地方政府债务，哥伦比亚建立了量化的债务风险预警指标，提高了地方政府债务管理的科学性。哥伦比亚政府对地方下令债务风险的预警机制源于 1997 年建立的"红绿灯"系统，该系统将各地方政府的债务与其偿付能力联系起来，用"红绿灯"两个指标来预警中央政府所要承担的潜在地方债。哥伦比亚的《358 号法律》中明确了对地方政府债务的具体限制性规定，通过两个指标来约束：一是地方政府的债务利息支出与经常性盈余之比，该比例代表地方政府的资金流动性；二是债务余额与经常性收入之比，该指标通过利息支出率和债务率两项指标将地方政府的债务与偿付能力挂钩，指出以地方政府经常性收入为基础的债务率需要控制在 80% 以下，而利息支出率则不得超过 40%。两个标准中的任何一个不满足，地方政府都将失去继续借债的权力。哥伦比亚还通过将地方政府用作借款担保的收入占担保借款总额的比例规定在 150% 之内来规范地方政府的担保行为。

此外，哥伦比亚还规定在金融组织和区域性发展组织向地方政府提供贷款时必须符合法律的规定，否则该贷款合同不具有法律效力，借贷的资金必须立即偿还给贷方，贷方不得收取利息或者其他费用。哥伦比亚债务管理以行政控制方式为主，允许地方政府举借内债与外债。根据借债方式的不同，中央政府对地方政府举债的控制程度有所不同。另外，哥伦比亚规定地方政府不能通过借款为经常性支出融资；禁止中央银行向地方政府贷款；财政部、银行业监管部门和商业银行负责监督这些规定的执行。尽管地方政府发行债券需要得到财政部的批准，但是其他一些借债方式（如商业银行借款）并没有受到严格的限制，这为其潜在的债务风险提供了可乘之机。

（二）拉美国家治理债务危机一般财政措施

拉美国家的财政调整主要措施包括：①实施紧缩性财政政策，以降低国内需求；②提高税收水平，以保持债务清偿能力；③划清中央与地方的财政责任，以缓解中央财政支出压力；④放松政府干预，实行私有化，以降低政府财政支出责任。

1. 削减公共投资和社会支出

面对巨额债务偿还压力和日益严峻的财政收支困境，大部分拉美国家深刻地意识到不断增加的公共开支使国家财政长期处于赤字状态的危害性。在债务危机爆发之初，拉美国家应对债务危机的财政政策措施是实施紧缩财政政策，主要是通过大力压缩公共开支，全面冻结工资，大量压缩公共部门与公共投资消费，压缩社会支出，通过取消物价管制和补贴来共同达到削减政府预算的目的。在执行社会开支的压缩时，由于强势利益集团政治压力较大，相对于贫困人口缺少政治影响力，这阻碍了有利于贫困人口的公共支出改革，大多数拉美国家尽管也对医疗和教育支出进行调整，但在转向预防性医疗和基础教育，并改善社会安全网的政策执行方面，显得困难重重。

2. 实施暂时性调整措施

为降低财政赤字，大多数拉美国家倾向于实施"增收节支"的暂时性措施。由于政治成本较低，这些暂时性措施很容易实施，拉美国家通过采取增加税收收入的措施，比如通过在进口关税、消费税或所得税税基上加征额外费用或征收金融交易税等方式开征应急性税收；通过反复进行税收豁免，鼓励纳税人提前缴税；或对国有企业利润征收额外税收以达到利用非金融类国有企业实现"准财政"目的。在节支方面，通过强制实施公共债务工具转换，延期支付公共债务利息；或是全面削减非法定性支出项目；或是中止正在进行的投资项目，并削减已完成投资项目的运营和维持费用等方式达到节约财政支出的目的。

3. 划分财政支出责任

为了缓解中央财政支出压力，一些拉美国家实施财政分权改革，重新划分中央与地方的财政权力和支出责任，以减少中央财政开支和降低财政赤字。由于拉美地区政治民主化进程的推进使得地方政府的政治和经济自主性有所增强，主要财权和事权的界定很难在不同利益集团之间达成共识，导致财政分权改革进展并不顺利。

4. 国有企业私有化

作为应对债务危机的措施之一，拉美国家开始对国有企业进行私有化。其主要目的是缓解债务危机压力，各国政府减少对经济的过度干预，通过下放管理以提高企业自主性，放宽对私营企业的限制，加速对国有企业进行私有化的改革。主要通过出售部分亏损企业的国有资产以减轻政府的财政负担；在资本市场招标，出卖国有企业股权；或向本公司或本企业职工出售部分股票，让其参股；向私人出租合约，将低效益的交给私人管理等方式达到减轻政府债务的目的。

四、拉美国家债务危机治理对中国的启示

拉美国家经过多年对债务危机的治理，取得了较明显的成绩。自金融危机爆

发后，为了应对金融危机的经济冲击，中国启动了财政扩张的经济刺激计划，主要手段之一就是通过举债来扩大政府支出，包括中央政府与各级地方政府通过借债、融资等方式实施各种财政刺激计划，这使中国各级政府的债务水平快速增加，财政风险进一步加大。在这种背景下，从拉美各国多年的探索经验中，我们可以学习并吸收较好的财政治理经验，这对我国做好债务管理与债务危机的防范有较大的启示与借鉴，本文提出以下五点防止债务危机爆发的初步建议：

（一）尽快完善财政预算管理规则，合理构建债务管理体系

借鉴拉美国家的经验，尽快改革现有的政府预算会计中的支出框架和总额控制机制，将其变成一种硬约束。一个负责的财政预算制度必须具备中长期的债务眼光，必须在一个中长期的时间框架内考虑和安排收入和支出，更必须在中长期的时间框架内进行总额控制。在具体预算编制时可将"五年期的经济和社会发展计划"与预算支出结合制定结构性平衡规则，建立支出框架与总额控制机制。具体在建立总额控制机制时，首先应设置多个总额控制目标，同时在预算编制环节中应建立中期支出框架与相应的控制机制，总体上防止出现任何严重偏离预先设置的总额控制目标的收支行为。只有这样，才能确保总额控制目标的最后总体有效。此外，我国还应借鉴拉美国家建立完整的资产债务管理体系的经验。建立中央及地方的政府资产负债管理体系，同时将债务管理和资产管理结合起来安排支出，从而更好地对政府债务进行期限结构管理和利率管理，总体上达到控制债务总量的目的。

（二）切实管好政府债务规模与结构，充分发挥财政资金的作用

大力吸引外资与大力举债都是有利于缓解国内资金短缺、促进本国经济和社会发展的可选的宏观决策，但要综合考虑债务负担问题。因此债务政策，尤其发行主权外债时，要评估投资项目的长期效益和债务偿还能力。拉美各国债务危机的教训说明，政府举债规模要控制在合理的范围之内，举债权限必须集中到中央政府。中央财政应切实履行统一管理政府主权外债的职责，分析各项债务对国家财政形势、社会经济发展和金融运行所带来的各种影响，并对其实施有效调控，使各类财政资金的使用效果达到最优。

（三）建立财政风险预警，加强债务风险的防范管理

虽然在我国，外债问题在可控范围之内，但是地方政府的债务却需要关注，不能高估我国外债与地方政府负债的承受能力，赤字财政政策的实施必须把握好相应的度。借鉴国民经济预警理论，把预警的指标分为经济总量指标、财政总量指标、显性财政风险指标和隐性财政风险指标，根据这四类指标划分红灯区、绿灯区和黄灯区三个警度，根据指标所属区间做出预警。政府不具有经营性质，其收入主要来源于税收，而政府具有应对公共风险的责任，在税收收入不足以应对公共风险的情况下，举债便是必然的选择。因此，政府适当举债是承担公共风险的表现，也是促进经济社会可持续发展的手段。公共债务管理也不是研究如何彻底消除债务风险，而是如何识别并控制风险程度，要切实做好财政风险的预警，防患于未然，严控债务风险。

（四）提高财政及债务信息的透明度，发挥社会监督引导作用

财政透明度制度在联邦/中央政府控制地方政府债务规模时发挥了重要作用。借鉴拉美国家经验，在解决第三次地方政府债务危机后，对地方政府性债务进行必要的会计核算基础上，逐步建立全国统一的地方政府性债务管理信息系统，建立健全债务信息报告制度、定期规范的地方债务信息公开披露制度、负债报告制度，使国家信息系统应用在整个债务管理体系中，使其成为债务监控信息的主要来源。通过财政透明度的构建，有了可靠的债务信息，中央政府才能确定地方政府的债务规模是否已经达到了法定限额，从而有的放矢，果断应对。此外，还可借助其他平台，如在许多国家信用评级制度、信息披露制度和私人债券保险制度构成了市政债券市场的三个重要机制，有利于减少市场的违约风险，有效防范潜在的债务危机。

（五）重视债务管理的交流与学习，发挥国际组织的积极作用

国际组织在处理政府的债务问题时能起到提供建议并协助解决的作用。国际组织在处理特定问题时，具有充足的相关经验与完善的救助体系等优势，而这些优势恰恰是我国政府机构所需要的。此外，世界银行等国际组织所拥有的独立学术团队可以对地区目前的债务状况做出较为客观、清晰的评估，其做出的判断一般不会受到其他因素影响，避免了问题被掩盖或其严重性被低估。目前，世界银行、国际货币基金组织等在中国进行的项目也为中国的各级政府提供了较多的政策性建议，并且大多被采纳，这些都证明了国际组织确实能够在我国地方政府层面发挥其积极作用。

参考文献

［1］叶谦，沈文颖. 拉美债务危机和欧洲债务危机成因的比较及其对我国的启示［J］. 经济问题探讨，2011（10）.

［2］Sergio Clavijo and Alejandro Vera. Public Sector Deficits in Latin America： An Assessment of Relative Fiscal Risks. Asoc. Nat. Instituciones Financieras，Bogotá - Colombia Working Paper，2010.

［3］杨琳. 欧洲和拉美主权债务风险、趋势及其影响［J］. 财经问题研究，2010（4）.

［4］马骏. 从财政危机走向财政可持续：智利是如何做到的？［J］. 公共行

政评论，2014（1）.

　　［5］孙洪波. 拉美国家应对债务危机的财政调整［J］. 拉丁美洲研究，2007（2）.

　　［6］马骏. 中国公共预算面临的最大挑战：财政可持续［J］. 国家行政学院学报，2013（5）.

　　［7］刘尚希，石英华，武靖州. 制度主义公共债务管理模式的失灵——基于公共风险视角的反思［J］. 管理世界，2017（1）.

拉美国家经济发展挑战和展望

黄　磊　陈　丹　梁芸祯①

摘　要：自拉美地区独立以来，其经济发展轨迹陷入"开放—封闭—开放"的循环之中，经历了各种波折，既有高速增长的"经济奇迹"，也有停滞不前的"失去的十年"。笔者从拉美地区发展现状和特点出发，分析了拉美地区经济发展的主要问题和挑战。拉美地区经历过长期的殖民历史，这点与其经济现状存在着密切的联系。当前拉美地区面临的核心挑战包括多个方面，有政府的经济政策、社会的创新能力、国家的教育体制和教育水平，以及社会公平公正等。本文就这几个方面的内容展开陈述和讨论，并针对性地提出对策和建议。拉美是发展中世界最早进入中等收入的国家，大部分拉美国家至今仍处于"中等收入陷阱"状态。笔者认为，要处理好经济发展问题，拉美国家必须注重各种政策的综合性实施过程，并加强区域合作。

关键词：拉美国家；经济发展；挑战；展望

一、导　言

基于拉美地区广袤的土地面积、众多的人口基数，拉美经济对世界经济的影响远远超越其地理边界。拉美地区丰富的自然资源、无比巨大的潜在市场，既表明其与世界经济的紧密联系特点，也意味着拉美经济兴盛、衰落对世界经济的冲击举足轻重。因此，对拉美经济发展的历史和现状以及面临的挑战进行梳理分析，对了解世界经济的走向以及世界经济的合作和发展战略具有十分重要和深远

---

①　黄磊，广东外语外贸大学商学院博士，富布赖特学者；陈丹，广东外语外贸大学商学院研究生；梁芸祯，广东外语外贸大学商学院研究生。

的现实意义。

经济上，拉美属于世界上的中等水平收入地区，这种状态维系了很长的时间，甚至掉入了著名的"中等收入陷阱"。由于没有顺利实现经济发展方式的转变，其经济增长缓慢，增长动力不足。拉美经济发展状况表现不佳体现在以下几个方面：①地区之间经济状况差异巨大，并跨越整个收入水平的等级范围，包括高收入水平（人均国民收入超过 12235 美元）、中等偏上收入水平（3956~12235 美元）、中等偏下收入水平（1006~3955 美元）、低收入水平（低于 1005 美元）。②经济增长速度缓慢。1960 年拉美对世界经济贡献是 5.9%，到 2009 年，其经济贡献率仅上升到 6.5%，也就是说，拉美的经济增长只略高于世界经济增长的总体水平。③由于拉美人均 GDP 增长率不高，尤其在 20 世纪后半叶，其人口增长速度高于全球人口的增长水平，使拉美地区国家的生活水平维系在世界中等收入的国家水平，无法更进一步提高人民的总体生活水平。④经济的国际化程度不足。拉美的产品、服务和资金基本上流动于本地区，与外界交流不足；证券市场投资波动性大，对外直接投资（FDI）对世界 FDI 的占比大大低于大多数中等收入国家。⑤尽管拉美自然资源丰富，但大多加工商品是同质性的生活必需品，比如大米、小麦、石油等，供给量很难在短期内产生根本性变化。结果是，市场需求的变化往往很容易激发商品价格的波动，导致国家经济收入的不稳定。因此，这些丰裕的资源禀赋没有得到有效利用，无法形成经济增长的驱动力。

本文将对拉美经济发展的主要方面进行研究分析，包括拉美的 GDP、人均 GDP、国际贸易、资本流动、商品出口以及政府采取的一些经济政策等内容。因为拉美的经济发展历史和特点对当今拉美的经济影响深刻，所以文章首先对拉美经济发展历史进行简单回顾；其次讨论拉美经济的发展现状和特点，并总结当前经济发展所面临的核心挑战；最后对拉美未来的经济发展进行展望。本文研究的目的在于介绍拉美经济发展的历史和现状，全面分析当前拉美的经济发展能力以及面临的形势与挑战，以促进读者对拉美经济发展历史获得深入的认识，并对其潜在的发展政策和趋势进行研判。

二、拉美经济发展历史回顾

拉美的经济发展现状起源于多种历史原因。比如经济发展失衡、宏观经济波动性强以及拉美政府的一些经济政策等，都深深打上了此地区殖民时期的烙印。因此，对拉美经济发展历史进行简要回顾很有必要。拉美经济发展阶段明显，主要分为以下四个阶段：拉美殖民时期历史、独立时期到 19 世纪后半叶、19 世纪末到 20 世纪初的经济发展黄金时期以及战争年代的萧条时期、进口替代和采取国家经济政策促进的经济恢复期。这些阶段都特点明确。

（1）拉美殖民时期历史。拉美的经济历史始于 1492 年。此年，哥伦布发现了美洲新大陆，拉美发现了黄金，招引了大批西班牙人来到这片新土地进行肆意攫取金银的活动。16 世纪初，西班牙征服了墨西哥和秘鲁两个国家，由此开始了在拉美长达三百年的殖民统治。拉美历史上，黄金创造财富的时间很短。16 世纪中期后，金银时代开始衰退，取而代之的是农业的兴盛。农产品被后来的殖民者引进到欧洲当作消费商品，从而推高了农产品的需求。殖民时期的西班牙政府对所掌控的殖民地区实行的是重商主义的管辖方式。西班牙人获得的金和银必然会给西班牙带来财富的回流，重商主义成了当时的时代主导的经济哲学。为追求贸易利益最大化的目标，当时的大多数政府均实施严格的贸易政策，并通过各种途径努力降低贸易成本。这些政策对拉美的经济发展起到了相当负面的抑制作用。拉美这一时期的经济发展历程导致其在世界经济中孤立地位的加深。甚至在拉美国家之间，经济贸易往来也非常薄弱。这些政策对拉美地区的后续发展带来了巨大的负面影响，这种孤立政策的长期积淀，甚至已经变成拉美经济发展自身难以逾越的一个"瓶颈"问题。

（2）独立时期与殖民后的骚乱时期。18 世纪末到 19 世纪初西班牙的衰落及其对拉美的苛政殖民统治催生了拉美的独立运动。经过 1810~1825 年十几年的动荡，拉美大多数区域摆脱了西班牙的统治，实现了独立（巴西 1822 年实现独立)①。然而，因为独立战争的破坏性极大，战争和国内动乱不仅摧毁了劳动力和资本存量，还破坏了教育进程，导致了人力资本的损失，结局是，拉美经济增长状况甚至比西班牙殖民时期还要糟糕。财富和收入分配不平等、教育水平低下，除了一些农业发达地区和港口，其他地区的基础设施十分匮乏，重商主义政策的余毒依然将拉美隔绝于世界经济。

（3）发展的黄金时期：1870~1914 年。拉美实现独立的几十年后，社会趋于稳定，经济和商业获得发展。劳动力的增长以及资本存量和人力资本的积累，使拉美的人均 GDP 开始上升。这个时期经济的高速发展得益于有利的政治环境和经济环境。就内部政治而言，拉美开始实施清晰的产权和法治制度，这是经济发展的必要前提。19 世纪后半叶，政治稳定的措施开始生效。在过去的 300 多年，拉美深陷西班牙帝国统治的禁锢，直到政治稳定、技术进步的"黄金时代"的到来才让拉美得以重生。19 世纪末，拉美参与世界经济活动的深度和广度不断

---

① Baer, Werner. 2008. The Brazilian Economy. 6th ed. Boulder, CO：Lynne Rienner.

扩大。随着经济的增长和政治的稳定,拉美国家的投资和财政储蓄日益扩张。大多数拉美国家完成了从低收入国家到中等收入国家的转变,有些国家甚至超过了中等收入国家水平。

(4) 20 世纪的拉美。进入 20 世纪,拉美经济得到快速发展,同时经济风险、成本也加大。拉美经济增长依赖于出口行业,这样的经济模式使它容易受到世界经济的影响。1929~1933 年的经济大萧条,使拉美的经济增长模式从商品出口转变为基于制造业生产的模式。内部和外部环境的变化,刺激了拉美制造业的发展。第二次世界大战后,拉美地区开始实施进口替代战略。但是,进口替代的弊端却也导致城乡收入差距扩大、经济畸形化发展、宏观经济政策失误等问题的产生。20 世纪 70 年代初期,拉美大多数国家出现通货膨胀,这些国家实施的固定汇率政策使进口商品得到消费者的青睐,冲击了本地区的产品出口。1973 年与 1979 年两次石油危机,拉美大多数国家由于石油价格的暴涨而出现负债总量急剧上升的恶果。70 年代末 80 年代初,经济下行明显,拉美工业在世界上的竞争力大幅下降,伴随进口原料价格上升与国内市场需求下降,工业发展更是寸步难行。拉美地区的 GDP 在这 10 年里持续下滑,因此,20 世纪 80 年代被视为拉美经济停滞的 10 年。

三、拉美经济发展现状和特点

上述的经济发展历史和特点对当今的拉美经济发展模式和特点影响深刻。21 世纪以来,拉美的经济改革具有明显的新自由主义倾向,先后不同程度地以新自由主义经济学说为指导,推动宏观经济政策的调整,改革经济结构,实行对外开放,宏观经济形势因此而得以改善①。21 世纪第一个十年,世界经济形势好转,带动了拉美的出口行业市场,拉美经济逐渐好转并开始获得高速增长。

(一) 拉美经济发展现状

(1) 经济增长缓慢。2008 年的次贷危机对拉美经济发展产生了严重的冲击。拉美债务负担增加、金融市场动荡、国际资本流动紊乱。而且,由于对外贸易收缩、不确定性风险提高、内部经济结构失衡和产业发展落后等因素,2010~2016 年,拉美经济增速持续下滑。尽管 21 世纪初到 2007 年以前一段时期,拉美经济获得短暂的强劲增长,但是,经济危机特别是 2010 年以后,拉美大多数国家的

① 章辛. 拉美新自由主义经济模式利弊谈 [J]. 世界知识, 1995 (6): 3.

经济增长再遭重创。如表 1 所示，整体来看，拉美地区经济增速从 2010 年的 6.2%降至 2016 的 -0.6%。拉美 GDP 贡献最大的八个国家中，除了厄瓜多尔 2011 年经济增速还有提高，其他国家经济增长从 2010 年开始呈下降趋势。其中，巴西、阿根廷、墨西哥三大经济体表现低迷，经济增速巴西下降了 10.8%、阿根廷下降了 11.9%、墨西哥下降了 3%。

表1　拉美主要国家 GDP 增长率　　　　　　　　单位:%

年份	阿根廷	巴西	智利	哥伦比亚	厄瓜多尔	墨西哥	秘鲁	委内瑞拉	拉美地区
2005	8.8	3.2	6.3	4.7	5.3	3.0	6.3	10.3	4.4
2006	8.0	4.0	5.8	6.7	4.4	5.0	7.5	9.9	5.4
2007	9.0	6.1	5.2	6.9	2.2	3.1	8.5	8.8	5.9
2008	4.1	5.1	3.2	3.5	6.4	1.4	9.1	5.3	4.1
2009	-5.9	-0.1	-1.1	1.7	0.6	-4.7	1.0	-3.2	-1.7
2010	10.1	7.5	5.7	4.0	3.5	5.1	8.5	-1.5	6.2
2011	6.0	3.9	5.8	6.6	7.9	4.0	6.5	4.2	4.5
2012	-1.0	1.9	5.5	4.0	5.6	4.0	6.0	5.6	2.8
2013	2.4	3.0	4.0	4.9	4.6	1.4	5.8	1.3	2.9
2014	-2.5	0.1	1.8	4.4	3.7	2.2	2.4	-3.9	0.9
2015	2.5	-3.8	2.3	3.1	0.3	2.5	3.3	-6.2	-0.5
2016	-1.8	-3.3	1.7	2.2	-2.3	2.1	3.7	-10.0	-0.6
2017	2.7	0.5	2.0	2.7	-2.7	2.3	4.1	-4.5	1.6

资料来源：笔者根据 CEPAL、IMF 及部分国家央行公布数据整理，其中 2017 年为估计值。

（2）通货膨胀严重。2010～2016 年，拉美地区年均通货膨胀率为 7.6%。其间，各国的年均通货膨胀率为：委内瑞拉 110.8%、苏里南 15.6%、阿根廷 10.2%、乌拉圭 8.5%、牙买加 7.5%、海地 7.1%、巴西 6.8%、玻利维亚 5.2%、洪都拉斯 4.9%[①]、巴拉圭 4.5%、哥伦比亚 3.8%、哥斯达黎加 3.8%、墨西哥 3.6%、智利 3.2%。2017 年 10 月，委内瑞拉已达到 741%，阿根廷达到 23.1%，墨西哥达到 6.66%，巴西达到 2.46%，哥伦比亚达到 3.87%。委内瑞拉是近期通货膨胀最严重的国家，造成恶性通胀的主要原因是粮食价格的上涨和供

---

① 吴振方. 2016～2017 年拉美经济形势分析 [J]. 西南科技大学学报（哲学社会科学版），2017，34（1）：8-16.

需失衡。拉美国家受大豆、玉米等粮食价格上涨以及国际能源资源价格的波动和供需失衡影响，通货膨胀率居高不下。

（3）国际贸易大幅缩减。2016 年拉美地区商品出口值下降 5%。大宗商品出口是拉美经济增长的发动机。2016 年国际大宗商品价格继续走低，其中，能源类产品价格下降 16%，矿产品和金属类产品下降 4%，农牧类产品小幅上涨 3%[1]。由于出口收入减少，2016 年拉美地区的内需整体减少 2%（上年度为 0.3% 的降幅），导致进口量显著下降。出口不振往往会导致国际收支的不平衡，但 2016 年是个例外。拉美国家出口收入虽停滞，却由于内需降幅扩大导致进口下降得更快。

（4）衰退扩散性强，失业率上升。拉美经济衰退已经渗透到了各行各业，包括第一产业的农牧矿业，第二产业的制造业、建筑业和水电气行业，还有第三产业的交通运输、通信、传统服务、金融、商业等对 GDP 的贡献率分别为 -0.56%、-0.08% 和 -0.51%。其中，制造业已经连续三年增长为负数，服务业 2016 年也出现了下滑，制造业是拉美重要的主要经济支撑，它的萎缩对拉美经济结构调整和长期的经济发展来说都不是福音。全面衰退的直接后果是失业率的上升。城市失业率由 2015 年的 7.4% 升至 9%（见表 2），这意味着城市失业人口增加 410 万人，城市失业人口总数达到 2130 万人。第二产业的衰退意味着就业质量下降，正规就业的比重降低，经济萎靡就业不足比重也会上升。

表 2　拉美国家按年统计的失业率
单位:%

	2013 年	2014 年	2015 年	2016 年
阿根廷	7.1	7.3	6.5	—
巴西	8.0	7.8	9.3	12
智利	6.0	6.4	6.2	6.8
哥伦比亚	10.6	9.95	9.8	10.5
厄瓜多尔	4.8	5.1	5.4	7.1
墨西哥	5.7	5.9	5.1	4.7
秘鲁	6.0	6.0	6.5	7.0
委内瑞拉	7.8	7.3	7.4	—
拉美均值	8.2	8.1	7.4	9.0

资料来源：笔者根据拉美经委会（CEPAL）官方数据库数据整理。

---

[1]　高波. 变化的世界迷茫的拉美——2016 年拉美地区形势回顾与前瞻 [J]. 拉丁美洲研究，2017，39（1）：1-18+154.

（5）财政赤字严重，公共债务上升。在财政方面，拉美国家仍徘徊于较高水平的财政赤字，为国内生产总值的3%左右，其中财政收入约占国内生产总值的18%，财政支出约占21%。拉美国家为弥补财政赤字，公共债务呈持续上升态势，2016年达到国内生产总值的37.9%。2017年巴西的财政赤字水平达到8.9%，公共债务占国内生产总值的69.49%；墨西哥财政赤字水平达到2.6%，公共债务占国内生产总值的47.9%；阿根廷财政水平达到4.6%，公共债务占国内生产总值的54.2%。其中，阿根廷政府持有的债券很少，但净债务保持在较高水平。公共债务水平最低的是智利，公共债务占国内生产总值的20%左右，净债务甚至是负值。总体来说，拉美国家的公共债务尚未达到危险的水平。

（二）拉美经济发展的特点

拉美经济发展自身凸显了不少问题。拉美经济发展具有历史性，自该地区独立以来，其经济发展既享受过高速增长的"经济奇迹"，也曾经深陷于"失去的十年"的泥淖中停滞不前。纵观拉美的发展历程，可以从其经济发展模式、经济发展问题以及宏观经济政策的角度总结出如下四个特点：

第一，经济依附性强。拉美地区是一个资源大地，但其经济并不强势，依附性是拉美模式的基本特征，早期是美国等西方发达国家的原料供应者，经济增长缺乏主动性，经济发展依靠初级加工制造业，发达的产业是大宗商品的出口，所以对世界经济的依赖性很强，只要全球经济趋势变化，影响到其大宗商品的价格和需求量，那么其经济状况也会随之受到牵连。21世纪以来，世界经济始终处于"增长与低迷、危机与波动"的总体特征中[1]。在国际经济大环境不容乐观的背景下，农产品、石油天然气等大宗商品价格一路下挫，拉美经济也因此而陷入困境。

第二，经济结构失衡。首先，三大产业的内部结构失衡严重。农业方面，生产技术落后，劳动生产率低下，农业机械化程度低，远远低于世界平均水平；土地制度不合理，缺少对农民利益的保护，农民生产积极性不高；农产品供给和需求集中，种类多样性缺乏导致农产品价格容易出现大幅波动。工业方面，制造业萎缩而产业升级滞后，制造业产值下降，以资源密集型为主，资本—技术密集型产业产值比重较低。服务业偏重于旅游业。其他产业如金融、信息发展滞后，发展速度缓慢。其次，国际贸易结构失衡。拉美的商品和服务贸易逆差逐年增大，贸易集中度非常高。例如，在2013年出口中国的产品中，主要五种产品的价值占到了出口贸易额的75%。最后，投资结构失衡。拉美地区的投资集中，主要在社会安全、教育、住房等领域，而投资在基础设施、科技方面的资金较少。

---

① 张勇. 浅析拉美经济形势及中拉经贸合作的新机遇 [J]. 海外投资与出口信贷, 2016 (5): 32-37.

第三，地区发展差距大。在经济发展进程中，拉美国家地区之间经济发展的不平衡性非常突出。首先，不同国家地区的经济状况差异很大，拉美有高、中、低收入国家，同一个国家不同地区也存在很大的差距，城市和农村收入水平差距大。其次，各地区间的人口分布十分不均衡，经济发达地区人口相对集中，城市化进程迅速，人口急剧膨胀。比如，巴西东南部区和南部区人口占全国人口的68%，城市人口所占的比重分别达到88%和74%①。而经济落后地区则人烟稀少，大量人口迁移城市，导致城市化进程缓慢，加剧了人口分布的不平衡。最后，地区收入分配不均，享受待遇也不同。1990 年，巴西东北部的基尼系数为 0.624，而南部和东南部地区则分别为 0.572 和 0.583。同一时期，在巴西南部区，10% 的最富有者占有该地区收入的 45.8%，而 40% 的最低收入者只占有收入的 6.2%，在东南部地区这两个比重分别为 46.3% 和 5.8%。但在落后地区，收入分配两极化的现象更加严重，在东北部区，10% 的高收入者占有全区收入的 52.5%，而20% 的最低收入者仅占有全区收入的 2.5%②。不同地区受教育的机会也不平等，落后地区都远离中心城市，社会指标的差异很大。收入分配不公导致需求不足，必然不利于经济发展。

第四，宏观经济环境不稳定。拉美国家的宏观经济政策目标是保持较高的经济增长率、扩大就业、实现物价水平的稳定。但是事实却是失业人数和待就业人数一直都成为拉美的问题，这些问题均是由于经济结构失衡和政策选择失误所造成的。拉美是石油进口大国，20 世纪 70 年代的两次石油冲击给拉美带来的影响巨大。在此期间，拉美依然奉行财政赤字政策，导致了债务危机的产生。另外，拉美汇率政策失误较多，汇率频繁大起大落不利于经济发展的顺利进行并且会造成宏观经济的不稳定。总的来说，拉美宏观经济管理往往都是只看眼前，缺乏可持续性，"后遗症"严重。

四、拉美经济发展的核心挑战

国际货币基金组织（IMF）最新发布的《世界经济展望》报告，整体下调了拉丁美洲和加勒比地区经济预期。报告预测，2017 年拉丁美洲和加勒比地区经济增长将为 1.2%，与 2016 年 10 月预测的 1.6% 相比下调了 0.4 个百分点③。虽

---

① CEPAL. AnuarioEstadistico de America Latina y el Caribe, Edicion 1997, p. 18.

② 吴国平. 论拉美经济发展中的地区差异 [J]. 拉丁美洲研究, 2000 (5): 1-9+63.

③ 张日. 拉美日子缘何难过 [N]. 国际商报, 2017-02-03 (A04).

然拉美经济相比 2016 年的负增长状态有所改善，但是要想迎来真正意义上的经济复苏，仍然面临内外部因素多方面的考验，本文总结拉美经济发展的核心挑战如下：

（一）收入差距与贫困

拉美的经济发展差异突出，存在严重的收入分配不公平现象。拉美 10% 最富的人就拥有总收入的 40%，而 40% 最贫穷的人拥有的财富不及总收入的 10%。更严重的是，这种收入差距还在不断加大。另外，农业过分集中，10% 的土地所有者就占据农村 80% 的土地。收入分配的不公平不仅会影响经济的发展，而且还引发地区冲突，影响社会和政治安全。

社会分配不公不仅使富者越富，更会使穷人更穷，2003～2014 年由于经济处于繁荣期，社会获得了很大的进步，共计 6000 万人脱贫，失业率下降，实际工资上升。但 2015 年局势发生逆转，贫困率从 2014 年的 28.2% 回升至 2015 年的29.2%，这意味着贫困人口从 1.68 亿人增加到 1.75 亿人，极端贫困率也出现回升势头。收入分配不公平及贫困已成为拉美国家当前面临的重大挑战之一。

（二）产业竞争力不足

拉美经济发展以第一产业的农业为主，巴西是世界上咖啡、牛肉和鸡肉最大生产国，也是大豆和橙汁的最大生产国之一，经济增长主要得益于农业和矿产出口，其他多数拉美国家也仍未摆脱类似"初级产品出口创汇"的模式[①]。墨西哥出口仅次于巴西，且纺织品、鞋子和汽车制造业较发达，但缺乏技术能力。其第二产业和第三产业发展不突出，制造业竞争力不足，大多数国家依赖原材料出口赚取外汇，经济结构单一，技术能力缺乏，创新科研能力不足，经济缺乏自主性和核心竞争力。例如，墨西哥曾经依靠低廉劳动力取得优势，其在汽车制造业的"出口加工厂"也风靡一时。后来这种人口红利又被亚洲所取代，原因也是因为其核心竞争力不足，经济优势不存在技术性。拉美大多数国家至今仍未摆脱对出口大宗商品的依赖性，导致了对外经济的依附性强，经济发展脆弱，比如阿根廷拥有大规模的国家产业，却十分依赖国外技术支持。

（三）教育水平较低

一个地区生产力的提高也取决于教育质量和该地区转移知识和思想的能力。拉丁美洲的公司很难找到足够资质的工作人员去和其他地区，包括东亚国家的生产者进行竞争。2012 年国际学生评估计划测试了各国 15 岁学生的语言、科学和数学等能力。在参加的 65 个国家中，拉丁美洲国家集中在最低水平，低于其他中等收入国家，如土耳其、匈牙利和爱沙尼亚。高等教育中也普遍存在类似的缺

---

① 颜欢. 市场回暖，拉美经济寄望"重入正轨"[N]. 人民日报，2017-08-03（022）.

陷。世界高等教育机构排名显示，2011 年世界 500 强大学仅有 9 个拉丁美洲和加勒比地区的大学。

尽管拉美地区现在的入学儿童数量有了显著增长，适龄儿童入学率达到 96%，但事实上教育质量匮乏，逃学率也较高，文盲率保持在 9.6% 左右。而且 18~24 岁的大学生人数非常少，这个年龄阶段的年轻人只有 15% 在上大学，是拉美指数最低的指标之一。教育水平不足意味着劳动者素质不高，人才较少，这将影响国家的科研创新能力。从长期来看，教育的缺失不利于国家经济的转型升级。在国家软实力越来越重要的时代，科技是第一生产力，人才是强国的力量。如何提高教育水平和质量，提升国民文化素质并进一步培养有创新能力的高素质人才也已成为拉美现在和未来长期面临的挑战。

虽然目前大多数拉美国家都提高了教育支出水平，其小学和中学教育覆盖率得到了提高，但是问题在于教师培训水平偏低。例如，厄瓜多尔 90% 的教师表现不能令人满意。教师不满意度在智利是 33%。秘鲁一半的数学老师无法进行基本的算术运算。但是政府不愿增加政治成本，以执行奖惩制度来引导教师提高绩效。并且教师工会非常强大，通常与主要政党保持联系，不但可以瘫痪教育体系，而且会给政府施加巨大的政治压力。

（四）经济政策混乱

除了古巴，拉美国家大多实行多党制度，通过竞选投票决定执政党。由于国情与历史背景的差别，拉美地区的政党更迭比率居高，左右翼政治力量竞争激烈，政局动荡。没有一个稳定的政党，前后政府实行的经济政策不统一，甚至在竞选时期为了取得选民的支持，不考虑国家当前的经济状况，盲目给出承诺，进而导致国家宏观调控紊乱，达不到一个稳定长期的作用。众所周知，要想通过宏观调控来解决经济问题，需要长期持续的政策跟进，才能取得一定的成效。政局不稳定，就不可能有一个稳健的宏观调控环境，朝令夕改的经济政策会导致市场混乱，政府失去当局威信，经济状况进一步恶化。

比如，拉美国家通过控制货币总量来降低风险，控制通货膨胀，基本都实施了紧缩性货币政策，减少基础货币投放。墨西哥、巴西等国的参考利率已经达到了五年来的最高点，以应对美国大选、美联储加息预期等外部因素带来的不确定性。近年来，区域名义货币兑美元的汇率持续贬值。2013 年，拉美地区有 5 个国家贬值幅度超过 10%，2014 年增加到 6 个，2015 年增加到了 10 个，2016 年货币贬值的 13 个国家中有 5 个贬值幅度超过了 15%，包括阿根廷、委内瑞拉和墨西哥等。这些单向性政策导致了拉美国家经济发展的混乱局面，政府应该对此进行根本性反思。

（五）就业、财政和社会形势严峻

失业问题仍然困扰拉美，尤其是年轻人失业率高企，伴随而来的非法雇佣、社会治安、劳工工作热情低等问题是妨碍拉美经济复苏的一大"顽疾"①。

拉美国家财政脆弱，财政收入水平过低，2016 年拉美国家的财政收入平均约占国内生产总值的 18%，限制了国家职能的实现。另外，拉美的税收结构不合理，无法实现调节社会分配不公平的目的。主要税收都来自增值税等间接税种，直接税种如房产税、所得税等的税收水平较低，这样的结构带来的结果是收入底层承担了主要税负，而富有阶层税收贡献却很少。拉美国家贫富收入差距扩大的首要原因在于税收制度不健全②，因此改善税收制度、变革税收结构也是拉美国家政府工作的挑战。

拉美国家腐败问题普遍严重，其中巴西面临的腐败最为严重。2016 年的腐败大案多发生在巴西，震动了整个拉美。根据透明国际组织年度排名，巴西一直是世界上腐败最严重的国家。巴西的另一个缺点是法院系统的工作方式。有系统地评估巴西竞争力的实体指出，法律制度的运作和过度的官僚主义也是扰乱外国投资进入巴西的因素之一。拉美其他国家类似的问题也是俯拾皆是。

五、拉美经济发展对策和展望

拉美地区自然资源十分丰富，石油、铁、铜等存储量居世界前列，亚马孙热带雨林拥有多种红木、乌木、纺锤树等珍贵树种，渔业资源和水力资源也十分丰富，河流多、流量大。天生优越的地理环境为其经济发展提供了得天独厚的条件。因此，拉美也曾一度成为众多工业国家的角逐之地。但是，在为世界提供无限机会的同时，拉美国家需要改善的领域为数尚多，如如何缩小收入差距，促进社会公平；提高创新水平，增加产业竞争力；加强政府政策的延续性和稳定性等。下面将对其中几点进行概括性展望。

（一）政府的经济政策

要在宏观经济和微观政策层面同时促进生产力的提高。在宏观经济层面上，国内储蓄和投资的提高将对生产力产生积极影响，为投资提供国内资源，消除基础设施瓶颈，提高员工素质和技术创新能力。在微观层面上，主要的挑战是提高中小企业的生产力，中小企业的生产力往往显著低于同一行业的大企业。经济合作与发展组织（经合组织）和拉丁美洲及加勒比经济委员会（拉加经委会）最近的研究发现，拉丁美洲大型企业的生产率是中小企业的 6 倍。在发达经济体

---

① 倪瑞捷. 拉美经济向好但仍面临挑战 [N]. 经济参考报，2017-04-21 (004).
② 曹扬. 贫富收入差距与"中等收入陷阱" [J]. 创新科技，2013 (5)：21-22.

中，只有 1.3~2.4 倍①。

政府应加强公共金融机构的作用，为中小企业提供长期信贷和保证私人银行贷款，并促进对中小企业的技术援助，鼓励其融入全球价值供应链中，包括面向出口的链条，亲中小企业政策还应帮助地方政府成为中小企业联盟的催化剂，促进中小企业互相交流知识和技能，从而在整体上提高生产力。这种优惠政策有助于出口导向的中小企业在国际上具有竞争力。还应致力于消除由妇女领导的中小企业的增长障碍。在拉丁美洲和加勒比地区，女性主导的中小企业往往规模较小，效率较低，而且随着时间的推移增长率还会下降②。尽管没有明显的证据表明，生产率和增长率之间的差距是由于获得信贷的机会差异而引起的，但是妇女领导的企业却更有可能会面临财务限制。

对于特殊行业的生产力增长，拉美地区必须学习其他地区的成功经验，特别是东亚地区，其中突出了三个优先领域：加强特别行业技术创新的机构作用；在主要用于出口自然资源的国家智能、战略性地使用主权财富基金；促进知识经济。

（二）创新能力

技术创新是避免拉美中等收入陷阱的关键因素。最近的一项研究列出了 36 个推出创新战略的国家和 24 个有正式创新机构的国家③。其中只有两个拉美国家——巴西和乌拉圭出现在名单上。本地区其他一些国家虽然设立了创新委员会，制订了国家计划使创新成为发展优先事项，但是实际上，有很多这样的计划仍停留在纸上，需要进一步实施。

第一，发挥公共机构的作用。拉美政府应重视公共机构在创新领域的作用。企业界本身就是一个创新障碍，它习惯于维持本来的盈利方式，没有把创新作为优先事项的兴趣。所以，不能依赖企业自身去推动创新的发展。最成功国家的创新源于在公共机构的推广下，企业、科学家和研究中心的创意进行互动。但在拉丁美洲和加勒比地区，科学家似乎把自己限制在了实验室里，而大学则忙于游说科学/学术用途的资金，对适用于生产的研究实践层面不感兴趣。再加上，拉美地区的政府官僚机构分散化，公共机构最近才开始努力引导各利益相关者来促进创新。公共机构在技术创新领域的重要作用不可忽视。近几十年来，美国国家科学基金会、美国国家卫生研究院和国防部高级研究计划署等公共机构在美国的技

① OECD/ECLAC. (2013). Latin American Economic Outlook 2013：SME Policies Forstructural Change. Paris：OECD Publishing.

② Bardasi, E., Sabarwal, S., & Terrel, K. (2011). How do Female Entrepreneurs Perform？：Evidence from Three Developing Regions. Small Business Economics, 37 (4)：417-441.

③ Atkinson, R., & Ezell, S. (2012). Innovation Economics：The Race for Global Advantage. New Haven, CT：Yale University Press.

术飞跃中起着不可替代的作用。有着同样成功案例的还有芬兰、韩国、新加坡、澳大利亚、新西兰等。

第二，吸引外商投资。另一种促进创新机制是吸引外商投资具有战略意义的技术领域。用公共资金建立相应的研究中心，进而吸引外国公司前来投资。这样的例子比比皆是，像韩国、新加坡、以色列、中国、越南这样意识形态多样化的国家也遵循了这一政策。2003 年，新加坡成立了由几十家技术先进企业组成的生物医学研究中心，该中心已吸引了 7000 多名来自世界各地的顶尖生物科学博士。另一个研究所有 6000 名生物材料、清洁技术和数字通信方面的科学家。新加坡为在其周围设立的研究中心和跨国公司提供资金支持。中越两国也在为国家吸引领先的跨国公司做出了类似的努力。中国政府提供资金、补贴和税收优惠来吸引外国高新科技公司。越南提供前四年免税，其后减免 50% 的税收的政策，以吸引像英特尔这样的顶尖企业。

第三，加强区域联合。由于许多拉丁美洲和加勒比国家的市场规模不均衡，在技术创新方面难以单独形成规模，所以，拉美各国可以有目的地进行结合，以便对双方都需要急切突破的技术领域进行合作研发，共担风险。拉美各国因为地理位置相近，各国文化有一定的相容性，这为双方进行合作提供了便利。除了区域性的技术创新合作，还可以将不同的生产领域进行结合，来创造大量的技术需求。比如通过将附近国家（如秘鲁和智利）的矿业或农业等领域的生产者组织在一起，同时形成企业和技术研究中心的综合协调网络，区域发展机构可以为协调这种网络提供优惠资金，研究各领域所共同关心的话题[①]。这是拉美未来技术发展的一个战略联盟方向。

（三）教育

教育质量是拉丁美洲和加勒比社会政策的致命弱点，其主要缺点在于幼儿教育的覆盖面和质量问题。拉美地区的婴儿（高达 2 岁）和幼儿园的覆盖率明显较低，智利则为 9.8%，墨西哥为 5.8%，经合组织国家的平均覆盖率为 28%。拉美地区学前教育覆盖面明显低于其他国家，农村地区的覆盖率就更低了。要发展幼儿教育，需要对营养计划、心理社会刺激等非营利性社会项目进行大量的投资，这需要政府的高度重视、公共资金的大量投入。

对于中高等教育方面，政府还需要实施积极的激励措施和实行更高的教师标准，通过增加工资和绩效奖金提高教师工作的积极性，并对他们进行新的教学方法和教育内容培训，创造条件加大教师与国际培训机构的密集交流。

拉美国家的社会政策也可以优先重视现有职业培训计划的深入改造。对于那

---

① Rivas, G. (2013, January). Instituciones y políticasparaimpulsar la innovación enAmérica Latina y el Caribe. Paper presented at the CGD-CIEPLAN Seminar, Santiago.

些没有受过高等教育又没有工作技巧的年轻人而言，职业培训显得尤为重要。教育质量的显著改善通常需要很多年。那么，如何加速将知识和思想从先进国家转移到拉丁美洲和加勒比地区呢？一个可能的方法是加强与发达国家的研究中心和大学的交流强度，并且要将大规模人力资源交流计划重点放在高新技术的优先领域。

（四）社会公平

对贫困人口的社会保护主要缺陷是失业保险和社会保障这两个方面，包括医疗保险和养老金。在过去十年，拉美地区的失业保险覆盖率相当低。在巴西，只有 6.5% 的失业者获得了社会保障福利；在阿根廷，这个数字是 12.4%，智利是19.5%[1]。相比之下，北欧国家的失业保障覆盖率为 67%[2]，大大超过拉美。并且，在 65 岁以上的养老金覆盖方面，拉丁美洲和加勒比各国差别很大。在阿根廷和智利等国家，养老金覆盖面超过 60%，危地马拉、萨尔瓦多和巴拉圭则低于15%[3]。将这两种覆盖面增加到贫困人口的普遍水平是一项紧迫任务。一般来说，穷人经常在非正规经济企业工作。这些非正规企业生产效率普遍低，因此给工人开的工资也就很低。为了给这些贫困工人创造更高、更稳定的收入，政府必须实行一些为非正规公司引入正规经济的激励措施。如以缴纳社会保障金替代一般税收，还可以将税收定为累进制度，富人多交税，穷人少交或不交税。此外，提高生活质量还包括降低犯罪率、降低生活成本、提高城市公共交通的质量、保护环境等措施。

再者，要理性地看待教育在社会公平方面起的作用。虽然教育的边际回报率会随着投入的增加而下降，但是教育是下层人士往上层社会等级流动的最有效途径，进而在一定程度上起到促进社会公平的目的。但是，政府要注意到教育也可能导致不平等的加剧，特别是在拉丁美洲——这种公立和私立教育质量差距很大的情况经常发生的地区。如果让教育事业朝着市场经济的方向发展，其结果只能是，富人接受的教育程度越高，越来越富，穷人越穷，接受到的教育程度越低，贫富差距进一步拉大，社会处于极度不稳定状态。所以，政府在教育事业上起到至关重要的作用。政府需要加大对基础教育的投资，对教育进行大量补贴，对贫困家庭的小孩实行各种教育优惠政策。

---

① Velásquez, M. (2010). Seguros de desempleo y reformasrecientes en AméricaLatina. Santiago：ECLAC.

② Stovicek, K., & Turrini, A. (2012). Benchmarking unemployment beneftssystems. European Commission Economic Papers 454. Brussels：European Commission.

③ Rofman, R., & Oliveri, M. L. (2012). La cobertura de los sistemasprevisionales enAmérica Latina：Conceptos e indicadores. Briefng Paper, Social Policy No. 7. Washington, DC：World Bank.

六、结　论

长期的殖民统治对拉美地区的经济、社会、思想等方面都产生了深远的影响。西方国家对拉美先后实行的殖民经济，是拉美经济依附性强、国内需求疲软、制造业不发达等痼疾的根本原因。再加上拉美地区自然资源丰富，西方国家一直有意要将拉美打造成其原料供给的大后方，因此而大肆渲染拉美经济产业处于初级阶段，乃是拉美天生的资源优势使然，认为这是实现自然资源禀赋使命的最佳途径。在拉美经济的发展过程中，西方国家殖民政策的烙印处处留痕。而且，拉美地区政局一直相对动荡，政府缺乏针对本国经济状况做出长期稳定战略规划的能力，才导致很多国家国内抗压能力弱，结果是经济危机一再发生，循环往复。

今天拉美地区的经济表现依然不尽如人意：增长缓慢、通货膨胀严重、国际贸易大幅度下降、衰退扩散性强、失业率上升，不一而足。为了改善这些经济状况，拉美政府已经采取很多措施，但是，遗留问题依然很严重。这些问题需要拉美政府从教育、生产力发展和技术创新等多个方面入手，考虑多方面因素的综合效应，寻求有效的整套解决方案。在这个过程中，拉美各国更需要善于合作，挖掘市场机会，寻求技术创新，共担风险，谋求共同发展。

社会公平也是经济健康发展的一个重要衡量指标。在过去的几十年里，由于众多拉美国家陷于"中等收入陷阱"，为了更快地脱离拉美现象，许多拉美政府采取了一系列旨在维护社会公平、缩短贫富差距的政策，也取得了一定的成果，但是这还远远不够。公平是社会得以稳定的基石，只有维护好社会公平，才能更好地发展生产力，政府应高度重视这方面的工作。特别要注意教育在社会公平上的正反两面影响，要实行精准的教育和贫困补贴。

国际环境变幻莫测，世界形势瞬息万变，大宗商品价格一变再变。依靠原来的经济增长方式，拉美已经不足以应对当前的经济困境。为了尽快地摆脱这种困境，使经济步入健康稳定的增长模式当中，拉美各国需要寻求新的增长动力，大力发展教育事业，敢于改革，勇于创新；为了最终实现社会和谐式发展，效率和公平都要兼顾，才能发展好国内经济，摆脱"中等收入陷阱"，步入发达国家行列。很多发达国家甚至发展中国家在这方面均提供了很多的成功经验。在经济全球化背景下，如果能够结合自己的国情，发挥区域优势，拉美国家一定能够创造出一套最适合自身经济发展的最佳途径。

参考文献

［1］ Baer, Werner.（2008）. The Brazilian Economy. 6th ed. Boulder, CO: Lynne Rienner.

［2］章辛. 拉美新自由主义经济模式利弊谈［J］. 世界知识, 1995（6）: 3.

［3］吴振方. 2016-2017 年拉美经济形势分析［J］. 西南科技大学学报（哲学社会科学版）, 2017, 34（1）: 8-16.

［4］高波. 变化的世界迷茫的拉美——2016 年拉美地区形势回顾与前瞻［J］. 拉丁美洲研究, 2017, 39（1）: 1-18+154.

［5］张勇. 浅析拉美经济形势及中拉经贸合作的新机遇［J］. 海外投资与出口信贷, 2016（5）: 32-37.

［6］ CEPAL, AnuarioEstadistico de America Latina y el Caribe, Edicion 1997, p. 18.

［7］吴国平. 论拉美经济发展中的地区差异［J］. 拉丁美洲研究, 2000（5）: 1-9+63.

［8］张日. 拉美日子缘何难过［N］. 国际商报, 2017-02-03（A04）.

［9］颜欢. 市场回暖, 拉美经济寄望"重入正轨"［N］. 人民日报, 2017-08-03（022）.

［10］倪瑞捷. 拉美经济向好但仍面临挑战［N］. 经济参考报, 2017-04-21（004）.

［11］曹扬. 贫富收入差距与"中等收入陷阱"［J］. 创新科技, 2013（5）: 21-22.

［12］ OECD/ECLAC.（2013）. Latin American economic outlook 2013: SME policies forstructural change. Paris: OECD Publishing.

［13］ Bardasi, E., Sabarwal, S., & Terrel, K.（2011）. How do female entrepreneurs perform?: Evidence from three developing regions. Small Business Economics, 37（4）: 417-441.

［14］ Atkinson, R., & Ezell, S.（2012）. Innovation economics: The race for global advantage. New Haven, CT: Yale University Press.

［15］ Rivas, G.（2013, January）. Instituciones y políticasparaimpulsar la innovación enAmérica Latina y el Caribe. Paper presented at the CGD-CIEPLAN Seminar, Santiago.

［16］ Velásquez, M.（2010）. Seguros de desempleo y reformasrecientes en AméricaLatina. Santiago: ECLAC.

[17] Stovicek, K., & Turrini, A. (2012). Benchmarking unemployment be-neftssystems. European Commission Economic Papers 454. Brussels: European Com-mission.

[18] Rofman, R., & Oliveri, M. L. (2012). La cobertura de los istemaspre-visionales enAmérica Latina: Conceptos e indicadores. Briefng Paper, Social Policy No. 7. Washington, DC: World Bank.

第三部分　拉丁美洲政治与文化新论

整体合作框架下的中拉教育交流与合作研究

李旭妍　　朱文忠①

摘　要：近年来，中国正积极寻求与拉美和加勒比地区建立合作共赢的互助互利关系，根据《中国与拉美和加勒比国家合作规划（2015~2019）》，中拉计划在 13 个重点领域推进合作，其中包括教育。教育是民族振兴、社会进步的基石，尤其是高等教育，对培养 21 世纪的国之栋梁起着决定性的作用。因此，本文通过探讨拉美地区的教育情况、中拉教育交流与合作的现状以及问题，尝试为加强中拉日后在教育方面的合作提出建议，以便在强化中拉关系的同时实现双方教育上的互利共赢。

关键词：中拉合作；教育；中拉交流

一、引　言

2014 年习近平主席在访拉期间同拉美和加勒比国家领导人集体会晤，提出构建"五位一体"，即"政治上真诚互信、经贸上合作共赢、人文上互学互鉴、国际事务中密切协作、整体合作和双边关系相互促进"的未来合作新格局。2015 年 1 月，中国与拉美和加勒比国家共同体论坛首届部长级会议在北京成功举行。该论坛创造了历史，标志着中拉整体合作从构想成为现实（徐世澄，2015）。中国是世界上最大的发展中经济体，拉丁美洲和加勒比地区集中了 33 个发展中国

---

① 朱文忠，广东外语外贸大学商学院教授，拉丁美洲研究中心主任；李旭妍，广东外语外贸大学商学院研究生。

家和新兴经济体。拉丁美洲作为一个整体同中国的首次握手，在很大程度上改变了未来的拉中关系，乃至世界格局。

根据《中国与拉美和加勒比国家合作规划（2015～2019）》①，双方将通过具体的政策措施和"1+33"协商机制，在政治与安全、贸易、投资、金融、基础设施建设、能源资源、工业、农业、科技创新、人文等 13 个重点领域推进务实合作。在中拉整体合作框架下，双方已建立中拉企业家高峰会、中拉智库交流、研讨会等多项人文交流活动，并签署文化、教育等领域一系列合作文件。中拉整体合作不仅将超越国别合作的局限性，更为重要的是可在更大的地域和通过更广泛参与，实现双方合作政策、规则、标准的逐步统一。对于中国而言，有利于推进下一步对拉产业对接和市场整合，乃至自由贸易区的建立；对于拉美和加勒比国家而言，中拉整体合作同样将促进其内部一体化机制的联动和整合。中拉整体合作标志着中国完成与各发展中国家和地区整体性合作的全方位覆盖。基于对拉共体各成员国差异性的认识，中拉整体合作机制采取以"多边"和"双边"两个渠道互相促进、互为补充的"双轮驱动"策略，共同商定重点合作领域和合作项目，通过双边和多边渠道开展形式多样的合作。这一机制注重构建双方全方位互信和各类行为体的参与机制，通过设立企业、教育、智库、媒体、青年等专业性分论坛进一步扩大其覆盖面，确保中拉整体合作的溢出效应在各成员国社会获得广泛和持续性认同。在这一大背景下，专项开展"整体合作框架下的中拉教育交流与合作"研究具有非常重要的现实意义和理论意义。

文献综述表明，总体上，过去中国的拉美研究机构相对来讲既集中又少，这几年虽然有了较大的变化，但是从整个国家层面来看，同中拉关系的发展来比、同我们对拉美的全面了解来比，我们对拉美的研究还是不够的。中拉之间相互研究和了解不够，将会影响中拉关系发展的深化（吴国平，2013）。根据知网的数据显示，目前国内对拉美教育这方面的研究主要关注以下几个方面：①拉美高等教育的市场化、国际化、现代化（丁笑炯，2009；陈兴德和宋钰劼，2010；杨启光，2011；张贯之和李仁方，2013；夏培源，2014；张庆，2014；徐东波，2016）。②拉美高等教育的发展现状、变化和问题（韩骅，2001；武学超和徐辉，2008；丹尼尔和胡建伟，2013；薄云，2014；吉勒莫和苏洋，2014）。③拉美教育的改革（曾昭耀，2007；宋霞，2008；张鹏，2014；张红颖，2015；周楠，2017）。可见，专注于中国与拉丁美洲的教育交流与合作的研究仍可谓空白。

回顾国内外相关研究发展趋势，"二战"以来，拉美的哲学社会科学领域出现了两个新的发展趋势：一是拉美的哲学社会科学研究与有组织的社会、政府和

---

① 《中国与拉美和加勒比国家合作规划（2015～2019）》来源：新华网（http：//news. xinhuanet. com/world/2015-01/09/c_1113944648. htm）.

工业间的关系越来越密切，研究的内容也伴随着时代的发展而做出调整。最近，拉美发展的现实使拉美社会科学研究者把主要关注的问题转向如社会学和经济学等学科所关注的不平等问题、与不平等问题有关的公共政策、对经济发展的研究、政治学领域对民主化的研究，以及对民主体制运作等的研究；对个人和集体认同性的研究，对革命运动、游击战和反叛乱的研究逐渐减少，而对地区一体化计划和文化认同的研究高涨。二是多学科、跨学科和交叉学科的崛起和发展，这是拉美社会科学最重要的发展趋势。如在巴西，圣保罗大学设立的跨学科中心开展研究的前景颇为乐观；在哥伦比亚，国立大学和安第斯大学设立了若干颇为强大的跨学科研究中心。这些跨学科研究中最值得关注的就是使自然科学、社会科学和人文科学三者合一的科学、技术与社会学。由于它更注重研究各学科与社会的关系，因此作为跨学科被纳入社会科学领域。拉美各国的科学、技术与社会学研究虽然历史较短，始于 20 世纪 80 年代，但发展却很快。

目前在中国，拉丁美洲相关问题研究还需要强化如下几个方面的研究问题：一是需要与时俱进，强化整体合作框架下中拉合作关系提升问题研究；二是需要加强整体合作框架下中拉教育交流与合作问题研究；三是需要强化整体合作框架下中拉经济、管理、文化、媒体研究；四是需要强化"走出去"国际合作研究；等等。本文将专注研究整体合作框架下中拉教育交流与合作问题，以期为未来中拉教育交流与合作提出对策建议，服务国家"一带一路"倡议在拉丁美洲的对接。

在追求经济增长和社会公平的道路上，没有一个国家可以承担忽略高等教育的后果。正是高等教育为国家提供了人才，让知识的产生和创新成为可能，从而推动生产力的发展和经济的增长。并且，跨国的教育交流合作在高等教育的层面可操作性和可能性更大，所取得的成效也最大。因此，本文的讨论主要围绕高等教育进行。

二、拉美国家的教育总体状况

据世界银行的最新开放数据①显示，拉丁美洲与加勒比地区 2014 年的在校小学生总人数为 65342340 人，净入学率（即符合小学官方入学年龄的已入学儿童与该学龄儿童总数的比率）为 91.7%，在过去五年间呈下降趋势。该地区 2014

---

① 数据来源于世界银行对外公开的数据库（https：//data. worldbank. org. cn/indicator/）。

年的所有在校中学生总人数为 64141980 人，净入学率为 75.9%，在过去五年间呈持续上升趋势。而该地区的 2014 年高等院校总入学率为 44.7%，在过去五年间呈平缓上升趋势。

拉丁美洲地区长期以来都存在很大程度的不公平现象，因此其致力于设计与资助教育项目以保证民众享有接受教育的平等机会，并已取得很大进步。例如，1990 年该地区的小学入学率为 89.9%，而到了 2010 年已上升至 94.2%。同一时期，识字率也由 87.5% 增长至 92.6%[1]。尽管要实现普遍的受教育机会十分困难，但数据表明，该地区正走在正确的道路上。然而，数据也表明，虽然在 2004~2014 年该地区人口的受教育总年限有所上涨，但处在前 60% 的人与处在后 40% 的人收入差距较大。尽管这两组人群在校接受教育的时长有所增加，但数据显示，处在前 60% 的人群比处在后 40% 的人群人均收入增长更高。无疑，教育在促进拉美地区共享繁荣的巨大挑战中扮演着重要角色。

据世界银行的报道，当今拉美地区的教育系统除了古巴，都不具备高水平、学术能力强的人才，其教育者并不享有高水平或至少充足的工资，也没有高度的教研自主权。事实上，古巴是拉美地区唯一一个拥有高质量教育系统和高水平教师人才的国家。

2017 年 5 月世界银行发布的最新数据显示，在拉美地区接受高等教育的学生在过去十年间已增长了近 1 倍。但他们当中仅仅有一半学生按时毕业，这意味着拉美地区在教育的效率和质量上仍需再下功夫。拉美地区世界银行副总裁 Jorge Familiar 称："高等教育是促进增长和减少贫穷以及不公平的关键。为了保证教育公平，该地区必须提高教育质量，为学生提供更多关于教育项目、奖励机制、资助项目以及劳动市场情况的信息。"教育的重要性不容赘言。报告中指出，接受过高等教育的拉美学生比仅持有高中文凭的学生毕业后平均工资高 2 倍。

在过去十年，拉丁美洲的中产阶级增加了 50%，几乎占了拉美地区总人口数的 1/3。造成这一趋势的其中一个原因就是在教育领域所取得的大幅进步，同时这一趋势也促使了拉美教育质量和数量持续改善以满足现有的教育需求。拉美地区为了满足这一蓬勃发展的需求所采取的其中一个举措便是设置奖学金以及增加合作交流项目，以增加学生向拉美地区以外的流动性。这一举措的成效在一定程度上是令人满意的。比如，巴西科学流动项目（The Brazil Scientific Mobility Program）让巴西学生被美国大学录取的录取率提高了 51%。再如，自从美国和墨西哥的 FOBESLL 项目（FOBESII Partnership）成立至今，在美国受教育的墨西哥学生已经增长了至少 1 倍。同时，智利和哥伦比亚政府也在学院层级发展了教育交

①　世界银行 2017 年报告。

流合作项目，资助了成千上万名 STEM 学生到国外学习。

通过调查发现，拉丁美洲地区的教育面临着如下几个方面的问题：①教师质量较差，教学水平和教学技巧仍待提高，缺乏足够培训的教师，仅仅把 65% 的时间投入到课堂指导中；②教学内容不够充分，教学实践效率低下；③现有的教学指导辅助工具并没有在课堂上得到充分利用；④教育存在严重的不公平现象，并不是所有人都有平等接受教育的机会。

三、中拉教育各自优势对比

中国的高等教育实力强，优势明显。根据英国 QS 全球教育集团公布的 2016 年全球高等教育系统实力排名[①]，中国高等教育体系位列世界第八，为亚洲第一。中国高校在政府财政投入和产出上得分最高（99.9），离世界排名第一的美国仅差 0.1 分。中国国家财政性教育经费占 GDP 比例连续五年保持在 4% 以上，政府对高等教育财政上的大力支持是中国高等教育相较于其他国家一个强大的优势。而该榜单显示，中国顶尖大学在全球的综合影响和表现得分为 97，单项排名世界第八。这表明，中国的高等教育享有受到世界认可的高质量、高水平的教育资源。除此之外，中国作为拥有超过 13 亿人口的泱泱大国，其庞大的人口基数在某种程度上也保证了相对较大数量的优质人才，即有更多优秀的教师。

另一大优势则是中国的教育体系和教育模式。中国教育所采取的方式相较于西方发达国家，更注重的是基础知识的学习和积累。清华大学经管学院院长钱颖一在《参事讲堂》发表的以"创新人才教育"为主题的主旨演讲[②]中提到，中国教师对知识点的传授、学生对知识点的掌握，不仅量多，而且面广。在中国教育下，中国学生对基本知识的掌握呈现"均值高"的特点。

在一定程度上，拉丁美洲的教育优势并不如其劣势明显，但不可否认，它仍然具有一定的教育优势。相比中国，拉丁美洲在教育上似乎并不具备绝对优势，但我们也可以发现一定程度上的比较优势。例如，正是基于该地区长期以来在教育体系上的问题和教育不公平的问题，网络教育在当地才得以萌芽并发展。利用网络科技来解决这些教育问题的强烈动力和巨大需求推动了拉美地区线上教育的迅猛发展。

拉丁美洲最近几年出现了几家较有影响力的科技教育创业公司，例如得到硅

---

① 资料来源：英国 QS 全国教育集团网站，http：//www.TopUniversities.com。

② 资料来源：新华网，http：//news.xinhuanet.com/fortune/2016-03-21/c_128818320.htm。

谷风投的巴西的 eduK 公司，拥有超过两百万学生注册学习了其提供的 600 门课程；还有 TereasPlus 公司，拥有最大的西语教学内容库，提供超过 1000 门课程，拥有 700000 名注册学生，成为西班牙最大的线上课程门户；巴西的 Descomplica 被称为是"真正的在线课堂"，为准备参加大学入学考试的用户提供超过 15000 个视频课程，并且每天有 8 小时的直播课程。拉美地区的公司、创业者和投资者都认识到了教育的重要性，并且也致力于改善当地的教育。该地区的私营组织对当地教育产生了不容小觑的积极作用。这意味着，拉美地区对线上教育资源的需求极大，并且已经在线上教育方面取得了一定的成效，其线上教育的普及率和接受度较高，在一定程度上缓解了当地教育不公问题。

此外，拉美地区一些国家的政府正在积极采取行动解决其教育方面的问题，其中取得较为显著成效的有智利、哥伦比亚还有刚刚成功进行了深度教育改革的墨西哥。拉美国家对教育问题的高度重视和支持也是其教育方面的优势之一。

四、中拉教育交流与合作的现状和问题

在近几年，中拉的教育、文化交流受到了越来越多的重视，中拉两国都相应地在这方面做出了努力，也取得了一定的成果。目前，拉美地区孔子学院整体发展状况良好。2006 年至今，拉美地区 16 个国家建立了 39 所孔子学院、19 所针对中学校教育的孔子课堂，2014 年在智利成立了孔子学院拉丁美洲中心。中国孔子学院总部副总干事、国家汉办副主任王永利在接受新华社采访[①]时说，"拉美地区是全球范围内孔子学院发展进步最快的地区"。此外，自 2014 年开始，中国科技部面向科研院所、大学和企业公开征集"中拉青年科学家交流计划"项目，支持拉美和加勒比国家与中国有较好合作基础的科研机构或大学派出青年科学家到中国开展为期半年到一年的合作研究工作。而根据中拉论坛首届部长级会议通过的中拉合作五年规划，中国从 2015 年起正式实施为期 10 年的"未来之桥"中拉青年领导人千人培训计划，并且每年举办拉美青年干部研修班项目。另外，拉共体则鼓励中国学校开设西班牙语和英语课程并开展教学。

在高等教育层面，中拉的教育交流合作也呈现较好的态势。以广东省为例，2015 年全省在读拉美 34 个国家的留学生共约 990 名，占全省留学生总数的 4.2%，主要学习汉语、国际经济与贸易、计算机科学与技术、医学类及管理类

---

① 资料来源：新华网，http：//news. xinhuanet. com/2016-05/15/c_1118868109. htm。

等专业①。暨南大学于 2016 年成立拉美中心，致力于将其打造为中国南方地区开展与拉美国家交流合作的学术基地和重要智库。此外，广东省多所高校与拉美国家建立了合作关系，开展了如交换生、教师志愿者、短期访学等多种形式的合作项目。

尽管如此，中拉教育的交流与合作才刚起步不久，目前仍处在尚未成熟的发展阶段，需要持之以恒地不断探索与尝试来逐步完善。在当下这个阶段，有以下若干问题仍待解决：

第一，我国最主要的教育文化输出方式是在当地建立孔子学院，这意味着孔子学院的质量和师资水平决定着我国的语言文化向外输出的成效，其重要性不容置疑。在新华社的采访中，王永利指出，整个拉美地区当前对汉语学习需求强烈，但该地区内一些国家还没有建立孔子学院。此外，拉美地区孔子学院发展面临的其中一大"瓶颈"为师资数量和质量的相对欠缺。目前大多数派驻拉美的教师志愿者来自对外汉语专业，不会说拉美地区通用的西班牙语或葡萄牙语，在一定程度上影响了教学效果。夏晓娟（2017）指出，中国在拉美地区的汉语教育推广方面存在的不足有：①汉语师资不稳定，水平参差不齐，更换频繁；②缺乏针对性强的西汉双语教材，现有教材内容脱离拉美国家实际；③汉语推广经费投入不足。

第二，中拉双方在教育的合作交流方面似乎略为欠缺平衡，以中国向拉美输出教育资源为主（如孔子学院）。诚然，这种形式的文化输出向外传播我国的语言和文化，有助于扩张我国国际影响力，提高我国的文化自信与文化优势，同时也加强了与拉美地区的联系，促进了双方在政治经贸方面的进一步合作。但从某种角度看，我们似乎更多地扮演了"给予"这一方的角色，相对地忽视了与此对应的"接受"。在向拉美方输出的同时，我们似乎忽视了汲取拉美方可为我国教育提供的资源。而从某种意义上说，一个良好发展的关系必定是双向的、双方相对平衡的。因此，如何争取更大程度的资源互补，更好地汲取拉美地区可提供的优势资源，关系到是否可以建立与维持一个更为平衡的、良性发展的、长远的教育交流合作关系。

五、对未来中拉教育合作与交流的政策建议

基于上述问题，本文就未来中拉教育合作与交流提出如下几点政策建议：

---

① 资料来源：广东人大网，http：//www. rd. gd. cn/rdzt/lmqbzth/glhz/201609/t20160923_154277. html。

1. 加强拉美地区孔子学院的建设

首先，在未来应逐步增加孔子学院在拉美地区的布点，尽量多地覆盖拉美地区各国。其次，加强拉美孔子学院的师资力量。不仅要提高由我国派往当地孔子学院的教师的汉语教学水平，还要加大对当地汉语教师的培训，通过多渠道的探索增加当地汉语教师数量，例如，从当地华侨华人中选拔优秀汉语教师，再通过联合课程和奖学金形式鼓励当地汉语教师到中国接受培训。如此，通过增加当地汉语教师的数量，其汉语教学质量也会得到相应的提升。为了提高当地孔子学院的汉语课堂教学效果，可考虑在课堂上采取以派往当地的中国汉语教师为主、当地拉美籍教师为辅的形式进行课堂授课与互动，这样不仅从短期上看能提高当地学生的接受度和理解度，提高汉语教学成效，更大程度地调动学生的课堂活跃度和学习动力，从长远看更能够培养一批拉美籍的当地汉语教师，丰富他们的课堂教学经验以及提高汉语教学技能，让他们逐步成为优秀的汉语教师，这将有助于大幅度提高当地孔子学院未来的师资质量和数量。同时，针对不同地区进行教材本土化的修改和设计，进一步提高教材的适应性。除了课堂教学外，可鼓励当地的孔子学院围绕"中国文化"这一主题多组织开展各种形式的活动，以增强拉美当地学生对中国文化的认识和了解，激发他们对中国文化学习的动力和向往。这从长远来看也有助于提高这一代拉美青年对中国的友好度，使将来有更多的拉美人士参与到中拉的合作中去，推动中拉各方面的合作与交流。

2. 加强拉美地区的优质互补资源

我们在向拉美地区输出教育文化资源的同时，也要提高对拉美优质资源的利用率，取其优势，更好地提高我国的教育资源和教育机会。例如，拉美地区以西班牙语为主要语言，我们可以利用与拉美的教育合作与交流，促进我国西语人才在数量和质量上的战略性发展。比如，我们可以设立中学和高校等不同层面的教师交换项目，我国派出教师前往拉美地区的学校进行汉语教学，同时我国的学校接收由拉美地区派来的教师开展西班牙语教学。可在中小学和高校设置西语的兴趣班或二外课程，鼓励学生根据自身意愿参加学习。这将有利于培养在将来能参与中拉合作交流，并在其中起关键作用的不可或缺的双语人才。此外，也可与拉美地区的科技教育公司合作，引进优质的西语教学资源，同时也在影响力较大的当地线上教育平台发布汉语教学课程资源，发布西语授课的中国文化、中国文学、中国历史等相关课程，以让中国的教育资源触及更大范围的受众。

3. 加强中拉高等教育层面的校际交流与合作

高等教育对于一个国家的长远发展起着不可替代的关键作用，因此中国与拉美地区的教育合作交流的重中之重应放在高等教育层面，加强中拉高校之间的交流与合作。例如，可鼓励我国高校更多地与拉美高校建立各种形式的校际交流合作项目，如学生交流、教师互访、科研合作、联合培养、语言学习等。具体来说，可鼓励推动中拉高校的互动往来，例如成立中拉高校的暑期夏令营、学生论坛、学生峰会等项目，并鼓励中拉高校进行跨地域的学术交流，联合成立学术团队，共同进行科研攻坚。另外，应支持我国高校加大对拉美国家学生的宣传力度，还可设立针对拉美学生的奖学金项目或其他激励机制，吸引更多优秀的拉美国家学生到我国学习。

参考文献

［1］薄云. 拉美私立高等教育发展特点及趋势分析［J］. 天津市教科院学报，2014（6）：28-30.

［2］陈兴德，宋钰劼. 拉美高等教育现代化的解读与反思［J］. 高教探索，2010（1）：58-62.

［3］丹尼尔·C. 列维，胡建伟. 私立研究中心：拉美高等教育发展现状与变化［J］. 浙江树人大学学报（人文社会科学版），2013，13（2）：1-2.

［4］丁笑炯. 拉美高等教育国际化评析［J］. 现代教育管理，2009（9）：104-107.

［5］韩骅. 问题与对策：拉美地区近 10 年教育发展回眸［J］. 比较教育研究，2001（1）：55-60.

［6］吉勒莫·鲁伊兹，苏洋. 拉美教育面临的挑战［J］. 比较教育研究，2014，36（11）：98-102.

［7］宋霞. 私有化改革给拉美教育带来什么［N］. 中国教育报，2008-04-29（003）.

［8］徐世澄."3×3"打造中拉经贸合作升级版［J］. 半月谈，2015（11）：81-83.

［9］吴国平. 拉美研究现状赶不上迅速发展的中拉关系［EB/OL］. 今日中国，2013，http://www. chinatoday. com. cn/ctchinese/chinaworld/article/2013-02/26/content_520465. htm.

［10］武学超，徐辉. 国家创新系统视阈下的拉美国家高等教育——问题与发展策略［J］. 外国教育研究，2008（4）：66-70.

［11］夏培源. 高等教育国际化背景下"拉美—欧盟"高等教育区发展研究［J］. 比较教育研究，2014，36（7）：81-86.

［12］夏晓娟. 中国在拉美地区推广汉语教育的不足与对策［J］. 许昌学院学报，2017，36（1）：151-156.

［13］徐东波. 拉丁美洲高等教育市场化及其对中国的启示［J］. 煤炭高等

教育，2016，34（6）：34-38+43.

［14］周志伟. 教育及智库交流有助中拉合作深化［EB/OL］. 中国社会科学报，2013，http：//ilas. cass. cn/xkjs/kycg/zlgx/201302/t20130201_2246376. shtml.

［15］世界银行报告"At a Crossroads：Higher Education in Latin America and the Caribbean"，2017，https：//openknowledge. worldbank. org/handle/10986/26489.

［16］杨启光. 拉美高等教育的国际化发展进程［J］. 高教发展与评估，2011，27（3）：73-76+96.

［17］曾昭耀. 拉美国家的教育改革与社会和谐［J］. 江汉大学学报（社会科学版），2007（3）：95-102.

［18］张贯之，李仁方. 拉美高校国际化实践及其对我国教育改革的启示［J］. 黑龙江高教研究，2013，31（8）：36-38.

［19］张红颖. 对全球化挑战下拉美教育改革与发展的审视［J］. 拉丁美洲研究，2015，37（1）：72-76.

［20］张鹏. 拉丁美洲高等教育三次改革评析［J］. 比较教育研究，2014，36（7）：97-101.

［21］张庆. 全球化时代的拉美高等教育国际化问题［J］. 语言教育，2014，2（3）：17-21.

［22］周楠. 20 世纪 80 年代以来拉美高等教育"自由化"改革评析［J］. 比较教育研究，2017，39（4）：84-90.

特朗普时代的中拉关系：挑战与前景

刘　丹①

　　摘　要： 特朗普上台之后，对拉美地区屡放狠话，例如，指责墨西哥非法移民以及北美自由贸易协定对美国的安全和经济利益带来威胁，扬言要在美墨边境由墨西哥出资建隔离墙，并重谈北美自由贸易协定等。这种状态使美国的拉美政策表现出前所未有的不确定性，甚至有人认为中国将会填补美国抛弃拉美之后的"真空"，尤其是在中国近年来也在大力发展中拉共同体关系的背景之下。然而，本文认为，特朗普时代的美拉关系的确经历着不确定性的挑战，无论是拉美地区本身，还是美拉关系，都在经历动荡期。但无论从历史上还是现实中考量，美国都不可能抛弃自己的"后花园"，美拉关系经过调整之后依然会保持稳固，不会出现所谓的"真空"。因此，中国不会也不应该对此抱有不切实际的幻想，未来中拉关系的发展依然面临挑战，需要中国与拉美地区在现有的良好基础上继续保持和发展进一步更深入的交流与合作。

　　关键词： 拉美；美国；中国；特朗普

　　在中国与拉丁美洲之间的合作中，美国一直都是重要的影响因素，毕竟从地缘政治与历史现实来看，拉美地区对于美国而言，长期都是重要的经济、安全"后花园"，所以虽然不属于美国对外政策中最重要的议题，但从门罗主义到睦邻政策②，美国对拉美的重视还是一以贯之的。然而，这一切在特朗普上台后似乎有所改变，而且新政府目前也都没有具体的对拉美政策出台，加之拉美地区自身的经济、政治局势动荡，这都使"后花园"的情况变得有些扑朔迷离。正如墨西哥前外交部长豪尔赫·卡斯塔涅达所说："关于特朗普，唯一可以确定的就是不确定性。"

---

　　① 刘丹，澳门大学国际关系学博士生，广东外语外贸加拿大研究中心特约研究人员。
　　② 陈海琪：《从门罗主义到睦邻政策：美国对拉美外交政策的演变》，《黑河学刊》2017年第3期，第72-74页。

一、奥巴马 vs 特朗普：美拉关系转折

如前所述，美国对拉美的政策一直相对稳定。而且在奥巴马执政后期，美国更是致力于进一步改善与拉美的关系。奥巴马在拉美地区宣布，"门罗主义"时代终结，并且用西班牙语重申"我们都是美洲人"。① 与古巴恢复外交关系几乎成为其最耀眼的外交遗产之一。整个 2016 年美拉关系都呈现出回暖之势。2016年 3 月 23 日，奥巴马率 400 人的企业家团队出访阿根廷，这是过去 20 年来美国总统第一次正式访问阿根廷，尤其是在 2001 年阿根廷金融危机以及阿根廷保守党执政期间，两国关系一度走低并且持续降温的历史背景下，这一访问意义非凡。阿根廷总统马克里表示要"重塑与美国的传统友好关系"②；同样作为拉美大国之一的巴西也在通过对总统罗塞夫弹劾议案后，新上台的特梅尔主动向美国示好，委托出访美国的社会民主党参议员阿洛伊西奥·努内斯向美国传递"巴西外交调整"的信号，表示"巴西要改变与新兴国家集团结盟的策略，密切与美国的合作关系"。③ 由此看来，美国是有意巩固自己在"后花园"的地位的。

然而，自特朗普上台后，拉美地区似乎"失宠"了，奥巴马时代的破冰之势急转直下。竞选期间，特朗普就叫嚣着要在美墨边境修建一堵隔离墙，并且费用还必须由墨西哥政府负担。他还在上任第一天就取消了阿根廷刚获得的对美出口柠檬的许可，虽然出口规模并不是很大，但这对满心期待着美阿关系美好未来的阿根廷来说，无疑是一个颇具象征意义的负面信号。2017 年 4 月，美国商务部在一份声明中宣布，美国国际贸易委员会将开始对来自阿根廷的生物柴油进行反倾销和反补贴调查，之后美国商务部于 8 月宣布开始确定对其征收反补贴税。④

① 谢文泽：《美国的"两圈战略"与美拉整体合作》，《美国研究》2016 年第 4 期，第 123 页。

② Carol E. Lee, Taos Turner, Obama and Argentine President Mauricio Macri Reset Bilateral Ties, The Wall Street Journal, March 23, 2016. https：//www. wsj. com/articles/u-s-image-improving-but-still-weak-as-obama-visits-argentina-1458744473.

③ 周志伟：《总统弹劾后巴西政治生态及外交走势》，人民网，2016 年 10 月 17 日，http：//world. people. com. cn/n1/2016/1017/c1002-28784831. html.

④ Fact Sheet：Commerce Initiates Antidumping Duty and Countervailing Duty Investigations of Imports of Biodiesel from Argentina and Indonesia, International Trade Administration, U. S. Department of Commerce, http：//enforcement. trade. gov/download/factsheets/factsheet-multiple-biodiesel-ad-cvd-initiation-041317. pdf. U. S. Department of Commerce Issues Affirmative Preliminary Countervailing Duty Determinations on Biodiesel from Argentina and Indonesia, U. S. Department of Commerce, August 22, 2017. https：//www. commerce. gov/news/press-releases/2017/08/us-department-commerce-issues-affirmative-preliminary-countervailing-1.

针对古巴，一直致力于"去奥巴马化"的特朗普更是不惜直接将其外交遗产摧毁。2017 年 6 月 16 日，特朗普在迈阿密发表演讲时宣布，将取消奥巴马政府与古巴方面达成的"可怕和被误导的"协议。他宣布将在经贸和旅游等方面收紧对古巴的政策，还签署了美国对古巴新政策的行政令，禁止美国企业与古巴军方控制的企业有生意往来，同时收紧对美国公民前往古巴旅游的限制，并继续执行对古巴经济、金融封锁和贸易禁运政策。古巴政府随后称，美国此举意味着古美关系的严重倒退。[①] 此外，特朗普还在 2017 年 5 月底向国会提交的 2018 年联邦政府预算中大幅削减对拉美的经济援助。其中，对墨西哥的援助金额减少 45%，对中美洲七国减少 37%，而对古巴以及左翼执政的委内瑞拉的援助项目则彻底被砍掉。接下来特朗普政府很有可能继续在进口措施上收紧，而这也将对不少拉美地区对美国贸易依存度极高的中美洲国家带来冲击（见图 1）。种种迹象表明，特朗普时代的美拉关系开始进入动荡期，其不明确的拉美政策以及"美国优先"的强势理念都给拉美地区带来前所未有的压力，也促使拉美国家开始思考新的出路。

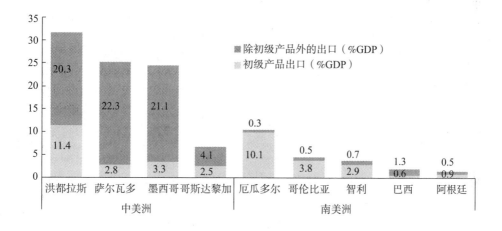

图 1　中美洲与南美洲部分国家对美国出口比例[②]

① Steve Holland. Trump rolls back parts of what he calls "terrible" Obama Cuba policy, Reuters, https：// www. reuters. com/article/us-usa-cuba/trump-rolls-back-parts-of-what-he-calls-terrible-obama-cuba-policy-idUSKBN1970EC.

② "特朗普经济学"如何影响拉美经济? http：//www. coface. com. cn/News-Publications-Events/News/ How-could-Trumponomics-affect-Latin-America-s-economies.

二、世界看中国：填补拉美权力空白？

特朗普的一系列针对拉美国家不太友好的政策不仅让拉美地区开始忧虑，同样也让国际社会开始猜测，随着美国这种轻视甚至放弃拉美的趋势，近年来与拉美越走越近的其他大国是不是有可能填补这一权力空白，尤其是不断崛起的中国。美国波士顿大学助理教授 Kelvin P. Gallaher 就认为，中国会填补特朗普在拉美留下的"真空"。① 西方媒体和智库对这种论调的热衷程度也是比较高的，普遍认为在拉美地区会出现"美国退，中国进"的局面。

例如，西班牙《公众报》在 2017 年 1 月 1 日发表题为"中国填补特朗普在拉美的地缘战略空白"的文章称，未来特朗普政府很可能从政治上放弃拉美，同时在经济上，也将放弃奥巴马政府对拉美采取的促进贸易往来的战略，这种"双重放弃"对于早已登陆拉美的中国来说将是一次难得的机遇。② 美国华盛顿世界政治研究所的研究人员鲍尔·科伊尔认为，美国"睡觉"之际，美洲遭到破坏，这是中国在拉丁美洲存在的现实，其中中国与古巴关系超越经贸，是中拉关系的特殊部分。军事交往上，中国在拉美的行动不容忽视。美国陆军战争学院战略问题研究所拉美问题教授罗伯特·埃利斯说，中国同拉美的军事接触很具实质意义，并且正在扩大。③ 然而，这一论调并非是支持或者鼓励中拉关系的发展，究其本质，这与"中国扩张论""中国威胁论"等异曲同工，代表着国际社会对于中国崛起过程中的行为的一种不安的揣测。尤其随着中美摩擦和矛盾增加，在亚太地区热点频出，南海问题、朝鲜半岛问题等都令中美两国几乎踩到战争边缘。因此，也有一些国际舆论认为，中国作为崛起国与美国作为守成国的冲突是不可避免的，所以现在的趋势是中国不断强大，除了在经济上赶超美国之外，更多的是想要重新制定国际秩序和规则，不断扩大自己的势力范围，在亚洲、非洲等地

---

① Kevin P. Gallagher. China Steps Into the Latin American Void Trump Has Left Behind, Foreign Policy, March 6, 2017. http：//foreignpolicy. com/2017/03/06/china-steps-into-the-latin-american-void-trump-has-left-behind/.

② 西媒：特朗普"双重放弃"促中国拉美靠近，参考消息网，2017 年 1 月 3 日，http：//column. cankaoxiaoxi. com/2017/0103/1575555. shtml.

③ 美媒盘点中国与拉美关系：特朗普成重要影响因素，参考消息网，2016 年 12 月 18 日，http：//column. cankaoxiaoxi. com/2017/0103/1575555_3. shtml.

区排挤美国。① 而如今这一判断随着中拉关系的深入，显然已经开始转移到了与美国地理和历史关系最为密切的地区之一。这对于未来中美关系以及中美互信的改善与加强，进而对于促进拉丁美洲和加勒比地区的发展乃至全球局势的稳定都会产生负面效应。因此，中拉关系的发展必须重视拉美地区自身的特点，同样也不能忽视美拉关系，避免不切实际的判断与战略。

三、拉美地区局势：经济不稳定，政局左右动荡

进入特朗普时代的拉美地区并不太平，经济方面，自 2010 年以来，拉美地区经济已经历了连续六年的衰退，巴西、阿根廷、委内瑞拉等南美主要国家的经济状况更为堪忧，经济治理成效已成为影响拉美部分国家政局稳定的重要因素。根据联合国拉美经委会 2017 年 8 月 10 日公布的《2017 年拉美和加勒比地区外国直接投资报告》称，2016 年拉美经济衰退，大宗商品价格低位导致资源领域外资流入骤减，该地区吸收外资总额 1670.43 亿美元，同比下降 7.9%。② GDP 平均增长-1.1%，与上一年度-0.4%的增长率相比情形更加恶化。③ 所幸的是，受到全球经济和贸易活力增加、原材料价格上涨等因素影响，2017 年的拉美地区经济有望摆脱负增长。④ 不过，如前所述，鉴于美国对拉美经济的重要性以及拉美经济一直以来对美国的高度依赖，特朗普上台后一系列的经济计划对于拉美经济恢复的冲击也是不可忽略的，拉美各国仍将面临潜在的金融与货币风险。

经济决定政治，经济不稳定的拉美各国同时还面临着政治局势左右摇摆的状态，腐败盛行、政府脆弱、领导人支持率低等各种状况百出。左右翼更替导致拉

① Eual Rivals? China May Push Out US as the Sole Superpower, Sputnik News, Dec. 23, 2015. https：//sputniknews. com/politics/201512231032215380-equal-rivals-china-us/. 美媒解读中国对美三战战略：排挤美国成世界霸主，参考消息网，2014 年 4 月 21 日，http：//mil. news. sina. com. cn/2014-04-21/0852775197. html.

中国排挤美国在非洲的影响力，美国之音，2005 年 5 月 6 日，https://www. voachinese. com/a/a-21-w2005-05-06-voa88-57797842/1057403. html.

② 《拉美国家商情月报》，中国国际贸易促进委员会四川省委员会，2017 年 8 月 29 日，http：//www. ccpit-sichuan. org/newshow. aspx? mid=169&id=4364

③ CEPAL, Balance Preliminar de las Economias de America Latina, Santiago de Chile, Noviembre de 2016，p. 16. 转引自高波：《变化的世界，迷茫的拉美——2016 年拉美地区形势回顾与前瞻》，《拉丁美洲研究》2017 年第 39 卷第 1 期，第 2 页。

④ 拉加经委会预计今年拉美经济恢复增长，新华社 2017 年 8 月 4 日，http：//news. xinhuanet. com/world/2017-08/04/c_1121433601. htm.

美各国内政外交都出现了较大的调整，充满了不确定性。而实际上，面临经济衰退和外来大国政策的冲击，无论是左翼还是右翼政府都很难稳住政局，民众对政府没有太大的信心，政府得不到足够的支持，导致国家政策难以推行，呈现出政治衰退的现象。以巴西为例，前左翼总统罗塞夫支持率跌至8%，并且被弹劾下台。而新上台的右翼总统特梅尔实际上支持率也和罗塞夫一样糟糕，而且面临更多挑战。①

在国内经济政治动荡、外部政策冲击的背景下，拉美地区局势也出现了一定的变化。特朗普在外交政策、经济政策上的诸多挑衅已经引起拉美主要国家之间的联动。墨西哥、阿根廷、巴西等几个大国之前并无太多交集，但在特朗普拉美政策的冲击下，几个地区大国开始主动联系，并就拉美地区各种一体化机制进行深入的讨论与交流，大有抱团取暖之势。例如2017年2月6日，阿根廷总统马克里致电墨西哥总统涅托，讨论深化南方共同市场与墨西哥之间的合作；2月7日，马克里出访巴西，与巴西总统特梅尔商讨强化战略合作，加强南方共同市场与太平洋联盟之间的整合，尤其是与墨西哥之间的合作。② 很明显，这是在特朗普拉美政策的刺激下，拉美大国主动寻找出路的趋势，也算是拉美地区在经济、政治双动荡时期求助于区域合作和区域一体化的一种好现象，有望减少拉美地区内部的分化，加强内部凝聚力，以较为整体的姿态面对困难以及寻求外部合作。

四、特朗普时代的中拉合作：发现优势，认清局势

面对特朗普时代拉美地区的各种调整与变化，已经开始走上轨道的中拉合作也需要注意"两势"，即发现优势，认清局势。

综上所述，拉美地区内部面临较为严峻的经济、政治动荡，其外部则受到美国特朗普政府的冲击与打压，外交、经贸、移民等都面临压力。这不是一个好消息，毕竟与经济、政治不稳定的地区和国家合作，是一种挑战。但同时，这也不失为一个"好"消息，因为受到多重压力和冲击的拉美国家在逆境中也开始表现出更为积极的几个方面，而这些对于促进中拉合作是有利的，其中包括：第一，国内经济不稳定以及国外经贸受到美国打压的拉美国家开始"朝外看"，而这个方向恰恰就是中国所在的亚洲。拉美国家为了减少对于美国的依赖以期降低

---

① 巴西总统弹劾：代理领袖特梅尔呼吁民众信任，BBC 中文网，2016 年 5 月 13 日，http：//www.bbc.com/zhongwen/simp/world/2016/05/160513_brazil_impeachment_temer#orb-footer。

② 周志伟：《"特朗普冲击波"下的拉美政策应对》，《当代世界》2017 年 4 月，第 24 页。

特朗普拉美政策的损害，开始加快探索跨区域合作，此时作为全世界经济动力最强劲的亚洲自然是不二之选。因此，拉美和亚洲国家的经贸关系未来很可能会出现较大的发展，毕竟这里有拉美国家需要的市场与贸易伙伴。实际上，早在1992年9月，拉美经济体系的一份报告就认为，亚洲"不仅是当今世界最富有活力的地区，而且可以向外界提供贸易、投资和技术转让等许多机会"。① 亚洲国家与拉美国家之间的贸易关系也是由来已久，而中国作为亚洲乃至世界上经济发展速度最快的国家，与拉美地区的贸易关系也是随着拉美与亚洲的关系的深入而进一步发展。早在20世纪80年代，日本和韩国已是拉美在亚洲的重要贸易伙伴和投资国。到了90年代，中国与拉美的贸易和中国在拉美的直接投资迅速增长。进入21世纪以来，亚洲与拉美国家的关系深入发展。亚洲已成为拉美在世界上的主要贸易伙伴之一，而中国已取代日本成为拉美在亚洲的最主要的贸易伙伴和投资国。② 2000~2015年，亚洲与拉美贸易增长了10倍，亚洲占拉美外贸的比重在2013年便达到了25%，超过美国成为拉美商品最重要的海外市场。在这其中，中国在拉近亚洲与拉美经贸关系方面发挥着"火车头"的作用。根据IMF的统计，2000~2015年，中国占拉美地区总出口的比重从2%增至10%，占拉美总进口的比重则从2%提高到了17%，中拉贸易占到了亚洲与拉美贸易的一半以上，中国已成为拉美多数国家不可或缺的贸易伙伴。③ 如今，随着特朗普政府对拉美地区贸易政策的咄咄逼人和日渐收紧，拉美地区国家这种"朝外看"的意愿和趋势都会更加明显，而在中拉合作中，经贸是非常重要的内容，当下无疑是促进这一进程的好时机。

第二，如前所述，拉美国家在寻求外部合作的过程中，加强内部凝聚力也是一种有益的尝试。推动地区内的合作与交流有利于拉美地区一体化进程的开展，这对于中国而言同样是一个好消息。中国在1994年就成为拉美一体化协会的首个亚洲观察员。多年来，中国对拉美开展的外交以整体外交为主。中国通过与拉美一体化协会、安第斯共同体、南方共同市场和太平洋联盟等拉美次区域一体化组织建立了不同形式的合作与对话机制，双方富有成效的合作促进了中拉关系"多边推动双边/双边促进多边"良性互动局面逐步形成。④ 反过来，中拉关系的深入发展也有利地促进了拉美地区一体化的发展。随着拉美一体化的深入，整体性互联互通的需求日益强烈，拉美能源网、交通一体化网络等庞大设想逐渐浮出

① 徐世澄：《亚洲与拉美的关系：回顾和展望》，《拉丁美洲研究》2010年第32卷第5期，第7页。

② 徐世澄：《亚洲与拉美的关系：回顾和展望》，《拉丁美洲研究》2010年第32卷第5期，第8页。

③ 周志伟：《"特朗普冲击波"下的拉美政策应对》，《当代世界》2017年4月，第27页。

④ 张慧玲：《当前拉美一体化进程新变化及对中拉关系的影响刍议》，《太平洋学报》2016年第24卷第10期，第60页。

水面。在这一大背景下，传统的中国和拉美单个国家的双边合作，也确实已经逐渐无法满足拉美自身一体化的需求。① 所以，拉美一体化与中拉合作是一个相辅相成、互为促进的关系，尤其是在特朗普时代，受到外来刺激而加快的拉美一体化进程对于中拉整体合作必然也会有着促进作用。

如此有利的时机，确实应该鼓励中国加强与拉美地区的合作，一方面可以进一步巩固此前中拉整体合作的基础，另一方面也可以作为推动"一带一路"倡议顺利开展的重要助力。然而，正如前面所提到的，中拉合作有一个无法忽略的因素，即美国。而现在讨论的也恰恰就是在美国进入特朗普时代后，美拉关系的调整对于中拉关系的影响。在抓住了这个影响中的"优势"之后，中国同样也不能忽略这个影响的几点本质，即美拉关系的变化趋势。如果误判了这一问题，即认不清楚形势，容易造成中拉合作的盲目乐观，以及导致中拉、中美关系的倒退。

首先，不能忽略地缘政治的意义。拉美始终是美国"后花园"，无论是主观还是客观地考虑，美国都不可能彻底"放弃"拉美或者即便是"忽略"拉美。美拉关系确实会随着特朗普的上台而经历调整，但毫无疑问，美国在拉美追求安全、稳定等核心利益的诉求不可能改变。在未来制定对拉美的政策时，美国可能会更加关注美拉关系中自身的经济利益②，但不会因此就否定拉美地区在其他领域对于美国的重要性，尤其是安全。从国家安全的角度来看，美国与墨西哥、中美洲和加勒比地区的安全合作由来已久，尤其是在打击贩毒、有组织犯罪等方面。"9·11"事件发生后，美国意识到这些国家和地区是其国家安全防卫的薄弱环节，因而不断加大与这些国家和地区的安全合作力度。2010 年，《美国—墨西哥梅里达倡议》《美国—中美洲地区安全倡议》《美国—加勒比盆地安全倡议》正式实施，这三项倡议意味着：由巴拿马运河向东，沿哥伦比亚北部和委内瑞拉近海，至加勒比海东端，成为美国在拉美地区的本土防卫边界，墨西哥、中美洲和加勒比地区成为美国的安全倡议区。③ 到目前为止，特朗普主要还是从经济上给拉美国家一些压力，并未触及任何和拉美地区有关的安全合作的调整。所以可见，拉美地区在美国的安全版图上有着不可忽视的作用，从这一地缘政治考虑，如果经济关系恶化影响到了安全合作的关系，特朗普政府的拉美政策应该也会相应地进行缓和调整。

其次，观察拉美国家对特朗普的反应，其实可以看到并不是特别激烈，毕竟有着太多的历史、经济、社会、安全联系，拉美国家作为"后花园"的身份也

① 孙岩峰：《中拉论坛助推中拉关系"升级换代"》，《世界知识》2015 年第 3 期，第 38 页。
② 赵晖、朱婉君：《特朗普新政给美拉合作投下阴影》，《国际商报》2017 年 6 月 20 日，第 A04 版。
③ 谢文泽：《美国的"两圈战略"与美拉整体合作》，《美国研究》2016 年第 4 期，第 125 页。

让它们依然还在对美国政府的对拉政策持观望态度。现实中，大多数拉美国家对特朗普的批评是温和的，也是有节制的，对特朗普政府采取观望的态度。特朗普政府收紧对古巴政策后，除委内瑞拉、玻利维亚等左翼国家谴责美国，拉美主要国家反应平淡。墨西哥政府敦促美古通过对话解决相关分歧，巴西、阿根廷等其他拉美大国则暂未作出表态。① 即便在美国国内的拉美裔当中，对于特朗普的态度也并非"一边倒"的排斥。2016 年的美国大选中，虽然特朗普口口声声表示要在美墨边境修墙，但还是有约三成的拉美裔选民将选票投给了他。这主要是因为虽然都是拉美裔，但出于不同的身份和社会阶层，内部分化比较明显的美国拉美裔选民对于非法移民政策的态度其实也是不一样的。

最后，我们不能光看到特朗普在经济上的强硬，而应该同时关注他在外交上的一些技巧，可以发现他并不是要彻底颠覆美国对拉美的一贯政策，而是重点打击非亲美的拉美左翼政府，尤其是激进的左翼国家，同时拉拢拉美的右翼国家，由此分化拉美，从中获利。2017 年 2 月以来，特朗普政府通过"电话外交"和邀请秘鲁总统库琴斯基访美等一系列措施，寻求缓和同部分拉美国家的紧张关系，但这仅限于同亲美的拉美中右翼国家之间。② 2017 年 4 月 27 日，阿根廷总统马克里与特朗普在白宫会面，这与 2016 年奥巴马访问阿根廷的意义其实是一样的，象征着美阿关系的新时代。而特朗普本人与马克里家族还有着生意上的往来，两人也相识已久。自特朗普当选以来，他们已经有过两次通话，这也是特朗普对拉美进行"电话外交"的"代表作"之一。特朗普表示非常赞赏马克里处理阿根廷各种经济问题的能力，而马克里也表示两国之间有很大的改善空间，并且将继续寻求与美国在安全问题上的合作。③ 由此可见，特朗普依然重视美国在"后花园"的利益，只不过将会有一个不一样的尝试，在获取他想要的经济利益的同时，分化管理拉美左右翼政府，最大限度地保障美国在拉美地区的影响力。而这一尚未明确出台的战略在拉美地区国家自身的意愿基础上其实是有着较大的发挥空间的。

① 特朗普收紧美国对古巴政策给美拉关系投下阴影，新华网，2017 年 6 月 18 日，http：//news. xinhuanet. com/world/2017-06/18/c_1121164007. htm.

② 国际观察：拉美国家抱团应对特朗普新政，2017 年 3 月 8 日，http：//news. xinhuanet. com/world/2017-03/08/c_1120592610. htm.

③ Cynthia J. Arnson, U. S. -Argentine Relations and the Visit of President Mauricio Macri, Wilson Center, Apr 27, 2017. https：//www. wilsoncenter. org/article/us-argentine-relations-and-the-visit-president-mauricio-macri.

五、未来路径：构建中拉关系命运共同体

在过去十年里，在亚洲与拉丁美洲的贸易和金融关系明显加强的大背景下，中国已经成为拉美大宗商品的主要出口市场，近几年来中国与拉美的整体合作在经济关系不断深入的助力下也是开展得有声有色。然而，这种关系未来依然面临着很多的不确定性。中国经济活动的再平衡调整（从投资和制造业转为消费和服务）、大宗商品价格疲软以及全球金融条件收紧都给亚洲和拉丁美洲带来压力。其发展态势也同样给全球贸易带来重大影响。① 同时，随着中拉关系的发展，国际舆论也有评论认为中拉整体合作被称为是中国针对美国亚太战略而在美国"后花园"实施的反制战略，是对美国实施围堵、遏制中国战略的有力回应，并断定中拉论坛的建立将产生"一升一降"的结果。② 这势必会干扰到中拉合作，也同时让美国加强对拉美地区事务的控制，以求消除中国在该地区的影响力，这都会给未来中拉合作带来一定的压力和阻力。如何发展对拉美关系接下来会成为中国外交的重大考验。

2016 年，中国国家主席习近平访问拉美之后，中国政府于 2016 年 11 月公布《中国对拉美和加勒比政策文件》，这是继 2008 年之后发布的第二份对拉美政策文件。对于未来的中拉合作，中国提出了中拉共同构建"1+3+6"的合作新框架、探索"3+3"的产能合作新模式等一系列对拉合作新倡议，以这些新的合作框架和模式为基础探索中拉在经贸、文化等各个领域的合作。③ 这次访问以及这份政策文件中有一个核心的内容，即构建"命运共同体"，这是未来中国抓住机遇谋划对拉美关系战略时的核心指导观念。中拉关系的主要驱动力是经贸关系，虽然双方的确有着很强的需求，但由于缺乏历史上的深入交流与现实地缘上的密切联系，中国与拉美国家之间其实依然缺乏足够的理解与信任，单靠经贸关系支撑的合作也会相对比较被动与薄弱。因此，以构建"命运共同体"的理念作为指导，强调双方同为发展中国家，以及与部分国家一样同为金砖国家的身份认同与发展阶段的认同，是非常明智的一个选择。让双方关系以这种更为主动的态势

---

① IMF Survey：Asia and Latin America Look to Strengthen Trade, Financial Ties, IMF, March 10, 2016. https：//www. imf. org/en/News/Articles/2015/09/28/04/53/socar031016a.

② 王友明：《构建中拉整体合作机制：机遇/挑战及思路》，《国际问题研究》2014 年第 3 期，第113 页。

③ 中国对拉美和加勒比政策文件，中国外交部，2016 年 11 月 24 日，http：//www. fmprc. gov. cn/web/zyxw/t1418250. shtml.

进一步发展，消除所谓"中国抢占美国后花园""中国对拉美新殖民主义"等负面看法的影响，将中拉关系与中拉整体合作放大到"命运共同体"的国际大环境中，根植于对新的国际政治经济秩序的共同诉求，将是更加有利于中拉关系发展与合作的路径。

委内瑞拉危机的发酵、应对与影响

张芯瑜[①]

摘　要：委内瑞拉经济在经历三年负增长后，在 2017 年持续走低，这样的经济状况与其经济政策有着较为密切的关系。为了应对通胀、稳定汇率，委内瑞拉政府出台了一系列新的经济政策。伴随经济持续下滑的是该国日趋激烈的"府院相争"。马杜罗政府成功召开制宪大会，反对派抗议不断。委内瑞拉危机遭到了地区国家的关注和域外大国的干涉，其中拉美国家对此态度泾渭分明。委内瑞拉国内经济、政治及社会各种问题交织，未来发展依然困难重重，未来经济发展不仅受国际能源价格和能源格局影响，还受到其国内经济政策和政治局势的影响。

关键词：委内瑞拉；经济危机；中委关系

2017 年，当拉丁美洲和加勒比地区大部分国家开始结束长达五年的经济萎缩期，实现经济回温时，委内瑞拉依旧笼罩在经济衰退的阴影里。根据联合国拉丁美洲和加勒比经济委员会（CEPAL）发布的报告，委内瑞拉 2016 年经济增幅为 -9.7%，预计 2017 年为 -7.2%。伴随经济持续下滑的是该国日趋激烈的"府院相争"。自 2015 年委内瑞拉反对党联盟赢得议会多数席位后，总统马杜罗与反对派之间的冲突愈演愈烈。而与此同时，委内瑞拉社会被进一步撕裂，暴力和骚乱事件频发，大部分民众陷入贫困。委内瑞拉政治、经济、社会危机的交织与发酵，引起了地区及国际社会的广泛关注。

一、经济持续走低及新经济政策的出台

在经历 2008 年全球经济危机后，世界大多数国家采取了扩大公共开支、刺

---

① 张芯瑜，中国社会科学院拉丁美洲研究所博士生，研究方向：拉美政治、中拉关系。

激消费、鼓励私有经济发展等宏观经济措施，但委内瑞拉则采取"逆行"的措施，于 2009 年实行了提高附加值税、缩减公共开支、减少进口项目的外汇支出等紧缩措施，从而导致该年经济下滑度达到 3.3%（见图 1）。到了 2010 年，该国经济发展仍不见乐观，国内生产总值为 1.4% 的负增长。直到 2011 年，委内瑞拉经济增长急速回升为 4.2%，此后经济增速放缓，一直到 2012 年底，经济增长率达到 5.6%。但好景不长，委内瑞拉经济在 2013 年遭遇急速下滑，下滑度达到 4.3%。但从 2013 年起，委内瑞拉经济增长结束与拉美地区增长率"逆行"的态势，恢复为同该地区"同向"增长趋势（见图 1）。此后，委内瑞拉连续经历了三年的负增长率。根据 CEPAL 预测，2017 年该国经济还将持续走低，增长率为 −7.2%。

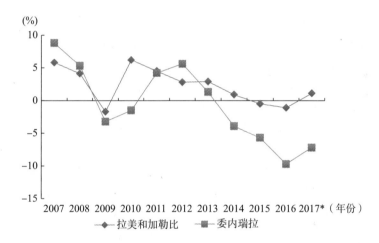

图 1　2007~2017 年拉丁美洲及加勒比地区与委内瑞拉 GDP 增长率

注：＊为预测数据。

资料来源：Estudio Económico de América Latina y el Caribe 2017，CEPAL.

委内瑞拉经济持续走低，与其经济政策有着较为密切的关系。首先是持续的扩张性财政政策和货币政策。从 2011 年起，委内瑞拉政府开始推行扩张性的财政政策和货币政策。在 2010~2011 年间，狭义货币（M1）供应量增长了 56.7%，广义货币（M2）供应量增长了 53.6%。为了保持经济的增长率和满足国内需求，2013 年委内瑞拉继续实施扩张性的货币政策，M1 和 M2 分别年平均增长了 64% 和 63%。① 此后扩张性货币政策更是一发不可收拾。2016 年该国本币

---

① Balance preliminar de las economías de América Latina y el Caribe（Venezuela）2013，CEPAL，noviembre de 2013.

M2 激增了 384%，创下自 1940 年有纪录以来最快增速，同期美国 M2 增幅仅为 5.5%。同前一年相比，2016 年委内瑞拉基础货币投放量增长率为 207.6%，而在 2017 年上半年，基础货币增长率高达 462.1%，其中 M1、M2 年增长率分别为 341.8% 和 337%。[①] 大量投放的基础货币激发了汇率的暴跌和通货膨胀预期。2015 年，委内瑞拉通货膨胀率已高达 180.9%，而前一年仅为 68.5%。2016 年，委内瑞拉政府报告国际货币基金组织（IMF）的通货膨胀率为 254.9%。CEPAL 预测，2017 年委内瑞拉的通货膨胀率仍将呈三位数字。但国际货币基金组织预计，今年该国通胀率将增至 1660%，明年将攀升至 2880%。

其次是单一的产业政策，也就是对石油产业的完全依赖。委内瑞拉政府的财政收入主要来自于石油部门。特别是查韦斯上台后，为了施展自己的政治发展理念，重新对石油产业设立一系列立法条款，实现了委内瑞拉石油"主权化"和"政治化"。其中，委内瑞拉国家石油公司（PDVSA）提供给委内瑞拉政府的资金占到该国政府财政收入的一半。委内瑞拉政府通过三种方式分配石油企业所获利润：一是征收补贴；二是征收税款；三是获取股息。这使委内瑞拉政府拥有了很大的自主权，可以根据政府政策需要决定和 PDVSA 的利润分配比例。然而由于技术落后、设备老化、管理不善等问题，委内瑞拉的原油产量出现了下滑趋势。当大多数石油输出国组织成员都在大力提升原油生产时，根据标普环球普氏的估计，2016 年 6 月间委内瑞拉的日产量大概只有 215 万桶，相比前一年减少了 9.1%，创下了 2003 年 12 月以来的最低纪录。此外，从 2014 年起委内瑞拉首次进口石油，用轻质原油稀释本国超重原油。[②] 近五年来，为了稀释乌戈·查韦斯石油带（即以前的奥里诺科石油带）生产的超重原油，委内瑞拉平均每年花费 260 亿美元从国外购买轻质原油。单一的产业结构造成委内瑞拉经济发展生产效率低下、产品附加值小、市场竞争力弱等问题出现。

最后是偏松的收入分配政策。自查韦斯政府起，委内瑞拉政府极其重视其收入分配政策，将其作为国家宏观调控的目标和任务，为此重新定位了财政开支模式，把资金使用的重点转向社会投资（医疗、教育、住房、小额信贷）领域。2005 年 7 月，查韦斯政府曾利用外汇储备设立国家发展基金（FONDEN），其资金规模为 60 亿美元，主要服务于社会发展项目。马杜罗上台后延续了查韦斯时期的收入分配政策。2016 年，马杜罗政府四次提升了国内最低工资标准，五次提高了向工人发放的食品补贴。2017 年，该国最低工资标准和食品补贴在去年的基础上，继续分别提高了 260% 和 140.1%。但在国家经济急速下滑的背景下，

① Venezuela, Estudio Económico de América Latina y el Caribe, 2017, CEPAL.

② 《委内瑞拉百年来首次进口石油，用轻质原油稀释本国超重原油》，观察者网，http://www. guancha. cn/Third-World/2014_10_23_278902. shtml（上网时间：2017 年 9 月 30 日）。

大规模的支出使马杜罗政府入不敷出。2015 年，委内瑞拉外汇储备减少了 25.9%，2016 年继续削减 32.8%。2017 年上半年，该国外汇储备仅剩 100 亿美元，创下 21 年来的历史新低。

近年来为了应对通胀、稳定汇率，委内瑞拉政府出台了一系列新的经济政策。2016 年 3 月，马杜罗政府将现行官方汇率的数目从三个减少到了两个，也就是将"第一套外汇管理补充系统"和"第二套外汇管理补充系统"合并。① 今年 5 月 22 日，委内瑞拉政府又推出一套新的外汇交易系统，并宣布了交易规则。根据规定，委内瑞拉市民在这一交易机制下每季度可交易不超过 500 美元，企业可以每月交易不超过 40 万美元。这是委内瑞拉四年里第五次对外汇交易提出政策、规则。尽管如此，委内瑞拉官方汇率交易系统的汇率依然同黑市存在巨大价差。据报道，目前委内瑞拉黑市上一美元可以换约 6000 玻利瓦尔。②

为了反对马杜罗政府成立制宪会议的举动，2017 年 8 月美国总统特朗普签署行政令，宣布对委内瑞拉实施新一轮金融制裁，禁止美国金融机构参与委内瑞拉政府和国有的委内瑞拉石油公司新的债务和股权交易，禁止美方机构参与委内瑞拉公共部门现已发行的部分债券交易等。随着委内瑞拉危机日趋严重，为了应对美国的金融制裁，马杜罗总统 9 月 7 日正式宣布，委内瑞拉将弃用美元，并实施新的国际支付机制，创建包括人民币、俄罗斯卢比、日元、欧元和印度卢比的"一篮子"货币。9 月 16 日，委内瑞拉正式抛弃美元，开始用人民币计油价。

二、政治上"府院之争"引发地区关注

在 2013 年 4 月 14 日委内瑞拉总统选举中，已故总统查韦斯指定的"接班人"尼古拉斯·马杜罗以 1.5 个百分点的微弱优势险胜反对党联盟候选人恩里克·卡普里莱斯。这样的选举结果显示了该国国内存在严重的社会分裂。马杜罗

---

① 委内瑞拉 2003 年起开始实施严格外汇管制。为应对通胀、稳定汇率，委内瑞拉政府曾实行 3 轨外汇机制。第一个汇率（DIPRO）是由国家外贸中心提供给国企、医疗和外交领域人员等，用于进口食品和基本生活用品，汇率最低；第二个汇率是"第一套补充性外汇交易机制"（DICOM I），主要为出国公民、航空业和部分制造业提供外汇，汇率略高于前一个；第三个汇率是"第二套补充性外汇交易机制"（DICOM II），由央行根据外汇供求行情制定每天的汇率牌价，委内境内所有法人和自然人只要在该国银行开设有美元账户，都可通过该系统以拍卖的方式进行外汇现金或债券交易，该汇率是浮动的。2015 年又推出了附加货币体系，用于购置非必需品的外交交易。

② 《四年调整五次，委内瑞拉宣布新外汇交易机制》，新华网，http：//news. xinhuanet. com/world/ 2017-05/26/c_129618895. htm（上网时间：2017 年 9 月 30 日）.

上台后，由于内部分裂愈加严重和广泛，被石油捆绑的经济形势日益严峻，外加马杜罗的国家治理能力乏善可陈，委内瑞拉国内出现严重的物价飞涨、物资短缺及治安恶化等问题。2015 年 12 月，委内瑞拉反对派政党联盟在议会选举中赢得了 2/3 以上席位，实现了对议会的控制。此后，马杜罗政府与反对派陷入了激烈的"府院之争"。委反对派不仅通过议会频繁否决政府的决策、调查政府高官，还在 2016 年发动了声势浩大的罢免公投。但最后国家选举委员会以反对派征集的签名涉嫌造假展开调查，有效迟滞了罢免公投进程。

2017 年 5 月，马杜罗宣布启动的制宪大会，成为能否压制议会的关键之战。反对派不断向马杜罗政府施压，试图迫使其停止制宪大会进程，其中包括反对党联盟 7 月 16 日举行的反对制宪大会的"全民公投"。虽然此次公投不具有法律效应，但其结果显示了委内瑞拉民众不满情绪的加剧，给马杜罗政府带来了更大的国内国际舆论压力。但由于存在意识形态和政策差异，委内瑞拉制宪大会选举结束后，拉美国家对此态度泾渭分明。

由古巴、玻利维亚、厄瓜多尔等左翼国家组成的美洲玻利瓦尔联盟，对委内瑞拉制宪大会的选举表示祝贺，称其成立是"主权行为"，并呼吁通过对话"促进委国政治、经济稳定"。而 8 月 8 日，秘鲁、巴西、阿根廷、墨西哥等 17 个美洲国家的外长或代表在秘鲁会晤后，发表了联合声明，称不承认委内瑞拉新成立的制宪大会。而早在 2016 年，美洲国家组织就开始以委内瑞拉破坏民主制度为由，积极推动该国政权的更迭。委内瑞拉制宪大会成立后，南方共同市场（以下简称"南共市"）创始国阿根廷、巴西、巴拉圭和乌拉圭在巴西召开了紧急会议，称委内瑞拉触犯了南共市有关成员国和联系国民主承诺条款，决定无限期中止该国成员国资格。那么，为什么查韦斯执政时委内瑞拉被质疑民主性，能被批准加入南共市，而马杜罗政府被指责破坏民主秩序时，却被南共市无限期中止成员国资格？这样的结果不仅取决于委内瑞拉自身的民主状况，也取决于当前拉美政治格局的"左退右进"。

随着阿根廷、巴西右翼政党上台执政，拉美结束了长达十六七年的左翼执政周期。南共市是第一个完全由发展中国家组成的共同市场，也是南美地区最大的经济一体化组织。委内瑞拉前总统查韦斯在 1999 年上台之初，就表达了加入南共市的愿望。2006 年，南共市成员与委内瑞拉签署了"入市协议"。但根据该组织宪章《亚松森条约》规定，该协议需经各成员国议会批准方能生效。阿根廷、乌拉圭、巴西议会先后批准了委国的"入市协定"，但由于巴拉圭议会受右翼红党控制一直拒绝批准该协议。在僵持了数年之后，委内瑞拉的"入市"问题因巴拉圭左翼总统卢戈的弹劾案发生了戏剧性变化。2012 年 6 月卢戈被弹劾下台，南共市即刻做出决定，鉴于巴拉圭民主秩序已遭到破坏，中止巴拉圭在南共市的成员国资格。同年 7 月，委内瑞拉正式被批准成为其第五个成员国。随着拉美国家政治格局的变动，南共市此前的左翼共识渐行渐远。2016 年 8 月，阿根廷、巴西和巴拉圭的右翼势力，以委内瑞拉未履行南共市有关经贸和人权保护方面的协定，通过了有关"否决"委内瑞拉轮值主席资格的声明。该年 12 月，南共市再次以未履行经贸协定和破坏民主秩序为由，决定中止委内瑞拉的成员国资格。

随着民主观念在拉美大陆深入人心，民主化也成为参与一体化的基本条件。从 20 世纪 80 年代起，民主化条款就是一些拉美地区一体化组织条约的必备条款。[①] 最早号召对委内瑞拉危机中人权和民主问题进行集体干预的地区组织是美洲国家组织。成立于 1948 年，美洲国家组织成为世界上第一个专门建立民主促进机构的多边组织。1990 年，美洲国家组织通过了第 1063 号决议，成立了维护民主制度、推进民主进程的机构——"民主促进工作组"。2001 年 6 月，在美洲国家组织第 28 次特别会议上，与会的 34 国外长一致通过了《美洲民主宪章》，主张建立民主保护机制，成为美洲国家组织促进西半球民主的行动指南。

2016 年 5 月，美洲国家组织秘书长路易斯·阿尔马格罗（Luis Almagro），引用了《美洲民主宪章》的第 20 条，要求该组织召开常任理事会会议，同时还提交了一份关于委内瑞拉侵犯人权和民主的综合评估报告。尽管《美洲民主宪章》作为一种长效机制，其主要作用是保护遭遇政变的当政者，但如果当政者自己违反了民主，秘书长或者任何一个成员国都可以召集举行常任理事会会议。阿尔马格罗的呼吁受到了一些国际组织的关注，比如人权观察组织、国际危机组织等，并在拉美地区范围内引起了激烈的讨论。但由于当时在美洲国家组织内支持暂停委内瑞拉成员资格的国家并不占多数，阿尔马格罗的倡议并未能付诸实践。

事实上，在委内瑞拉危机发酵的前期，由于受各自国内事务的牵制，拉美主要国家对委内瑞拉局势都怀揣"鸵鸟心态"：国内政局的不稳定是巴西总统特梅尔对委内瑞拉问题避而远之的主要原因，此外其新外长何塞·塞拉（José Serra）打算在 2018 年第三次竞选总统职位，也不愿意卷入会产生负面影响的事件；阿根廷右派总统马克里 2015 年上台后也在委内瑞拉问题上采取了较为温和的立场，因其前外长苏珊娜·马尔科拉（Susana Malcorra）作为 2016 年联合国秘书长候选人，更主张通过对话解决委内瑞拉危机，而不是施压或者威胁；乌拉圭则是因为在其左翼执政联盟"广泛阵线"内，既有指责马杜罗行为的保守派，也有维护玻利瓦尔革命的激进派，该国总统塔瓦雷·巴斯克斯（Tabaré Vázquez）对此左右为难。事实上，正是因为在委内瑞拉局势前地区力量曾出现真空，从而促使该国危机快速发酵，这也在一定程度上为美国强势干预委内瑞拉局势提供了正

---

① 杨建民：《拉美国家的一体化与民主化——从巴拉圭政局突变和委内瑞拉加入南共市谈起》，《拉丁美洲研究》2012 年第 6 期。

当性。

美国总统特朗普在 2016 年大选获胜后，通过一轮"电话外交"，陆续与拉美主要国家的总统进行了沟通，并且都谈到了同一个话题：委内瑞拉。由此可见，特朗普政府对委内瑞拉问题的关注。一方面，查韦斯上台后委内瑞拉是南美国家中"反美呼声最高的国家"；另一方面，无论是委内瑞拉危机造成的大量移民问题还是对地区不稳定性的影响，都成为特朗普政府向马杜罗施压的原因。此外，有美国学者指出，委内瑞拉危机是美国政府加强与拉美国家关系的契机。

特朗普上台后，美国政府对委内瑞拉政府的态度日趋强硬。特朗普政府不仅宣布了对包括马杜罗在内的委内瑞拉多名高官实施制裁，还在委内瑞拉成立制宪大会后提出，不排除对委采取军事行动。随后，拉美主要国家及地区一体化组织表达了对军事干预委内瑞拉局势的反对。美国拉美问题专家埃文·埃利斯（Evan Ellis）也认为，美国对委内瑞拉进行军事干涉是不明智的。[1] 这样的行为虽然能打击马杜罗政府，但也会在拉美民众中唤起对美国的不信任和更加强烈的反美情绪。

三、委内瑞拉发展前景及影响因素

总体而言，委内瑞拉国内经济、政治及社会各种问题交织，未来发展依然困难重重。从长期来看，在国际经济发展逐渐复苏和国际油价缓慢上涨的大背景下，如果委内瑞拉政府能吸取之前导致宏观经济形势错综复杂的教训，并且调整单一的产业结构，委内瑞拉经济发展可能会稳定并缓慢上升。但在短期内，如果委内瑞拉政府不能抑制攀升的通货膨胀率，反而继续对经济行政化和官僚化的干预，导致货币大幅贬值，外汇储备继续减少的话，委内瑞拉甚至可能出现更为严重的经济崩溃。影响未来经济发展的因素主要包括以下几点：

首先，由于客观的自然资源条件和长期单一的石油经济结构，委内瑞拉未来经济发展受国际能源价格和能源格局影响较大。根据 2017 年美国能源信息署预测，随着世界经济的复苏，2016～2040 年全球能源消费总量将提升 5%。在高油价的情况下，2016～2040 年全球原油价格或将上涨至 226 美元/桶。[2] 委内瑞拉约 95% 的外汇收入源于石油出口，而对美国出口量约占其出口总量一半。近年来，

① R. Evan Ellis, The Collapse of Venezuela and Its Impact on the Region, Military Review, July-August 2017.

② U. S. Energy Information Administration, Annual Energy Outlook, 2017.

美国对委内瑞拉石油进口依存度已逐年降低，在 2011 年 12 月已创下了自 1996 年以来美国向委内瑞拉进口原油量的最低水平。虽然美国对委内瑞拉石油的进口量有所减少（见图 2），但美国同样很依赖委内瑞拉原油，委内瑞拉是其仅次于沙特和加拿大的第三大原油供应国。这也是美国特朗普政府迟迟未对委内瑞拉原油行业进行制裁的原因。事实上，随着新技术的应用，美国在油砂、合成石油及页岩气资源领域的开发不断取得突破。根据美国能源局估计，美国石油进口量在逐渐减少，到 2026 年该国将成为能源净出口国家。而在今年 5 月，中国一举超过美国成为了全球最大的石油进口国。近年来中国对委内瑞拉石油的进口量在逐渐增长（见图 3）。根据美洲对话组织统计，自 2007 年成立"中委联合融资基金"（以下简称"中委基金"）以来，中国已向委内瑞拉提供了总额超过 600 亿美元用石油作担保的贷款，并通过其他合同和投资交易另行提供了数百亿美元（详细数据见表 1）。委内瑞拉将通过长期向中国输出石油来偿还贷款。

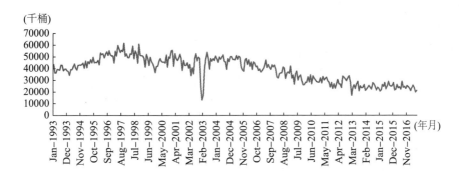

图 2　1993~2017 年美国对委内瑞拉石油进口量

资料来源：美国能源信息署。

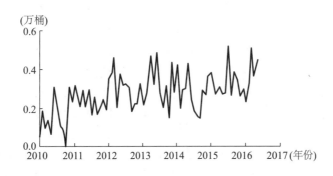

图 3　2010~2017 年中国对委内瑞拉石油进口量

资料来源：《中国海关统计年鉴》。

表 1　2007~2016 年中国向委内瑞拉贷款情况

时间	类型	目的	供款方	数额（美元）
2007 年 11 月	能源	中委基金	国家开发银行	40 亿
2009 年 4 月	能源	中委基金	国家开发银行	40 亿
2009 年 12 月	矿业	矿业项目贷款	国家开发银行	10 亿
2009 年 12 月	能源	无数据	中国进出口银行	5 亿
2010 年 5 月	其他	贸易相关的贷款	国家开发银行和葡萄牙圣灵银行（BES）	11 亿
2010 年 8 月	能源	中委基金	国家开发银行	203 亿
2011 年 6 月	能源	中委基金	国家开发银行	40 亿
2011 年 11 月	能源	Abreu e Lima 炼油厂	国家开发银行	15 亿
2012 年 2 月	能源	购买石油相关产品	国家开发银行	5 亿
2012 年 8 月	能源	中委基金	国家开发银行	40 亿
2013 年 9 月	矿业	Las Cristinas 金矿	国家开发银行	7 亿
2013 年 9 月	基础设施	委内瑞拉石化公司海运码头	中国进出口银行	3.91 亿
2013 年 11 月	能源	中委基金	国家开发银行	50 亿
2014 年 7 月	基础设施	中委基金	中国进出口银行	40 亿
2015 年 4 月	能源	中委基金	国家开发银行	50 亿
2016 年 11 月	能源	中委基金	国家开发银行	22 亿

资料来源：美洲对话组织 China-Latin America Finance Database。

其次，从中短期发展来看，委内瑞拉未来经济发展受经济政策的稳定性影响较大。由于委内瑞拉经济政策具有不稳定性，导致了宏观经济增长波动较大、通货膨胀严重、汇率变化大及资本匮乏等问题。从 2007 年开始的全国范围内的国有化浪潮，损害了不少企业家的利益。同时，委内瑞拉还加强了对外资准入的限制并颁布了对外资的一系列苛刻的约束条件，严重挫伤了外国企业投资的积极性。马杜罗上台后，不断收紧"新国有化"政策，导致委内瑞拉国内投资环境进一步恶化及资本大量外逃。据世界经济论坛《2017—2018 年全球竞争力报告》显示，委内瑞拉在全球竞争力 137 个经济实体中，排名第 127 位。在世界银行 2017 年公布的全球 190 个国家营商便利指数（Ease of Doing Business Index）中，委内瑞拉排名第 187 位。在 32 个被统计的拉美国家排名中，委内瑞拉的创业指数、商业税收指数和跨国贸易指数等皆为地区排名最后一名。此外，根据美国智库传统基金会公布的 2017 年《经济自由度指数》报告显示，在参评的全球 180

个经济体中，委内瑞拉排名第 179 位，在拉美地区 33 个国家中排名第 32 位。委内瑞拉经济长期呈现出外债高、消费高、储蓄少的特点，因此，外资的缺乏必然会影响委内瑞拉未来经济的稳定。

最后，委内瑞拉未来经济发展受国内政治和社会因素影响较大。2017 年 7 月 30 日，委内瑞拉举行了制宪大会选举，并在次月 4 日成立了制宪大会，以重新制定国家宪法。自 2015 年委内瑞拉反对党联盟赢得议会多数席位后，该国"府院之争"日趋激烈，反对派煽动民众抗议马杜罗政府，至今其国内街头抗争活动仍未平息。此外，该国经济走势低迷、市场物资匮乏加重了人们对马杜罗政府的不满。与之相伴随的还有国内治安环境的恶化，绑架、抢劫、凶杀等暴力犯罪事件数量不断上升，委内瑞拉成为全球最暴力的国家之一。因此，执政党与反对派之间的谈判、政府管理方式、廉洁程度及社会政策等议题将影响着委内瑞拉未来的经济发展。

巴拿马媒体看中巴建交

陈　星①

摘　要： 北京时间2017年6月13日中华人民共和国宣布与巴拿马正式建立外交关系。建交的谈判工作高度保密，消息一公布，巴拿马媒体迅速做出反应。本文筛选了巴拿马六家媒体的53篇新闻语料进行内容分析，试图揭示巴拿马本国、中国、中国台湾地区、美国及其他中美洲国家对中巴建交的态度和立场。

引　言

北京时间2017年6月13日中国外交部部长王毅与巴拿马共和国副总统兼外长德圣马洛签署了《中华人民共和国和巴拿马共和国关于建立外交关系的联合公报》。在此公报中，"巴拿马共和国政府承认世界上只有一个中国，中华人民共和国政府是代表全中国的唯一合法政府，台湾是中国领土不可分割的一部分。巴拿马共和国政府即日断绝同台湾的'外交关系'，并承诺不再同台湾发生任何官方关系，不进行任何官方往来"②。自此，中国和巴拿马正式建立大使级外交关系，巴拿马成为第175个与中国建交的国家。巴拿马总统巴雷拉也于巴拿马时间2017年6月12日晚8时通过电视和广播宣布了此消息。与此同时，随着巴拿马与台湾当局断交，目前世界上还有20个国家与我国台湾地区保持"外交"关系，其中拉丁美洲和加勒比地区的国家占11个。

---

① 陈星，广东外语外贸大学西班牙系讲师，广东外语外贸大学外国文学文化中心在读博士生。
② 陈小茹. 中国与巴拿马正式建交，"断交"冲击台湾当局 ［N］. 中国青年报，2017-06-14（6）.

一、巴拿马概况

　　巴拿马共和国位于中美洲的东南部，北临加勒比海，南濒太平洋，东连哥伦比亚，西接哥斯达黎加，领土面积 75000 多平方公里，巴拿马海峡连接着南美洲与中美洲大陆。巴拿马大运河贯通大西洋与太平洋，有"世界桥梁"的美誉。2016 年 6 月其拓宽工程举行了竣工启用仪式，其承担着全世界 5% 的贸易货运量，美国与亚洲之间贸易货运量的 23% 都需要通过这条运河。巴拿马独特且重要的地理位置使它很早就成为世界各种文化的交融地，同时也是海上贸易和金融中心，是西半球最重要的仓储和物流中心之一，来自世界各地的上万艘大型船只在巴拿马注册登记。科隆自由贸易区是拉美地区最大、世界第二大的免税贸易区。贸易区内货物进口自由，无配额限制，不缴纳进口税；货物转口自由，也无须缴税。贸易区内的企业除不受产品配额限制外还享受关税优惠政策。

　　2016~2017 年度世界经济论坛推出的《全球竞争力报告》中，巴拿马在拉美和加勒比地区仅次于智利（第 33 位），位于第 42 位，比上一年度上升了八个位置。"整体指标上升最快，在宏观经济环境、产品市场效率、金融市场发展和商业精细化程度等领域均走在前列。"[1]世界银行的数据显示，巴拿马是中美洲地区国民生产总值最高的国家，属于中高收入国家。它还因其宽松的税收政策、安全稳定的政治经济环境等原因成为拉美地区最受欢迎的投资移民国之一。巴拿马贸易常年存在巨额逆差。2016 年出口 6.36 亿美元，进口 116.97 亿美元（不含科隆自由贸易区），主要出口产品为金枪鱼、虾、鱼粉、咖啡、香蕉等，主要进口石油产品、药品、食品等。

二、中巴关系及中巴建交的背景

　　中国与巴拿马的历史联系可以追溯到 160 多年前。"据英国政府移民档案记载，1852 年曾有 300 名中国契约劳工从中国南方沿海地区乘船前往拉丁美洲的新

---

　　① 2016~2017 年全球竞争力报告［R］.译丛.2016 年 12 月 12 日第 47 期（总第 283 期）。

格拉纳达，途中有 72 人死亡；1853 年有 452 名中国劳工再度赴新格拉纳达，途中有 96 人失踪。史学家认为，中国人当时前往的新格拉纳达正是今天的巴拿马。这是可查的中国人最早前往巴拿马的文字记载。"①十余万华人劳工参与了巴拿马两洋（连接太平洋和大西洋）铁路和巴拿马运河的建设，工程繁重、环境恶劣、报酬低廉，生活苦不堪言，大批劳工不堪重负客死异乡。1992 年巴拿马政府为缅怀为修建造福巴拿马人民的两项重大工程而做出巨大贡献和牺牲的华人劳工建造了纪念碑。工程结束后，华人劳工们大都留在了巴拿马，他们通过自己的劳动开始经营小本生意，开杂货铺、小饭馆、洗衣店、五金店、手工作坊等，逐渐融入并开始了新的生活。他们的后代完全融入了当地的生活，除了经营传统行业外，相当一部分进入了专业领域，如法律、金融、医学等，为巴拿马的经济发展添砖加瓦。目前，巴拿马的华人约 20 万人，占总人口的 5% 左右，是中美洲华人最多的国家。2004 年，巴拿马国会通过政府的特别提案，将每年的 3 月 30 日定为"华人日"。华人们成立了各种社团 40 多个，组建了巴拿马中华总会，一方面互助互利，共同维护和保障当地华人的权益；另一方面积极推动中国政府和巴拿马政府的联系，成为两国政府之间的桥梁，是民间外交的重要力量。2001 年成立的巴拿马华侨华人中国和平统一促进会以"反独促统"为口号，努力增强当地华人华侨的爱国观念，抨击"台独"言论与行为，积极与巴拿马政府对话，全力支持和努力促成两国外交正常化。

在过去的 160 余年里，中巴两国虽未建交，但是经贸合作不断，发展速度迅猛。正是存在经济上的彼此需求，才会促使双方重新考量两国的邦交。据新华社的报道，1986 年 12 月 3 日，在巴拿马首都巴拿马城举办的第四届中国出口商品展览会上，中国工艺品、纺织、地毯、拖拉机等产品引起观众的极大兴趣，许多商品被订购一空。自 1994 年起，中方每年都会派出代表团参加巴拿马国际贸易博览会。自 1996 年起，中国和巴拿马开始在首都互设贸易发展办事处。2017 年，有近百家中国企业参加国际贸易博览会，参展企业数量、参展人数和展位数量均列各国之首。②中国海关总署统计，2016 年中巴贸易额 63.83 亿美元，其中中国主要出口轻工和纺织品、燃料油、橡胶和塑料鞋、计算机和通信产品等，出口额 63.46 亿美元，进口额 3800 万美元，主要进口鱼粉、废金属、水泥和皮革等。目前，包括中国银行、华为、中兴、中国铁建、中水电等 30 余家中国企业在巴拿马有投资项目，并成立了巴拿马中国企业商会。巴拿马总统巴雷拉在 2017 年 6 月 12 日宣布中巴建交的电视讲话中说道，中国在巴拿马经济发展中一直扮演着重要角色，目前，中国已经成为巴拿马运河的第二大用户，以及巴拿马科隆自由贸易区第一大货物供应国。同时，巴拿马也已经成为众多中国大型企业进入美洲市场的重要门户。务实的巴拿马政府认为此时是与中国建交的最好时机。

中巴建交前，两国政府机构、企业代表和民间团体之间的交往也从未间断。中方的主要事件有：1973 年中国新华社在巴拿马设立分社；1984 年中国经济贸易代表团访问巴拿马，并在科隆自由贸易区设立拉美中国贸易中心；1986 年全国人大代表团访问巴拿马；1989 年时任中国驻哥伦比亚大使王嵎生以私人身份访问巴拿马，讨论两国建交问题；进入 21 世纪，中国致公党、中远集团、中国银行、中国船级社、国务院侨办、中国人民外交学会、中国贸促会、对外友协等单位相继访问巴拿马等。巴方的主要事件有：1973 年巴拿马工商部长访华，与周恩来总理会见；1975 年巴拿马国家银行总经理访华，受到李先念副总理的接见；1976 年巴拿马工商贸易代表团和巴拿马经济部长先后访华；1981 年巴拿马水利资源和电力委员会主任访华；1986 年和 1987 年巴拿马议会代表团两次访华；进入 21 世纪，巴拿马运河局主席、巴拿马前第一副总统兼外长、巴拿马科隆省省长、巴拿马中友协主席、巴拿马前总统先后访华等。

促使巴拿马决心与台湾当局断交而与中国建交的还有一个外部原因，哥斯达黎加的经验让巴拿马政府看到了和中国建交后的广阔而光明的前景。2007 年中哥建交后，两国贸易取得了长足的发展。2010 年，两国签署了自由贸易协定。2016 年，中哥双边贸易额达 21.92 亿美元，较建交前增长了超过一倍。目前，中国是哥斯达黎加的第二大贸易伙伴，哥斯达黎加是中国在拉美地区的第九大贸易伙伴。双方在石油炼化、通信、水电站建设等领域已经开始了实质性的合作。

三、巴拿马媒体对中巴建交的报道

历史上曾出现了几次中巴建交的契机，但是由于各种原因均宣告搁浅或破产。现任巴拿马总统在接受中国中央电视台的采访时表示早在 2010 年竞选时就公开表示，如果当选，将寻求同中国建交。虽然巴拿马政府一直在为达成这一目标而努力，但是此次建交的谈判工作是在高度机密的情形下进行的，巴方仅总统、副总统、一名副外长与一名外交部行政人员知情。最终是由巴拿马总统巴雷拉通过电视和广播向巴拿马人民和全世界宣布了这个消息。消息一出，引起了各方的震动。巴拿马各媒体也迅速做出了反应，通过各种渠道挖掘消息，从不同角度和立场进行了报道，对与事件直接相关的各方也进行了追踪报道。我们选取了巴拿马六家报刊 2017 年 6 月 12 日至 6 月 15 日的相关报道进行分析，试图揭示巴拿马媒体对中巴建交的态度。

（一）研究对象

我们选取了巴拿马六家报刊作为研究对象，分别是 *La Prensa*、*Crítica*、*Panamá América*、*El Siglo*、*La Estrella de Panamá* 和 *Día a Día*。此六家均为在巴拿马全国发行的报刊，并都有网络版，便于收集相关报道的原始语料。我们筛选巴拿马时间 2017 年 6 月 12 日至 2017 年 6 月 15 日这一时间段的报道是基于报道的及时性、时效性与事件的最高关注度来考虑的。通过各媒体网络版的搜索引擎进行关键词 "Panamá China"（"巴拿马　中国"）搜索，我们一共获得了 53 篇新闻语料（见图 1 和图 2）。

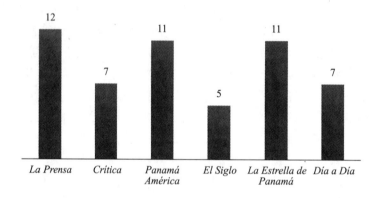

图 1　报道数量

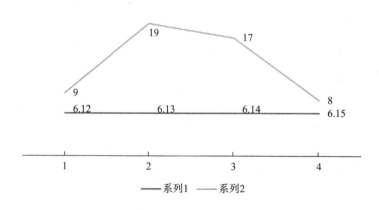

图 2　报道日期与报道数量

从图 2 我们可以发现，总体上报道数量与报道时间的比例呈抛物线形态，与媒体对新闻事件的反应速度和关注度成正态分布。在中巴建交的第二天，媒体的报道数量达到了高峰。6 月 13 日和 6 月 14 日的报道总数为 36 篇，占这四天的 68%，而且报道的角度更加全面，信息更加丰富。

　　图 3 所示是四天里六家媒体各天的报道数量。

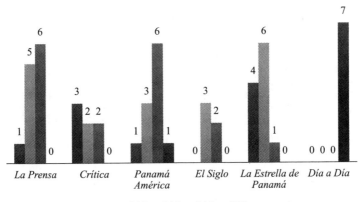

图 3　6 月 12~15 日六家媒体各天报道数量

　　在 6 月 12 日晚间巴拿马总统宣布与中国建交的消息后，*La Prensa*、*Crítica*、*Panamá América* 和 *La Estrella de Panamá* 四家媒体第一时间进行了报道。除公布这一消息外，*Crítica* 还有两篇分别关于台湾当局和北京政府对于此事件态度的报道；*La Estrella de Panamá* 也报道了台湾当局的反应。相对于其他媒体，*Día a Día* 反应较慢，关于该事件的七篇报道集中于 6 月 15 日。

　　（二）报道角度

　　综观 53 篇新闻语料，各家媒体分别从巴拿马政府、巴拿马民众（包括巴拿马华侨）、中国政府、台湾当局，甚至美国态度等角度报道了中巴建交事件。

　　1. 巴拿马政府

　　巴拿马方面是从其总统巴雷拉的电视讲话中得知中巴建交的消息的，六家媒体在报道此事件时，都引用了总统的讲话。总统称，中华人民共和国人口占世界人口的 20%，是世界第二大经济体，是巴拿马运河的第二大用户，是科隆自由贸易区货物的第一来源国，众多中国企业在巴拿马投资，与中国建交是"正确的决定"。同时，巴雷拉总统还表示，台湾当局一直是巴拿马很好的朋友，希望与台湾当局继续保持良好的经贸关系，但与中国建交是政治决定。

La Prensa 在 6 月 13 日的报道 "Los nuevos aliados"（新盟友）中提到巴拿马
驻美国前大使、巴拿马前副总统兼公共安全部前部长和巴拿马民主革命党总秘书
长对中巴建交持积极肯定的态度，认为做出这一决定有充分的理由，是明智的。
该报 6 月 14 日的报道 "Adiós, 'diplomacia de la chequera'"（再见，"支票外
交"）简单回顾了台湾当局在与巴拿马 1995 年的"外交"关系中几次较大的对
巴拿马的"经济援助"，同时指出，台湾当局的"金钱外交"造成了巴拿马政治
的腐败。对于中巴建交，该报道引用了副总统兼外长德圣马洛的话，承认一个中
国是巴拿马政府因地缘政治做出的战略决策，是在相互尊重的基础上为巴拿马人
民谋福祉。

La Estrella de Panamá 在 6 月 13 日的报道 "Después de los Tratados Torrijos
Carter es la acción diplomática más grande"（继签署《巴拿马运河条约》后最重大
的外交举措）细述了自 1979 年以来巴拿马寻求与中华人民共和国建立外交关系
的努力，认为建交后双方在投资、技术交流、旅游、贸易等领域将有更积极的
成效。

然而，*Panamá América* 在 6 月 14 日的报道 "Valera obedeció a la diplomacia
del dinero"（巴雷拉遵从金钱外交）中指出，巴雷拉与台湾当局断交是背信弃
义，是受到利益驱使，因为巴雷拉政府需要中国政府和企业的金钱支持来完成港
口建设和几项大型公共工程建设。

2. 巴拿马民众

巴拿马的华人华侨得知中巴建交的消息后欢欣鼓舞，举办各种庆祝活动。巴
拿马的企业家们也对此消息持积极肯定的态度。据 *El Siglo* 6 月 14 日的报道
"China traerá crecimiento comercial a Panamá"（中国将带来巴拿马贸易的增长），
中巴建交对于巴拿马的企业家来说，意味着贸易的繁荣（para los empresarios,
supone una bonanza en materia comercial）。

六家媒体还十分关注目前在中国台湾地区交换学习的巴拿马留学生的去留问
题，均报道了中国向巴拿马政府和巴拿马学生承诺接收目前在台湾地区交流学习
的巴拿马学生，并提供同等的奖学金和学分兑换等便利。巴拿马政府也在竭力联
系每一名在台学生，针对每个人的情况量身制定变通方案。但是，部分学生和学
生家长有所顾虑，批评政府的决策伤害到了学生的利益。6 月 15 日 *Día a Día* 的
一篇文章 "No se quieren ir"（他们不愿离开）以一名留学生为个案，报道了这
个突如其来的变化让在台的留学生紧张不安，充满了对前途的不确定性（Un
futuro educativo incierto）。

3. 中国政府

中国政府十分赞赏和感谢以巴雷拉总统为首的巴拿马政府的外交决策。*La*

Prensa 6 月 14 日的报道 "Adiós, 'diplomacia de la chequera'"（再见，"支票外交"）引用了中国驻巴拿马中巴贸易发展办事处常驻代表王卫华的话，称这是一项英明的决定（atinada decisión），将为两国经济政治的交流和合作打开一个新篇章。

Crítica 6 月 12 日的报道 "Pekín celebra los nuevos lazos"（北京庆祝新的邦交）引用了中国外交部长王毅的话，称巴拿马是拉美和加勒比地区重要的国家之一（un país de peso），中巴建交是符合巴拿马国家利益的重要决定（la importante decisión del Gobierno panameño responde plenamente a los intereses estatales de su país）。

4. 台湾当局

台湾当局的反应和态度是六家媒体关注的另一个重点，在我们收集的一共 53 篇新闻语料中有 26 篇相关内容的报道。综合来看，各媒体的报道立场基本一致，有以下几个方面的内容。

第一，台湾当局感到震惊。2016 年 6 月，蔡英文上台后，巴拿马是其以"台湾当局领导人"身份访问的第一个国家，足以证明台湾当局对巴拿马的重视程度。然而，巴拿马政府如此重大的决定和变故却没有提前通过正规的"外交"渠道与台湾当局商议。根据 *Crítica* 6 月 12 日的报道 "Taiwán indignada por'deslealtad' de Panamá"（台湾愤怒于巴拿马的背信弃义），台湾当局领导人幕僚长吴钊燮称，大概两周前，台湾当局察觉到了巴拿马变更"外交关系"的意图，但是直到巴拿马总统宣布与中国建交的当天他们才肯定了这一猜测。

第二，台湾当局感到愤怒。*La Estrella de Panamá* 6 月 12 日的报道 "Taiwán indignada por'deslealtad' de Panamá al establecer relación con China"（巴拿马与中国建交，台湾当局怒其背信弃义）称，巴拿马宣布与中国建交后，台湾当局随即发表公开声明，对于巴拿马的决定表示愤怒。一方面，指责巴拿马方面背信弃义，无视近百年的兄弟情义，屈服于中国的巨额投资，放弃了与其共同的和平、民主、自由和人权理念。另一方面，斥责中国大陆通过恐吓、收买等手段不断挤压台湾当局的国际空间，严重伤害了台湾人民的感情，但是却无法浇熄其维护民主自由的决心和民族尊严。

第三，台湾当局的行动。台湾当局为了维护尊严，立即宣布与巴拿马断绝"外交关系"，即时全面停止各项援助，撤离"大使馆"和技术团。6 月 14 日台湾当局驻巴拿马"大使馆"举行了没有任何媒体参加的私人降旗仪式。

巴拿马是蔡英文上任以来继圣多美和普林西比后第二个和台湾当局"决裂"的国家，对台湾当局无疑是一个巨大的打击。据 *Crítica* 6 月 13 日的报道 "China debilita con Panamá el bastión latinoamericano de Taiwán"（中巴建交削弱台湾当局在拉美的堡垒），淡江大学国际研究专家王高成认为，巴拿马是一个重要的国家，必须高度重视和警惕此次"断交"事件，避免引起连锁的"断交"反应。

5. 美国

美国在历史上就曾阻挠巴拿马与中国建交，此次中巴成功建交也是对美国的一个有力回击。

据 *La Estrella de Panamá* 6 月 13 日的报道 "Después de los Tratados Torrijos Carter es la acción diplomática más grande"（继签署《巴拿马运河条约》后最重大的外交举措），巴拿马国际问题专家、前巴拿马驻中国商务代表 Leonardo Kam 称，此次建交也是一个正在崛起的大国意欲取代霸权国家而不可避免的较量，其实指美国和中国之间的冲突（Una potencia hegemónica entre en choque o guerra con una potencia emergente que podría suplantarla. Refiriéndose a Estados Unidos y China.）。

6. 中美洲国家

巴拿马与中国建交后，还剩 20 个国家与台湾当局保持"邦交"关系，11 个在拉丁美洲和加勒比地区，其中中美洲的危地马拉、萨尔瓦多、洪都拉斯和尼加拉瓜影响力略胜一筹。中巴建交后，台湾当局、中国政府乃至世界的注意力将会集中在这四个国家。据 *La Prensa* 6 月 14 日的报道 "Centroamericanos mantienen alianza con Taiwán sin dejar de pensar en China"（中美洲与台湾当局维持"邦交"，但不忘与中国示好），中美洲四国不舍台湾当局的慷慨（generosidad），却又觊觎中国日益强大的经济实力和其在拉美的影响力，企图在台湾当局与中国大陆之间建立和保持一种平衡的关系。它们不可能关上与中国合作的大门，与台湾"断交"和与中国建交的可能性始终存在。

四、结　语

中巴建交是中巴两国长期历史、文化和经济联系的结果，是人心所向、大势所趋，是一个时代的终结和新时代的开启。通过对巴拿马主要媒体报道的分析，我们可以发现，巴拿马从政府到民众对中巴建交主要是持积极态度，认为此举将使两国互利合作的前景变得更加广阔，将有力地推动巴拿马经济的发展，为巴拿马争取更多的国际支持。中巴建交也同时反映了中国综合实力的提升，对其他国家的吸引力不断增强，是中国国际形象提升的重要表现。

参考文献

［1］陈小茹. 中国与巴拿马正式建交，"断交"冲击台湾当局［N］. 中国青年报，2017-06-14（006）.

［2］余熙. 华人对巴拿马发展的贡献［J］. 世界知识，2017（14）：70-71.

［3］2016-2017 年全球竞争力报告［R］. 译丛. 2016 年 12 月 12 日第 47 期总第 283 期.

［4］http：//news. ifeng. com/a/20170614/51242488_0. shtml.

"哥伦布发现美洲"是真的吗?

——评历史学家奥戈曼和《发明美洲》

陈　宁[①]

摘　要：艾德蒙多·奥戈曼是墨西哥当代最重要和最具影响力的历史学家和哲学家之一。奥戈曼以拉丁美洲学者的身份重新思考墨西哥和其他拉丁美洲国家的历史和文化身份。20世纪50年代，他针对"哥伦布发现美洲"这一历史学的传统观念提出质疑。

奥戈曼反对将美洲的出现说成是"偶然的地理发现"。他提出，"美洲"不仅是一个地理存在，更是历史和人文的存在，它的形成是一个"发明"过程，这个进程本身打破了欧洲文化的封闭和僵化。

奥戈曼的思想对拉丁美洲和非西方国家的知识分子产生了巨大的影响。奥戈曼的著作为我国拉丁美洲区域和国别研究的深入开展提供了基础，也为思考中国与西方之间的文化定位和互动问题提供了参照。

关键词：艾德蒙多·奥戈曼；哥伦布；《发明美洲》；墨西哥；拉丁美洲历史

一、引　言

艾德蒙多·奥戈曼（Edmundo O' Gorman O' Gorman）（1906~1995）是墨西哥当代最重要和最具影响力的历史学家和哲学家之一。奥戈曼以拉丁美洲学者的身份重新思考墨西哥和其他拉丁美洲国家的历史和文化身份。20世纪50年代，他针对"哥伦布发现美洲"这一历史学的传统观念提出质疑，指出"美洲"概

---

① 陈宁，广东外语外贸大学西语学院副教授，广东外语外贸大学拉丁美洲研究中心副主任。

念从 16 世纪以降才逐渐形成。在历史事实层面，哥伦布既没有意识到自己航海到达了美洲，文化意义上的美洲在 1492 年也不可能存在。针对"发现美洲"这个具有欧洲中心主义的概念，奥戈曼提出"发明美洲"的历史学观点，认为"美洲"不仅是一个地理存在，更是历史和人文的存在，它的形成是一个"发明"过程，这个进程本身打破了欧洲文化的封闭和僵化。奥戈曼的思想对拉丁美洲和非西方国家的知识分子产生了巨大的影响。

中国政府倡导合作共赢的国际关系，主张借助文明的交流互鉴，构建人类命运的共同体。党的十八届中央委员会向中国共产党第十九次全国代表大会的报告中再次强调"文明交流超越文明隔阂、文明互鉴超越文明冲突、文明共存超越文明优越"这一理念。研究奥戈曼和其他拉丁美洲当代思想家的理论，从文化和历史的角度深入理解拉美国家，是对这一指导方针的具体实践，对于国情和区域研究具有十分重大的意义。

二、艾德蒙多·奥戈曼简介

奥戈曼祖辈由爱尔兰移民到墨西哥，家族享有经济和社会地位。奥戈曼 1906 年出生于墨西哥城，父亲是一位有声望的工程师，同时还是一位画家。他的弟弟胡安·奥戈曼是墨西哥当代著名的建筑师和画家，曾设计过墨西哥国家银行、画家弗里达·卡罗（Frida Khalo）纪念故居等标志性建筑。

奥戈曼大学期间修读法律专业，毕业后成为职业律师。但是他对人文研究，特别是历史学和哲学一直保持着浓厚的兴趣，在当律师期间撰写了一部有关墨西哥土地划分的历史著作（Historia de las divisiones territoriales de México），取得了初步的学术声誉。他于 20 世纪 40 年代放弃律师生涯专心攻读人文学科，先后获得哲学硕士和历史学博士学位，之后在墨西哥大学、墨西哥大学历史研究中心、国家档案馆、墨西哥历史研究学会等高等教育和研究机构从事历史学研究，最终成为墨西哥和拉丁美洲当代最重要的历史学家和思想家。

奥戈曼的学术生涯主要集中在 20 世纪 40~80 年代，其著述涉及范围甚广。作为历史学家，他的著作涉及墨西哥土地、宗教信仰等专题的历史研究，也曾经对大量的殖民时期关于美洲的编年史进行过编辑注疏；作为哲学家，他将哲学与历史学相结合，以一种独特的角度审视和剖析墨西哥和拉丁美洲历史，对国家身份认同、克里奥尔主义（Criollismo）、美洲的哲学属性等问题进行了深刻的探讨。

奥戈曼的历史哲学思想与同时代盛行的实证主义（Positivism）研究不同，

他认为不存在历史"客观性",历史不是关于过去的存在,而是建构当下的要素。他从诠释学的角度重新审视历史文献,探讨历史对于人的现状身份形成的作用和意义。他说"真正的历史科学在于揭示我们的身份,提醒我们的存在就是历史,我们就是历史"①。

奥戈曼早年在对 16 世纪美洲编年史的注疏过程中,逐渐萌发并最终提出"美洲的'是'(el ser de América)"这个涵盖历史和哲学范畴的命题,在《美洲历史的基础》(*Fundamentos de la historia de América*,1942)和《发现美洲的概念》(*La idea del descubrimiento de América*,1951)两部著作中进行论述。1958年,他出版了最具影响力的著作《发明美洲》(*La invención de América*),从哲学本体论的角度出发,对美洲在哲学维度上的"是"进行质询和剖析。奥戈曼指出,美洲并不是一个纯粹的地理现象,而是一个逐渐形成的文化、政治概念,因此可以说美洲是欧洲文化的一个发明。这样,奥戈曼提出著名的"发明美洲"的概念,作为对"发现美洲"这一传统观念的抗辩。

三、《发明美洲》

《发明美洲》第一版以西班牙语写成,1961 年由作者本人亲自翻译出版英文版(*The Invention of America*:*An Inquiry into the Historical Nature of the New World and the Meaning of Its History*)并于 1972 年再版;在此基础上,经过再次修正与补充后,于 1976 年出版了第二版的西班牙语版。《发明美洲》的出版,尤其是以双语的形式问世为奥戈曼赢得了广泛的国际性学术影响,该著作曾被美国学者赛义德(Edward Said)、米尼奥罗(Walter Mignolo),法国学者巴柔(Daniel H. Pageaux)等引用。奥戈曼的著作既是关于拉丁美洲文化和历史研究必不可少的文献,也是后殖民研究、历史研究和跨文化研究等领域的重要参考。

《发明美洲》以对历史学中一个传统的、众所周知的观念——哥伦布发现美洲——的质疑开始,作者诘问道:"难道真的可以断定美洲是被发现的,而不会陷入荒谬吗?"他在书的开篇写道:

"以下是我们熟知的观点:哥伦布于 1492 年 10 月 12 日登上一个小岛,他误以为这个岛是日本群岛附近众多岛屿中的一个,就这样,哥伦布发现了美洲。然而,我们要问的是:究竟是他,哥伦布,确实做了那件事,还是只是现在认为他

---

① Álvaro Matute, El historiador Edmundo O'gorman(1906-1995),introducción a su obra y pensamiento histórico, Mexican Studies, Vol. 13, No. 1(Winter, 1997),pp. 1-20.

做了那件事。提出这一点至关重要，因为它直接揭示出，当历史学家们肯定'美洲被哥伦布发现'时，他们不是在描述一个无可置疑的事件，而仅仅是在根据自己的想法向我们提供一种对于一个事件，并且是一个完全不同的事件的理解方式；显然，登上一个小岛并且以为它位于日本附近，和揭示一个大陆的存在，并且这个存在出乎那个时代所有人的意料，是截然不同的。总而言之，传统观点指涉的并不是可以通过文献确知的发生过的事件，而是对于事件的一个概念。也就是说，当我们被告知哥伦布发现美洲时，言说所指的并非一个事实，而纯粹是对于那个事实的一种阐释（interpretación）。如此看来，除非懒惰或者习惯性思维，否则没有什么能够阻止我们质疑以这种奇特方式理解哥伦布在那个重大日子的行为是否具备有效性，原因在于，这个理解方式终归不过是其他众多可能的一种。"①

接着，奥戈曼进一步澄清自己的研究与实证主义历史研究的区分：

"我们的问题并非在于质疑哥伦布是否是美洲的发现者，因为这意味着接受'美洲被发现'的概念。并非如此！我们的质疑在逻辑上处于更前一个阶段，并且更具有根本性和深刻性：它问的是，到目前为止习惯上被理解为构成'美洲被发现'的那些事件，它们是否可以继续以这种方式理解下去？因此，我们将要审视的不是如何、什么时候，以及谁发现了美洲，而是'美洲被发现'这一概念本身是否可以作为理解历史事件的合理方式，也就是说，通过这个概念，是否能够对它所指涉的历史现象的整体进行没有悖逆逻辑的解释。"②

就此，奥戈曼以锐利的思想对西方历史学一个老生常谈的话题发问。在他看来，"美洲历史的根本问题在于以令人信服的方式解释美洲如何出现在欧洲文化范畴内，因为恰恰是这个问题决定了构想美洲的'是'（el ser de América）的方式，也决定了美洲的历史被赋予的意义"③。

针对"哥伦布发现美洲"这个被广泛接受的传统概念，他首先提出一个逻辑上的质问，即如果要将哥伦布定义为美洲的发现者，就必须表明，哥伦布对这个大陆的存在以及属性是有明确认知意识的；否则，就无法将地理发现归功于他。由此出发，奥戈曼首先梳理与"发现美洲"这一概念形成有关的重要文献，时间跨度包含了从16世纪初到20世纪40年代。

哥伦布本人的书信和航海日记均表明，他自始至终都将印度作为航海目的

① Edmundo O'Gorman, *La invención de América: investigación acerca de la estructura histórica del nuevo mundo y del sentido de su devenir*, México, Fondo de Cultura Económica, 1977, 2ed, p. 15. 该著作中译本即将出版。

② 同上，p. 16.

③ 同上，p. 15.

地，并且认为四次航海登上的都是亚洲大陆。其本人并没有关于"美洲"的认知，"哥伦布发现美洲"这个概念由后世的历史学家提出，与哥伦布的航海动机相矛盾。奥戈曼从哲学阐释学角度出发，认为"任何一个行为，就其本身来看，是不具备任何意义的发生"，"它是一个没有被定义的发生"，因此，我们无法断定它是什么。要使它具备意义，要使我们能够断定它是什么，必须寻求一个意图（intención）或者目的。当我们这样做的时候，行为就具备了意义。在这个过程中，人赋予行为一个本质属性，这个本质属性是在诸多其他的可能本质属性中被选择出来的。这就是阐释（interpretación），所以可以总结，阐释一个行为就是通过为这个行为给予意图的方式，赋予其一种属性（ser）。

奥戈曼指出，16 世纪的史学家如西班牙的拉斯卡萨斯神父，秉持历史由神意决定的观点，认为上帝是间接的、真正具备能力的动因；而人是直接的、工具性的动因。所以，发现美洲是实现了神的旨意，一个普通人哥伦布被神选中来奉施这个旨意。上帝赋予了他所有必需的品质以便他能实现神的旨意。

拉斯卡萨斯神父的这种神意论观点在 19 世纪德国唯心主义历史学家洪堡的笔下转变成为一个世俗版本。洪堡的思想与 19 世纪上半叶在德国占主导地位的唯心主义历史观密切相连。其基本的前提是，认为历史的本质是人类精神在理性的驱动下渐进式地、不可避免地向着自由这一终极目标行进。行进表现在科学知识缓慢但坚定的进步上，伴随着对宇宙间真理的征服，科学知识最终将赋予人关于现实的绝对认知（visión absoluta），而这是建立社会关系和未来行为准则不可动摇的基础。尽管人是靠自身，而不是靠神的介入，来完成这个历史固有的目标，以这种方式创造自己的幸福，然而，这并不意味着作为个人对于这个假设的目标一定具备认知意识，或者一定会将达到目标作为己任，因为这个目标在历史中逐步实现，并且独立于个人的意志和愿望。因此，当个人的行为作为历史进程的实现工具时，的确是有意义的。在这个有关人类进程的目的论的概念之中，一个人的行为的意义已经不仅仅局限于他行为所依据的意图，不论其具体内容是什么，只要这些意图符合历史进程，那么就有可能把这个人看作是这个行为的真正实施者。事实上，这样就能够而且应该认为这个人对于其行为的重大意义是有认知意识的，但不是作为个人，而是作为实现历史行进的固有意图的工具。洪堡将哥伦布航海置于当时欧洲渴望开辟新航路的历史环境下研究，认为哥伦布充当了实现历史进步的固有意图的工具。

1942 年出版的美国历史学家莫里森的《哥伦布传》尽管表面上是实证主义研究的典范——莫里森将哥伦布的日记和书信描述的航海路线和停泊地点在现代美洲地图上一一对证。莫里森解释说，因为哥伦布从来就没有把美洲大陆作为航海目标，甚至也不知道它的存在，所以，他完全是偶然地、凑巧发现了美洲。莫里森的《哥伦布传》影响巨大，被译成多国文字，其中包括汉语版本①，"偶然发现"说已经深深根植于普通大众的意识和历史研究的一般范畴内。然而，奥戈曼尖锐地指出：

"通过阐释将一个行为赋予属性的可能性是有限度的。事实上，必须把意图归于一个施动者，这个施动者不一定必须有能力亲自实施那个意图，因为他也可以通过别人来实施；但是，必须有能力产生那个意图，反之就陷入了荒谬之境。这样，有很多存在体（ente）可以并且已经被我们构想为能够产生意图并且能够亲自实现这些意图，例如上帝、天使、人、鬼，甚至动物；另外一些被构想为能够产生意图但不能够亲自实现它们，例如在一些哲学流派中，某些形而上的存在（entidades metafísicas），大自然或者普遍的世界历史。但是，无论如何也不可能对没有生命的实体，如几何图形、数字、物体、三角形、桌子、太阳或者大海，进行这一类构想。如果我们这样做，要么是隐喻意义上的，比方当我们说'大海不让西班牙侵略英国'的时候，要么就是我们疯了。"②

所有的行为都必须具备三要素：行为的主体、行为本身和行为的对象。在莫里森的"偶然发现"说中，行为的主体，也就是哥伦布本人的认知和意愿，以及行为本身，也就是哥伦布航海去发现未知大陆，都被排除，因此只能得出一个结论，就是意愿以内在的、固有的属性形式根植于被发现的对象。奥戈曼指出，只要略加思考，我们就会注意到，如果承认哥伦布偶然地发现了美洲大陆，是因为他登上了他认为是亚洲的海岸，也就是说，如果要求我们接受"哥伦布揭示出美洲的'是'"，而这个"是"（ser）与哥伦布实际上赋予那些土地的"是"不同，那么实质上就是在要求我们接受，当哥伦布与土地相遇时，是那些土地在揭示它们那秘密的、被隐藏起来的"是"，因为用其他的方式无法理解这个揭示如何产生。上述观点的荒谬性很明显，因为美洲大陆被偶然发现这个概念，不仅将哥伦布个人的目标和意愿排除在外，还把他转变成温驯和盲目的工具，并且已经不是历史进步进程的工具，而是实现一个纯粹的物体固有意愿的工具。如果承认这一点，无异于将历史陷于绝境，人不再是历史发生的执行者，甚至不再是唯心主义历史观所构想的一个理性秩序下的工具，而是一些无生命的物质存在进行着天知道什么的机械的进程，人是它的奴隶。

受西班牙哲学家加塞特影响，奥戈曼的历史哲学一贯主张人的生命是历史发生的意义所在，强调以人为核心的历史。加塞特的名言是"我是我和我的环境"，他针对纯粹理性（Pure Reason）提出了"生命理性"（raciovitalismo），认

---

① 中译本参见莫里森：《哥伦布传》，陈太先、陈礼仁译，商务印书馆，2014年版。

② Edmundo O'Gorman, *La invención de América: investigación acerca de la estructura histórica del nuevo mundo y del sentido de su devenir*, México, Fondo de Cultura Económica, 1977, 2ed, pp. 43-44.

为既不存在脱离于客观世界的主体，而客观世界也不会优先于主体而存在。受这一思想的影响，奥戈曼强调"人"是历史的核心，历史是人的生命的一种范式。与此同时，他认为历史并不是一种过去的存在，而是建构当下的生命属性的要素，这才是历史研究的意义所在。因此，他无情地批判"哥伦布偶然发现美洲"这个观点。

另外，作为曾经的殖民地国家的知识分子，他对欧洲文化进行了批判，指出导致"偶然发现"这个归谬的阐释过程的原因是西方思维方式中的先验主义。奥戈曼指出，先验主义至少自古希腊以来是西方哲学思想的基石，它认为事物按照一个唯一可能的典型（tipo）产生，对于任何一个主体，在任何一个地方，事物都具有一种已经事先注定的、不可改变的并且也是恒定不变的本质。根据这种认知现实的方式，在某一个具体时刻认为它是某个事物、某个存在，那么它之前一直是，并且也会无可改变的持续将是；它是永远固化了的、已成的，没有任何可能结束这个已经"是"而变成其他的。事物的"是"（ser）是个本质的东西、神秘的东西，紧密地栖宿于事物，就是它的本性（naturaleza）自身，也就是说，那个使事物成为其所是的东西。然而，当今科学和哲学的迅猛发展已经向我们展示，这种古老的本质主义的认知方式已经难以站得住脚，因为人们意识到，事物的"是"只不过是在某一个特定时刻下，从现行的现实表象（imagen de la realidad）的广阔范围之中，赋予的一个意义。换句话说，事物的"是"并非它们自身拥有的，而是被赋予的、被给予的。

奥戈曼讨论了哲学的先验主义对地理学的影响。古典地理学和基督教地理学将未被海洋淹没的、适合人类居住的地方称为"陆疆"（orbis terrarum）或者"地岛"（Isla de la Tierra），并将其定义为"我们的土地"，以区别于有可能在大洋中存在的"他者的土地"（orbis alterius）。就算他者的土地被居住，那些生物也不能算作人类，关于它的研习与地理学无关，而是归属于宇宙结构学家。最后，甚至地岛也不全部都是适合居住的"世界"，因为有一部分是不适宜居住的，但并不是在我们今天所赋予的相对意义上，比如，沙漠或者沼泽地带不适合居住，而是绝对意义上的。在那些区域，有一些宇宙的条件，人是无法改变的，因为它取决于宇宙自身的结构。

另外，根据古典学说中的"自然位置"理论，人的自然位置是地球，所以世界只能居于地球。在这个前提下，宇宙间其他的事物对于人而言必将是奇怪的、陌生无关的；它们永远不可能以任何方式成为世界的一部分，相反，它们作为无可逾越的边界将世界以绝对的方式限定起来。这个思想体现在对于大洋属性的构想上。大洋是可触摸感知的敌对，它是宇宙现实的异体，是地岛的边界，它不属于世界，因此，君王们的主权不能在那里行使。大洋不仅是世界的尽头，还是一个永恒的威胁，它本来应该淹没整个地球表面的。所以，世界的存在依赖于对于宇宙秩序的破坏，在这个意义上，容纳世界的地岛是宇宙无暇之躯上的一个污迹。它是大自然对于一个不合理事物的容忍，或者像基督教认为的那样，是上帝仁慈的赐予。世界不是人的，也不为人所存在；它是上帝的，为上帝存在。所以人像房客或者仆人一样生息于世界。

这个世界观包含着一种被封闭而且无力打破的感受。然而，人关于世界的构想取决于人对自身的构想。当人把自己构想为根据一个事先的、不可改变的模式创造而成的，那么也必然将世界勾勒为同样不可改变。相反，如果人不再认为自己是一成不变的，而是"'是'的可能"（posibilidad de ser），则宇宙对于他也不再有不可逾越的边界，不再是陌生而无关的事物，而是一片广阔无垠的、有待征服改造的区域，是人的努力、技艺和想象的成果。世界远远不是一个被大洋四面环绕的孤岛，而是坚实的大地，其边界在不断的征服中得以扩张，是一个正在形成的世界、一个时常如新的世界。

在此前提下，与"发现美洲"的传统说法相对立，奥戈曼提出"发明美洲"的观念，指出这个"发明"的过程本质上是赋予那块新的大陆一个"是"、一个属性的过程，同时也是打破欧洲文化中一元的、神宠主义的世界观，解构欧洲文化普遍主义的过程，是历史转向开放的、多元文化的、以人的实践认知为核心价值的过程。

奥戈曼思考美洲属性的另一个焦点是南美和北美的差异问题。在《发明美洲》1978年第二版的第四部分，他对这个问题做了纲要性的简略论述。1978年奥戈曼出版了《墨西哥历史的创伤》（México. El trauma de su historia）一书，集中论述了北美洲和南美洲的文化、政治差异，同时深度探讨了墨西哥如何在受北美洲推动的现代化进程中保持自身的文化传统和身份认同。[1]

四、结　语

对于今天的学者而言，奥戈曼的观点具有以下启发性：首先，奥戈曼以历史研究为出发点，重新强调了美洲的文化属性，美洲不是一个单纯的地理概念，而是具有历史和人文的纬度。奥戈曼站在欧洲文化之外的视角思考美洲历史，试图厘清西方在普遍主义思想之下如何建构美洲身份，以及美洲对自身身份进行的抗

① Charles A. Hale, Mexican National History and the "Great American Dicothomy", Journal of Latin American Studies, Vol. 36, N. 1, (Feb. 2004), pp. 131–145.

辩证性话语建构，通过这种方式重新建构"去中心化"的历史。奥戈曼的研究对于陈述位置的去中心化做出巨大贡献并因此引领拉丁美洲哲学家和学者对于现代性/后殖民的思考，尤其质疑以欧洲文化的普遍主义作为陈述位置提出的所谓现代性，并从不同的研究角度对这种现代性进行批判和反思。在这个意义上，奥戈曼学术思想引领了拉美学术中陈述位置（locus enuntiationis）的去中心化思潮。拉美学者以非欧洲文化的观点进行研究和批判，挑战欧洲文化导致的理解主体的普遍主义①。

上述思潮的成果体现之一是后殖民陈述位置的凸显。奥戈曼本人只是从本体论的角度梳理"美洲"这个概念在西方文化的形成，对"发明美洲"予以肯定和赞赏。但是，后来的拉美学者指出，"发明美洲"使美洲从诞生之日起就试图成为欧洲的复制品从而缺乏独立性，发明美洲的进程同时也是欧洲权利话语将美洲纳入自身的价值等级体系的一种机制，是欧洲普遍主义将差异化的美洲整合进入自身价值体系的过程。陈述位置去中心化的另一个体现是对于美洲原住民文化的重新定义。美洲原住民文化既不是殖民时期被压抑和边缘化的文化，也不是19世纪宣扬追捧的纯粹的"他者"文化，而是被定义为殖民话语的一种片段，其自身足以构成一个独特的陈述位置。

对于当代中国学者而言，奥戈曼的著作和研究方法尤其具有启发意义。首先，他的著作为我国拉丁美洲区域和国别研究的深入开展提供了基础。长期以来，我国对拉美的研究集中于政治、经济和外交政策的现状。有学者指出，中国对拉美的研究动机相当程度上不是基于全面的认识和理解，而是奉行实用主义的态度，习惯以一种集体感知的方式将拉美"问题化"和问题"拉美化"，在学界和媒体的共同推动下形成对当代拉美刻板的、标签式的印象。而中国对拉美的误读反过来又影响到自身在拉美建立积极、正面的国家形象。学者呼吁抛弃关于拉美的刻板印象，展开深层次的、全面的认识和理解②。

拉丁美洲各国既有历史和文化的共同性，又有各自复杂的特性；与此同时，它们与欧洲文化也保持着既难割舍又无法认同的关系。这些语言、文化、宗教和历史的共性与特性对现代拉美国家的政治、文化，甚至经济都持续产生着影响。在这个意义上，文化研究是国情和区域研究领域的基础研究，历史既是文化的一个重要组成部分，也是型塑现代文化的重要因素。深刻了解拉丁美洲的历史，才能更好地理解当代拉美。奥戈曼的著作为增加文化领域的深入交流提供了绝佳的

---

① 米格尼奥：《文艺复兴的隐暗面：识字教育、地域性与殖民化》，魏然译，北京大学出版社，2016年版，第21页。

② 郭存海：《中国的拉美形象构建：拉美的视角》，《拉丁美洲研究》2016年第39卷第5期，第43-58页。

契机。奥戈曼主张去中心化的、开放的历史观，作为对西方中心主义的历史话语的抗辩，反思西方普遍主义视角下对拉丁美洲进行的建构，其思维方式对于跨文化研究中的西方文化传统与中国文化的关系具有借鉴意义。

参考文献

［1］Hale, Charles A.,《Mexican National History and the "Great American Dichothomy"》, Journal of Latin American Studies, Vol. 36, N. 1, （Feb. 2004）, pp. 131-145.

［2］Matute, Álvaro, 《El historiador Edmundo O'gorman（1906-1995）, introducción a su obra y pensamiento histórico》, Mexican Studies, Vol. 13, N. 1（Winter, 1997）, pp. 1-20.

［3］O'Gorman, Edmundo, La invención de América: investigación acerca de la estructura histórica del nuevo mundo y del sentido de su devenir, México, Fondo de Cultura Económica, 2ed., 1977.

［4］郭存海：《中国的拉美形象构建：拉美的视角》，《拉丁美洲研究》2016年第39卷第5期，第43-58页。

［5］［阿根廷］米格尼奥·瓦尔特：《文艺复兴的隐暗面：识字教育、地域性与殖民化》，魏然译，北京大学出版社，2016年版（Mignolo, D. Walter: The Darker Side of the Renaissance. Literacy, Territoriality and Coloniazation, 2ⁿᵈ edition, Michigan, University of Michigan, 2006）。

巴西民族意识的形成[*]

杨　菁^①

摘　要：在中国与巴西间政治、经济、文化交往日趋频繁的当下，对于巴西的社会文化了解是两国和平共存、深化往来的前提。本文旨在梳理巴西民族身份的形成过程，探讨这一过程中折射出的民族特性及文化传统，以期加深对于现代巴西社会及文化形成的了解。

在中国和巴西两国的密切交往中，互尊互助、开放包容是民族文化差异极大的两个国家交往的前提与基础。这要求我们客观理解对方独特的民族认同形成的历史过程与机制以避免傲慢偏执的民族中心主义，寻求共存之道。而在学界热切探讨中国的外部国家形象的今天，了解巴西的民族身份及民族认同既为中国形象研究打开了更为广阔的视阈，也是中巴两国深化往来、和平共处的前提。

本尼迪克特·安德森将民族意识定义为"一种被想象的政治共同体……它被想象为本质上是有限的，同时也享有主权的共同体"^②，在他的崭新的、充满浪漫主义色彩的民族主义观点中，"想象的共同体不是虚构的共同体，不是政客操纵人民的幻影，而是一种与历史文化变迁相关，根植于人类深层意识的心理的建构"^③。它的形成"首先是认识论上的先决条件（epistemological precondition），即中世纪以来'人们理解世界的方式'所发生的'根本的变化'。这种人类意识的变化表现为世界性宗教共同体、王朝以及神谕式的时间观念的没落。只有这三者构成的'神圣的、层级的、与时间终始的同时性'旧世界观在人类心灵中丧失了霸权地位，人们才有可能开始想象'民族'这种'世俗的、水平的、横向的'

---

* 本文受广东省高等教育"创新强校工程"项目资助，项目编号 GWTP-FT-2015-11。

① 杨菁，广东外语外贸大学西方语言文化学院葡萄牙语系讲师。

②③　本尼迪克特·安德森. 想象的共同体：民族主义的起源与散布［M］. 吴叡人译. 上海：上海人民出版社，2016：8，17.

共同体"①。

安德森的理论疆域下，民族主义的第一波浪潮，恰恰是巴西所经历的"美洲模式"。如果将 1500 年佩德罗·阿尔瓦雷斯·卡布拉尔（Pedro Alvares Cabral）登陆新大陆认定为巴西作为一个国家出现的历史的起点，结合这一历史进程中葡萄牙人所起的决定性作用，我们大致可以明白为何安德森的民族主义最早出现在没有深厚人文基础的美洲。西班牙人和葡萄牙人抵达美洲前，这片自然生长的土地上从未有过任何统一的堪与欧洲对抗的强权力量，原生的民族部落薄弱的生产力水平在欧洲人的文明前不堪一击，因此葡萄牙人轻松地在这里对欧洲模式进行了复刻，另外又因为宗主国本身的松散结构和缺乏有组织的等级制度使西方文明轻松与其他文明开始了碰撞、融合、发展的历程，最终诞生出一个新的、我们称为"巴西"的民族。文化上的传承和地理上的边缘化使葡萄牙殖民者及在他们统治下的巴西既显示出血统上的欧洲属性，又显得不那么欧洲。

回溯巴西历史，几个世纪的发展历程如烟波浩渺的历史长河，我们很难明确哪一朵浪花拍击出了独立的思想，又是哪一个浪潮簇拥出自我的觉醒。然而，溯源而上，我们能看到涓涓细流汇聚成溪、涌动成河，最终形成不可阻挡之势向前滚滚流去。不积小流，无以成江海，如要研究一个民族如何将无数个体同质为思想上的整体，某些特点又如何成为一群人的共同想象，或许首先需探向源头。

一、巴西民族意识的共同历史经验和文化符码

斯图亚特·霍尔在《文化身份与族裔散居》中这样定义："文化身份反映共同的历史经验和共有的文化符码，这种经验和符码给作为'一个民族'的我们提供在实际历史变幻莫测的分化和沉浮之下的一个稳定、不变和连续的指涉和意义框架。"② 对于巴西民族而言，他们的一切共同历史经验和共有文化符码都起源于 1500 年葡萄牙人的登陆。尽管印第安人在巴西民族文化的构成中也留下了不可泯灭的印记，然而在两个历史、文明、利益迥异且力量悬殊的族群的对决中，历史及承继永远是由胜利者书写的。葡萄牙殖民者以压倒性的优势在短期内将拉丁美洲南部的大片土地控制在手中，并顺理成章地成为这里的历史的主要创造者及书写者。他们的民族特点、文化想象及社会价值观形成了这片土地上的新

---

① 本尼迪克特·安德森. 想象的共同体：民族主义的起源与散布 [M]. 吴叡人译. 上海：上海人民出版社，2016：9.

② 罗钢、刘象愚. 文化研究读本 [M]. 北京：中国社会科学出版社，2000：213.

民族的最主要遗产。

相较于同时期的其他欧洲殖民者，葡萄牙人在航海及殖民地适应及融合方面表现出了卓绝的天赋，尤其在对于新世界的适应以及于新种族的融合方面。"人间天堂"的理想化、对巨大财富的狂热追求以及对未知世界的恐惧感缠绕在一起，构成了葡萄牙人对于新大陆的第一观感。在这种矛盾的情感之下，葡萄牙人民族特性上的柔软体现了独特的优势。巴西两大著名的文化人类学家及社会学家吉尔贝托·弗雷雷（Gilberto Freyre）① 和塞尔吉奥·布瓦尔克·德·奥兰达（Sérgio Buarque de Holanda）② 都指出，正是机遇与挑战并存的未知世界磨砺了葡萄牙人在热带地区的适应性以及对新的族群的包容性。奥兰达在《巴西之根》里毫不留情地揭露道："这是一种早在遇到阻力之前便转变方向、在正值气盛时便自行消失、没有明显的原因便止步不前的努力……在各种因素汇集的这个总体之中，例如相互冲突的种族、从外边带来的各种习俗和生活方式、需要一个长时间适应过程的生态和气候条件等，它是一个绝好的协调成分。"③

早期殖民者另外一个极为显著的社会特点体现在他们在种族问题上的可塑性上。曾被北非的摩尔人统治了数百年之久的葡萄牙人"完全没有或者近乎完全没有任何种族自豪感……这种特性使他们易于与其他拉丁种族接近，不止于此，而且还能与非洲穆斯林人接近，这在很大程度上是由于葡萄牙人早在发现巴西时便部分地是个混血民族"④。在另一本有关巴西文化的经典之作《解读巴西》（Interpretação do Brasil）之中，弗雷雷甚至这样写道："那些发现巴西并在此殖民的葡萄牙人中的绝大多数都从传说中相信，正如曾统治过葡萄牙和西班牙的摩尔人一样，一个有色人种较之白色人种有着更高的地位……那些摩尔人……无论在文明、艺术还是科学领域都更胜一筹，也因此葡萄牙人对于曾经在他们中间占据统治地位的那些风俗习惯也更为能够心领神会。"⑤ 因此，弗雷雷总结道："尽管都是欧洲国家，但西班牙和葡萄牙的品质、经验和生活条件等各方面从来都不是正统的欧洲或基督派，相反，在很多重要的方面，他们更像一个欧洲与非洲、基督教义与伊斯兰教义的混合体。"⑥

---

① 吉尔贝托·弗雷雷（Gilberto Freyre），1900-1987，巴西社会学家，代表作《华屋与棚户》。

② 塞尔吉奥·布瓦尔克·德·奥兰达（Sérgio Buarque de Holanda），1902-1982，巴西社会学家，代表作《巴西之根》。

③④ 塞尔吉奥·布瓦尔克·德·奥兰达. 巴西之根 [M]. 喻惠娟，蔚玲译. 北京：巴西驻中国大使馆，1982：16，22.

⑤ Freyre, Gilberto. Interpretação do Brasil [M]. Introdução e tradução Olívio Montenegro：Rio de Janeiro, José Olympio, 1947：69.

⑥ Freyre, Gilberto. Interpretação do Brasil [M]. Introdução e tradução Olívio Montenegro：Rio de Janeiro, José Olympio., 1947：41-42.

于是，混合有伊比利亚人和摩尔人血统，因偏居欧洲大陆一隅而并未全盘接受欧洲中心的精英文化的葡萄牙人登上了南部美洲，并与非洲人和印第安人共同构成了新民族的基石。本应是外来者的葡萄牙人自诩为现代文明的传播者，在南部美洲沿海稳固了自己的势力，他们是巴西民族的主导者和文化的书写者。而他们为了扩大新大陆的可耕地面积开垦丛林、改造沼泽，建设新村镇①而带来这里的大量黑人奴隶则地位极为低下。虽然黑人奴隶被直截了当地划分至社会最底层，奥兰达在《巴西之根》中这样评论："他们除了相貌之外与驮物的牲畜无异"②，然而葡萄牙人，尤其是底层的葡萄牙白人并不排斥与有色人种奴隶之间发生更进一步的亲密关系。黑奴们"与主人的关系介乎于独立人的地位与被保护者的地位之间，他们的影响曲曲折折地渗入家庭之内"③。

面对裹挟着现代文明的闯入者，作为土地原本主人的印第安人反而成了弱势的那一方，他们的势力范围随着葡萄牙人向内陆的进发而迅速缩减。在掌握着主导话语权的葡萄牙人的构建下，印第安人成为"巴西身份"建构历程中出现的第一个他者。然而，欧洲人赋予印第安人的第一个角色，除肤色上或许相近之外，并无更多的事实依据。他们首先将这些南美土著误解为了"亚洲人"。杜塞在他的《对他者的覆盖：现代性神话之根源》一书中这样写道："印第安人被视作'亚洲人'……这些'亚洲人'是仅存于想象中的发明，是一种地中海的大航海家们所臆想出的美学杜撰。这就是他者如何"消失"的方式，印第安人并没有作为'他者'被发现，而是作为已经被认识的'亚洲人'本身出现了，他们于是被以'重新认识'的方式否认为'他者'，或者说，被覆盖了。"④ 也就是说，抵达美洲的欧洲人甚至还来不及接触这个他者，就囫囵吞枣地将新世界的原住民与想象中的"亚洲人"画上等号，为之冠以各种"亚洲人"应有的标签。在此之后，随着认识的加深，葡萄牙人发现并纠正了这个错误，但仍未给予这片土地的原住民平等的尊重。印第安人甚至又给他们肆无忌惮的创作激发出新的灵感：

"一般人认为的我国印第安人的某些特点——'怠惰'、对一切有纪律的工作反感、'目光短浅''放纵'、对掠夺性活动的喜好胜于对生产性活动的喜好——正好符合贵族阶级的传统生活方式。大概正因为如此……在以欧洲浪漫主义所表示的中世纪主题写入我国作品时，把印第安人描写得具有贵族和骑士惯有

---

① ② ③ 塞尔吉奥·布瓦尔克·德·奥兰达. 巴西之根［M］. 喻惠娟，蔚玲译. 北京：巴西驻中国大使馆，1982：22，23，24.

④ Henrique, D. O encobrimento do outro: a origem do mito da modernidade. Trad. Jaime A. Classen. Petrópolis: Vozes, 1993, 163: 32.

的品德，而黑人充其量处于驯服或者反叛的受害者的地位。"①

值得注意的是，即便葡萄牙人在对于其他族群的文化的接受度上显得较为灵活和有弹性，他们仍然很好地继承了欧洲有关文化和血统的分级理论。唯有在这样的"科学"的观念支持下，葡萄牙殖民者才能更为理直气壮地维护他们的对外扩张行为的正义面孔，宣称他们的到来为未开化的原住民引入了现代文明的制度和知识。

这样，殖民地经济主导下的巴西社会逐渐形成，作为主导的葡萄牙人在保护者、传道者、奴隶主、合作者的各种身份中来回切换，引导着社会的发展方向；非洲奴隶则将他们的影响曲折渗透于他们主人日常生活的每一个细节中；被边缘化的印第安人实际上从事着奴仆的职业，却成为葡萄牙人宣扬其平等价值的工具。对抗与融合中，这片土地上的居民在奴隶制和庄园耕作为主要形式的共同劳动中逐渐形成了巴西社会的集体想象和集体记忆。因此，在解读最终使巴西民族形成的社会意识发展过程之前，我们首先了解到一个事实，这个崛起于拉丁美洲南端、使用葡萄牙语作为官方语言的民族从来都是一个多种族混合体，"巴西人"这个身份绝不会是单一的某一个社会元素，或者文化或政治元素之和。或者说，差异正是新世界的与生俱来的特点及指引其民族性构建的决定性因素。

二、殖民地经济下民族意识的萌芽

巴西作为一个民族的观念在整个殖民时期都没有明确的表现。早期的殖民者，即便是第二代、第三代移民都未能对葡属美洲领地建立起强烈的归属感。奥兰达在《巴西之根》中提出了"流离之感"在巴西人身份构成过程中的基础作用。这种既不能完全归于母国，又不愿以巴西为家的漂泊之感生成了这里所形成的社会和这片土地之间的模棱两可的关系，他一针见血地指出："在巴西，殖民地对于统治者和被统治者来说永远都是一个过渡的地方。"②

这一特点鲜明地体现在了葡萄牙人抵达巴西后的社会生活和城市建设当中。在同时期的许多类似活动中，大多数征服者最先考虑的都是通过建立城镇以为政治统治的有序及分层管理提供最为便捷及可靠的渠道。即便是与葡萄牙人最为临近的西班牙人，在对拉美地区殖民化的过程当中，也都坚持"通过建立稳定而井

①② 塞尔吉奥·布瓦尔克·德·奥兰达. 巴西之根 [M]. 喻惠娟，蔚玲译. 北京：巴西驻中国大使馆，1982：25，61.

然有序的大居民中心保证本土对被征服地区的军事、经济和政治支配力量"①。然而，那个时期的葡萄牙统治者似乎从未认真思考过他们所占据的那片土地的建设问题——"葡萄牙统治的精神是放弃使用武断和绝对的准则，在每一个退却为宜的时刻都作出让步，忽视建设、计划或建立基础而更乐于享用几乎是唾手可得的财富"②。

于是，在最初的几个世纪中，或者说，在废除奴隶制之前，殖民地社会的巴西呈现出奇特的农村重于城市的结构倾向，起着主导地位的是分布于城市之外的势力庞大的庄园群，全部殖民地的生活重心都集中在那里。奥兰达将种植园定义为一种"根据伊比利亚半岛代代相传的古老罗马正典教规经典标准组织起来的家庭类型"，并称其"是一切组织的基础和中心"。这种独特的庄园经济将本质上属于不同层级的社会成员等级分明地联系起来，使其共同形成一个个相对封闭且独立的家庭组织——奴隶位于整个家庭的最底端，其上是庄园主家庭的内部成员，包括子女或配偶。在这样一个封闭的体系内，处于权利顶端的家长的权利是无限的，即便是其子女，"也仅仅是完全依附于家长的自由成员"③。从社会功能上看，每个庄园都百业俱全，几近自给自足。因此，这一时期的巴西社会以庄园为单位结合在一起，殖民政府作为政治权力中心，却无力对相对独立、各自为政的庄园组织进行绝对统治。在这样的组织背景下，"家庭这一个体主义、反政治的群体的情感在全部社会生活中占统治地位，即私人对公共的侵犯，家庭对国家的侵犯。"④

针对殖民地社会结构，弗雷雷则从另一更为宏观的角度进行了探讨。他所著《华屋与棚户》高屋建瓴地对巴西的社会进行了总体的结构性反思，开创性地使用殖民时期庄园主的豪宅与奴隶居住的棚户之间的关系结构对巴西社会的构成及阶级关系进行解读。弗雷雷在书中表达了这样的观点，他认为殖民社会中的统治关系不仅体现于主人与奴隶，还体现于一个完全的父权制度，是殖民者对于黑人奴隶、对于印第安人以及对于女性的统治。当然，这种统治并不代表强权力量的绝对统治，它没有赤裸裸的斗争关系；它是柔性的、更偏向于一种多个权力关系在巴西社会制度及巴西身份建构过程中的博弈。"吉尔贝托·弗雷雷教会我们，我们的文化整体是跨文化的，且跨文化的程度会在特定的关系内部加强。这种关系上的亲向性，这种对于共同生活以及个体间所有物交换的天然的偏好，意味着

①②③④　塞尔吉奥·布瓦尔克·德·奥兰达. 巴西之根［M］. 喻惠娟，蔚玲译. 北京：巴西驻中国大使馆，1982：61，58，57，47.

在我们习以为常的有关身份的霸权主义观点下，一种个体间开放和自由的接触"①。

因此，当我们探讨殖民时期的巴西民族意识时，应当认识到，这种"有关我们是谁的意象"在这一时期并未获得足够的重视。在已建立的社会结构及权威原则之下，我们很难希冀满足于殖民地种植园生活方式的葡萄牙统治者能够萌生出强烈的独立及民族意识并为此付出相应的努力。他们之间的"团结精神只有在感情联系多于利益关系的地方才存在——家庭或者朋友圈子之间。这些圈子必定狭窄而且是个体主义的，与其说是赞成不如说是反对建立在行业或全国广阔层面上的群体。对于个人闭关自守、极端推崇个性这种不容忍规章的基本感情来说，只能有一个出路：为了一个更大的利益而放弃这个个性本身"②。因此，"我们是谁"这种表征并非源于美洲的葡萄牙人的内部创作，而是一种对于外部环境的应激反应，是与其他的欧洲人、非洲人和阿拉伯人相对而言，葡萄牙作为一个民族自身内部情况的投射。或者说，它的描绘是基于一个有共同经验的群体所将面临的挑战这个问题上的讨论。也唯有这样的讨论，能够触动着巴西和巴西人的内心深处。

由此，我们观察到对既有殖民地结构及利益分配产生影响的两大因素，或许正是由此而促成了巴西民族意识的萌发。首先是 17 世纪时，巴西的蔗糖生产及巴西木的出口所带来的高额税收使葡萄牙王廷开始注意到葡属美洲的经济潜力，并将其管控重心从印度转到了美洲，这无疑触动了本地种植园主之利益。其次，17 世纪 20～30 年代荷兰人在东北部的占据第一次使巴西葡萄牙人团体有了团结的意识。荷兰人对巴西的占领逐渐凸显出两个将要巩固及统一的元素：巴西民族的成形以及巴西的经济和宗教，这两个元素随着历史的进程逐渐地更有分量。这是巴西人在国家身份的确认中，并不影响个人重要性的另一个部分。正如瓦尔戈斯所说，"即便殖民时期尚未出现国家观念，反抗荷兰人的占领的行为也不仅体现出入侵者和葡籍巴西殖民者之间的对抗，还使后面这一群体有了共同的烙印"③。

需要指出的是，这两种因素并未能真正动摇殖民地既有利益集团的根基。殖民地庄园仍然是矗立于这片广袤土地上的数量繁多的壁垒，民族意识在极为封闭的环境中仍然处于蒙昧的状态。真正打破这一片混沌的契机出现在 18 世纪与 19

① Portella, E. Gilberto Freyre, Além do Apenas Moderno. In Rumos. Ano 1. n. 1 Comissão Nacional para as Comemorações do V Centenário do Descobrimento do Brasil. Brasília：Ministério das Relações Exteriores. Dez. 98/Jan 99. p. 38.

② 塞尔吉奥·布瓦尔克·德·奥兰达. 巴西之根 [M]. 喻惠娟, 蔚玲译. 北京：巴西驻中国大使馆，1982：47, 11.

③ Vargas, Everton Vieira. O legado do discurso：brasilidade e hispanidade no pensamento social brasileiro e latino-americano；Brasília, Thesaurus Editora, 2007：130.

世纪之交。19 世纪起，雄踞巴西 400 年的庄园经济迅速崩塌，旧式农业的衰落、1808 年葡萄牙王室迁至巴西以及后来的巴西独立加速了城市中心的崛起，庄园主开始大大丧失了其特有的特权地位。

三、巴西民族意识的形成及发展

在漫长的几个世纪的殖民地庄园制经济结构下，民族意识、自由意识的发展困难重重。一方面，为了加强殖民地的思想控制，宗主国一直有意打压殖民地的文教事业发展。一直到 1808 年葡萄牙皇室移居巴西，对殖民地的文化管制开始解禁，出版业才被真正引进巴西。另一方面，殖民地的实际掌控在庄园主中间代代相传，正是在这种不容置疑的统治中，殖民地的政治制度获得了平稳的政治秩序。自由意志在不识字的平民中无法生根发芽，而又被掌控话语权的统治阶级拒之门外，爱国主义情怀于是对于国家层面的政治活动的影响极小。

1808 年葡萄牙王廷为了逃避拿破仑入侵抵达巴西成为有关巴西身份的确立的催化剂。皇室的到来第一次在巴西如此清晰地展示了他们的存在。这无疑大大损坏了在这里盘踞数百年之久的当权者之前因宗主国的遥远及殖民政府的软弱而获得的既得利益。或者可以说，巴西民族意识的觉醒及国家独立意愿的增强完全是由于外部力量导致。殖民经济体制的危机以及为了摆脱宗主国对殖民地密不透风的经济统治的迫切愿望都成为推动其发展的主要因素。这种外来因素在社会生活中的影响远大于将巴西的葡萄牙人团结到一起的那些早期的共同记忆所发挥的作用。对于摆脱宗主国掣肘的经济"自由主义"才是一切变革行为的主要动力。

1822 年，在巴西成长起来的摄政王佩德罗宣布巴西脱离葡萄牙并且发起独立战争，1825 年英葡承认巴西独立，葡属美洲领地第一次以国家的身份登上了历史舞台。皇权的介入不仅为葡属拉丁美洲奠定了君主制的基础，还巩固了国家的领土的团结，然而这一过程注定是历经坎坷的。奥兰多这样感叹道："伟大的巴西革命并不是记载在某一准确时刻的事件；它首先是一个缓慢的过程，起码延续了 3/4 个世纪……如果……曾想把 1808 年确定为我们民族发展中或许最决定性的时刻，那是因为从那时候起，一些反对事物新状况来临的传统制动系统停止了运转……正是仅仅在这个意义上奴隶制的废除才真正代表两个时代之间最明显的界碑。"① 在这一过程中，我们观察到整个巴西社会各个层面都在随着巨大的

① 塞尔吉奥·布瓦尔克·德·奥兰达. 巴西之根［M］. 喻惠娟，蔚玲译. 北京：巴西驻中国大使馆，1982：123.

历史车轮进行缓慢的转向：1850 年，巴西进行土地改革，推行新的土地法，取缔以往非法占据的土地；同年，佩德罗二世开始着手废除在巴西已有几百年之久的奴隶制度，在英国及本土部分人士的施压下，巴西政府宣布买卖非洲奴隶为非法行径。奴隶制的废除彻底摧毁了传统的以大量低廉劳动力为基础的种植园经济，标志着巴西以农业为主的局面的结束。这同样意味着旧殖民体制下阻碍个人及思想流动的藩篱的消失。奥兰达指出，"城市行业，例如政治活动、官僚和自由职业开始与庄园主争夺统治权利，思想与意识交流在城市范围内挣脱了困于对外隔绝的庄园的桎梏而迅速发展。有关身份的话题开始迅速流传"①。值得注意的是，这些有关于国家和民族身份的想象并非统一且停滞的，它们不断被提出并接受着再创造。可以说，这个元素延伸至种族混杂的这个国家的方方面面，每个层面都有对于"解放的社会"的自己的见解。

在 19 世纪后半叶，巴拉圭战争、废奴斗争以及积极主义的成长推动了由当时的新知识分子组成的所谓的"1870 一代"的崛起。他们期待通过科学、文化的推动，使巴西能够跻身西方先进国家之列。这一阶段的主要思潮包括保守天主教派、自由主义以及科学主义，而其中自由思潮流派对于个人和国家关系的探究、科学主义思潮关于自然规律中关于人类的领导者的阐释都对巴西民族意识产生了巨大影响，并推动了寻求"科学地"解决国家所面临的问题的探讨。由此，有关民族身份的讨论再次上升到一个新的高度并发生新的转向，由"1870 一代"这些代表新的社会统治力量的知识分子引发的讨论在这一时期在整个市民社会引发了巨大反响，成为社会舆论的风向标。

巴西人民在种族上低人一等的印象是民众自尊心中的一个禁区，也是在几个世纪的殖民统治中种族不平等的一个靠山。"1870 一代"寻找到了达尔文主义作为他们的"科学的"利剑，希冀通过建设巴西公民身份，将巴西置于所谓的"文明的民族"之列，使其与西方最先进、最强大的国家比肩。西尔维奥·罗梅罗（Sílvio Romero）作为这个新知识分子群体的代表人物，认为真正的巴西文化体现在种族、生态学及历史等各个条件上。一大批与他相同观念的学者都先入为主地认为，巴西的低人一等就是因为三个种族的融合导致的多民族混合。他们因此认为通过引入欧洲移民能够漂白巴西的种族成分，使整个民族能够获得人类学上的进化，从而使整个国家具备最为文明、最为先进的那一类种族的特点。因此他们极力反对国家因匮乏劳动力而引入亚洲劳动力，担心黄种人的到来会进一步拉低巴西的层级。综观这一时期的社会论战可知，变革的力量与保守的力量之间持续进行着拉锯战，且他们之间在不同时期的此消彼长则体现了城市观点的变

① 塞尔吉奥·布瓦尔克·德·奥兰达. 巴西之根 ［M］. 喻惠娟，蔚玲译. 北京：巴西驻中国大使馆，1982：123.

动，尤其是两种力量的势均力敌。这是因为能够影响这个大辩论的绝大多数作者一端是新兴阶层的代表，另一端则是固守旧种植园，继续希冀以有色人种支撑其经济运转的庄园主。

进入20世纪，巴西身份的讨论重点发生在前科斯塔政府时期，它们启发了作为地道文化观点的表达方式。现代主义运动破除了"1870一代"的论点，将巴西民族构成的历史根本带入讨论之中。最初这一讨论极大地受到了城市及工业秩序的影响，它们逐渐巩固并成为新观念和文化的散布点，社会思想变得现代，逐渐与那些所谓的世界主义同步。此后，巴西的自身条件和巴西主义占了上风，其表现为巴西神话和巴西象征的凸显，并进一步通过找回殖民地时期的原住民文化而巩固。这样，有关讨论的核心则从种族迁移到了有关文明、文化和民族的观念，以寻求其协同作用。这一新的思考不仅与欧洲正在发生的运动同步，同时也间接地将有关假定的、欧洲国家更为高贵的前提进行了质疑。通过对从内到外的文化的重新评估，现代主义者将对民族文化身份的思考引入了一个新的有关传统与现代、普遍与个体的辩证关系的讨论之中。现代主义者对于文化遗产的重新评估以及这一文化如何在国家内部发展的认知深刻地影响了诸如奥兰达和弗雷雷这样的作者，并进一步深刻地影响了巴西社会的思潮，在事实上建立了在接下来的几十年里有关巴西社会以及巴西在世界地位的讨论的基础。

四、结　语

回溯巴西民族形成的整个过程不难发现，这个因特定的历史、地理、政治因素共同作用而形成的民族曾经一度彷徨迷茫。它在懵懂中度过几个世纪，这条寻找自我、构建自我之路漫长而曲折——它有因出生及血缘而带来的倾向欧洲的天然属性，却又在社会组织、家庭伦理方面与核心欧洲若即若离；它完全接受多民族共同生活及混居，却又表现出强烈的等级及种族观念；它曾一度为追求成为世界最文明国家之列而摒弃自己的历史，最终却又回归本源，重新评估及发展自身最本质的文化遗产。巴西民族意识的形成，正是多文化、多语言、多族群间的博弈，充斥着对立、冲突、协调和融合。共同的历史和回忆构成了民族身份稳定、不变和连续的意义框架，而出自政治、经济、社会、文化的任一变量都会影响或推动新一次对身份的意义解读，这将是一个动态的、永无休止的过程。

参考文献

［1］ Freyre，Gilberto. Interpretação do Brasil. Introdução e tradução Olívio Montenegro：Rio de Janeiro，José Olympio，1947.

［2］Henrique，D. O encobrimento do outro：a origem do mito da modernidade. Trad. Jaime A. Classen. Petrópolis：Vozes，1993：163.

［3］Portella，Eduardo. Gilberto Freyre，Além do Apenas Moderno，Rumos. Os caminhos do Brasil em debate，Comissão Nacional para as Comemorações do V Centenário do Descobrimento do Brasil. Brasília：Ministério das Relações Exteriores. Dez. 98/Jan 99，1998：36-44.

［4］Vargas，Everton Vieira. O legado do discurso：brasilidade e hispanidade no pensamento social brasileiro e latino-americano：Brasília，Thesaurus Editora，2007.

［5］本尼迪克特·安德森. 想象的共同体：民族主义的起源与散布［M］. 吴叡人译. 上海：上海人民出版社，2016.

［6］罗钢，刘象愚. 文化研究读本［M］. 北京：中国社会科学出版社，2000.

［7］塞尔吉奥·布瓦尔克·德·奥兰达. 巴西之根［M］. 喻惠娟，蔚玲译. 北京：巴西驻中国大使馆，1982.

第四部分　中国—拉丁美洲合作发展案例

智利葡萄酒在中国市场存在的问题调查与分析

——以广东为例

马飞雄　梁　洁[①]

摘　要：近年来智利葡萄酒在中国市场得到较快发展，但在这一发展过程中出现了同品类葡萄酒品质不稳定、相关葡萄酒经营企业市场行为短视等问题。本文从供应链管理视角进行分析，提出中智相关葡萄酒经营企业应加强终端葡萄酒消费者的消费需求引导与调查研究，并实施葡萄酒供应链的纵向与横向管理，同时中智两国政府也应为两国企业实施供应链管理提供政策支持。

关键词：智利葡萄酒；消费者需求；供应链管理

一、引言

智利作为拉丁美洲经济发展的样板，其综合竞争力、经济自由化程度、市场开放度、国际信用以及社会治理都位居拉丁美洲首位。农业作为智利经济重要的部门，与林业、渔业、矿业一起构成了智利经济的四大支柱产业。

自 2010 年以来，智利国民经济增速处于下行趋势，按可比价格计算，2016 年实际 GDP 增长速度较上年增长 1.6%，增幅较上年回落 0.7 个百分点。但据智利葡萄酒业协会统计，智利葡萄酒产业对该国经济贡献率呈现增长趋势。

中国是智利第一大贸易伙伴国、第一大出口市场和第二大进口来源地，而智

① 马飞雄，广东外语外贸大学商学院副教授；梁洁，广东外语外贸大学商学院副院长。

利是中国在拉美国家的第三大贸易伙伴国。中智两国的产业结构和进出口商品结构使双边贸易呈现很强的互补性。中国对智利出口的产品主要为机电、轻纺、塑料制品、家电等；进口的主要产品为矿产品、纤维素浆、纸张以及农产品等。而智利狭长的海岸线、肥沃的土地、丰富的气候资源，使得智利在农产品供给方面有着极强的竞争力，其中智利的葡萄酒占其对中国出口农产品的较大比重。

目前智利已是世界葡萄酒重要的出口国，而中国是智利出口的第一个目的地，得益于中国经济的快速增长和中国消费者对葡萄酒兴趣与消费的持续提升，智利近十年来出口葡萄酒数量与金额都呈现大幅增长的趋势。据智利葡萄酒业协会统计，目前智利全国共计有 300 家葡萄酒庄，其中有 200 多家对华出口葡萄酒。

据中国海关数据统计，2016 年中国葡萄酒进口总量约 6.38 亿升，同比增长 15%，其中来源于智利约 1.46 亿升，约占总量的 22.92%，同比下降 5.19%；散装葡萄酒最大来源国是智利，进口总量约 8586 万升，同比下降 18.32%，约占散装葡萄酒总量的 60%；金额约为 5744 万美元，同比下降 8.67%，约占散装葡萄酒总额的 50%。虽然两方面都有下降，但都远超于排在后面的澳大利亚等国家，所以智利低端葡萄酒仍在中国很走销。

2016 年，智利向中国出口的葡萄酒总额达 1.95 亿美元（约合 13.4 亿元人民币）。中国已取代美国成为智利葡萄酒出口的最大市场。

可见，葡萄酒贸易对中智双方的相关市场和产业的健康发展都具有举足轻重的影响，但笔者调研发现智利葡萄酒在中国市场还存在一些问题。本文将主要基于供应链管理的视角分析这些问题，然后给出一些结论。

二、智利葡萄酒在中国市场存在的问题

笔者在广东调查分析了当地一些智利葡萄酒的经销商和消费者，发现智利葡萄酒在当地存在的一些问题如下：

1. 智利葡萄酒的价格问题

近年来智利葡萄酒在中国市场的销量增长迅速，但竞争非常激烈，常见竞争方法是价格战。2006 年，在中国一瓶普通级别的智利葡萄酒，进口商给代理商的价格是 58 元，近几年的价格逐渐降低到 52 元、42 元、35 元、28 元，到 2016 年的价格为 22 元。虽然中国市场智利葡萄酒的总销量在增长，但是对单个企业来说，单位商品利润越来越低，而且销量并未明显增长。

另外，在国内还有一些不良商家自创葡萄酒级别，混淆国外酒庄级别，骗取消费者信任，把配上华丽包装的低端葡萄酒当作高端葡萄酒卖给消费者。

2. 智利葡萄酒的品质问题

笔者还发现，由于中国进口量不断增长的刺激，一些智利散装葡萄酒厂也转型为中国进口商提供定制灌装服务，这其中有一些不良的智利酒商以次充好，以低级别葡萄酒冒充高级别的来出售，甚至还有智利出口酒商收购已保存较长时间的库存葡萄酒原液来灌装。

3. 进口葡萄酒消费者的消费意向

笔者在广东调查分析了当地消费者对国产、进口葡萄酒的消费意向，结果表明，伴随进口葡萄酒的增长，国外葡萄酒文化正在渗透进入到我国传统饮酒文化之中并对我国传统饮酒文化产生影响，但是，消费者普遍缺乏葡萄酒专业知识，对进口葡萄酒认知不够，对原产地、等级、年份等要素辨别不清。消费者在购买时难以做到对众多进口品牌进行全方位的细致了解，也导致大多数葡萄酒品牌不能给顾客留下深刻的印象。尤其是在中低端进口葡萄酒市场，在不断打价格战的情况下，消费者大多会选择价格优惠的葡萄酒，而不会因口感和品质而产生对一个品牌的偏爱。

4. 中国市场的下游酒商将进口价格作为选择葡萄酒的唯一依据

据笔者调查，许多中国下游葡萄酒进口商既没有考察智利出口商的酒庄，以往与出口方也没有业务往来，只是在展览会上了解到智利的一个出口商，于是双方一拍即合就草率地签进出口合同。当该合同执行后，就会出现第一批进口葡萄酒质量符合要求，但第二批进口葡萄酒的品质完全不如第一批的葡萄酒的情况，葡萄酒的品质开始变差。

通过进一步了解，原因首先是在展览会上与中国进口商签订合同的智利葡萄酒出口商根本无法控制其葡萄酒的品质。其次是许多中国葡萄酒经销商没有该类产品国际贸易的经验，也没有对该类商品进行品牌经营的长远规划，更没有深刻认识到葡萄酒品质与其稳定供应链的密切关系。这些中国葡萄酒经销商选择该产品的原因只是智利葡萄酒进口价格低廉。

另外，高端智利葡萄酒在中国市场的份额不大，中国消费者对智利葡萄酒的印象更多是便宜，对于价格比较高的顶级酒，更多消费者就去选择其他国家的葡萄酒。所以，智利酒商和中国进口商无法依靠这些高端酒盈利，就只能通过中低价格在市场拼销量。

5. 部分智利葡萄酒上游企业仅着眼近期利益

根据调查发现，在智利葡萄酒市场存在一些散小、只看眼前利益的上游贸易公司。这些贸易公司没有自己的酒庄，公司只有两三位员工，但是也在中国从事葡萄酒出口贸易，甚至一年出口到中国市场的葡萄酒量达 200 多个标准货柜。

这些智利贸易公司与中国贸易商签订合同后，合同商品的提供过程是，首先到智利各葡萄酒产区和酒庄以很低的价格收购原酒，然后灌装或散装，再以较低的价格出口到中国。

由于这些智利公司没有运营相对稳定的葡萄酒供应链，自然也就不能控制其葡萄酒的品质，导致每一批出口的葡萄酒品质差异巨大，甚至出现品质低劣的产品。

另外，由于过去几年国际市场变化，智利国内的比索汇率下降，这也增加了智利产品在国际市场上的竞争力。同时相对大企业，这些小的智利葡萄酒贸易商对市场变化的反应更迅速，为了能获得来自中国的进口合同，他们在出口葡萄酒价格上不断刷新下限。在这种短期行为中，这些葡萄酒贸易商也就不能保证其原酒来源与品质的稳定。

6. 管控力度不够情况下的贴牌生产

在智利除了产量很少的小型精品酒庄外，其他追求规模的葡萄酒庄都在做贴牌生产。

许多酒庄旗下都有多个品类，酒庄本身会设计不同品类供客户挑选，客户也可以自己设计酒标。比如干露，除了红魔鬼，还有很多如新大陆、智选、远山、伊拉苏等品类。出现这种情况可能有来自中国进口商的原因，因为中国进口商都要求自己在国内是独家代理。因此这些规模大的酒庄为了增加出口量和销量以及满足进口商的要求，就将旗下许多品类酒外包给一些小酒庄做贴牌生产。但在这一过程中大酒庄并不能管控小酒庄为其做贴牌生产的葡萄酒的品质。

三、问题分析及建议

本文接下来的分析将基于供应链管理的视角。供应链是以客户需求为导向，以提高质量和效率为目标，以整合资源为手段，实现产品设计、采购、生产、销售及服务等全过程高效协同的组织形态。供应链是节点企业聚焦于各自核心竞争优势而形成的有机整体。

供应链的核心企业通过资本运营或技术的手段对上下游企业进行整合，对关键环节进行有效控制，最终形成完整的供应链系统，在产业与市场上获得关键的话语权、定价权和销售主导权，以最大限度挖掘供应链价值，实现供应链企业与客户利益最大化。

供应链运营管理注重充分发挥链条上各个企业的核心竞争力，创造竞争的整体优势。从事供应链管理运营的企业通过专业化分工、业务外包的手段提高核心竞争力、提升对市场的响应速度、降低非核心业务的运行成本，已成为企业竞争的主要手段。葡萄酒的供应链如图1所示。

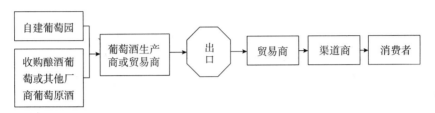

图1　葡萄酒的供应链

（一）中外葡萄酒消费者偏好对比

在加强供应链的供应与销售渠道的建设与管理过程中，首先需注重了解与满足各地消费者的需求。因为大多数消费者购买葡萄酒的前提是，他们了解葡萄酒，愿意尝试葡萄酒。很多葡萄酒代理商将主要精力放在铺货上，认为把葡萄酒卖给经销商就完成任务了，但是他们恰恰缺少了与消费者的沟通，不了解消费者真正的需求，也就不能满足消费者的真正需求。

1. 葡萄酒消费者研究相关文献综述

Sanchez 和 Gil（1998）建立了葡萄酒消费者购买决策过程的四阶段模型，即葡萄酒购买决策过程可以具体化为需要识别、信息搜寻、评估待购商品、最终选择。该模型对葡萄酒消费者购买决策过程进行了描述，明确了葡萄酒消费者在做出购买决策的每一阶段所重点考虑的内容。在需要识别阶段，主要关注消费者的消费动机和消费情景，因为在不同情景之下消费者的需要和动机是不同的。在信息搜寻阶段，重点关注葡萄酒消费的重要性（即涉入程度）以及对葡萄酒产品的内、外部线索的信息搜寻。第三阶段主要是研究消费者对葡萄酒产品的偏好以及葡萄酒质量特征的评价（品种、酒种、品牌、原产地、获奖情况等相关信息）。第四阶段重点是描述消费者的购买行为，如购买数量、购买地点、购买频率等。

Famularo 等（2010）研究发现，葡萄酒消费者常常是根据他们的葡萄酒知识和以往消费经验来判断葡萄酒的质量；消费者的葡萄酒知识与消费者对葡萄酒产品的涉入水平一致，涉入水平越高，消费者的葡萄酒知识水平越高；原产地知识对葡萄酒消费者购买决策具有积极的正向促进作用。

在传统的葡萄酒消费国家（如意大利、法国），饮用葡萄酒是一种生活习惯，人们几乎每天都饮用葡萄酒，包括普通用餐也会饮用葡萄酒，而新兴葡萄酒消费国家（如爱尔兰、中国）则明显不同，葡萄酒饮用频率较低，且主要是在过节、聚会或举行大型庆典仪式时才会购买和饮用葡萄酒。

Farren（2003）与 Quintonand Harridge-March（2003）研究也发现，爱尔兰葡萄酒市场环境正在发生变化，葡萄酒市场供给越来越充分，价格也可以接受，可选酒种越来越多，酒标内容简洁易懂，而且购买也越来越方便，葡萄酒正在由奢侈品转变为一种日常消费品，更多的人群可以购买和饮用葡萄酒。

而在中国大陆这一新兴的葡萄酒消费地区，消费者葡萄酒客观知识的整体水平较低，多数消费者仅仅对葡萄酒的产品分类等基础知识有一定了解，仅有少数葡萄酒业内人士具备一些葡萄酒专业知识（如葡萄酒标解读、品尝描述、葡萄酒与菜肴的搭配、葡萄酒产区等）。

陈艾迪（2011a，2011b）对上海、北京、广州、苏州和杭州等一线城市居民的葡萄酒消费行为进行了调查，结果表明，一线城市消费者购买葡萄酒时最关注品牌名称、品种知名度和葡萄酒产地三项因素，总体上消费者对产品无关属性（酒精度、配餐适用性、葡萄品种、香气、甜度等）的重视程度大于产品相关属性（商标、品牌名称、品牌个性、品种知名度、产地等），认为我国一线城市消费者极度追求"品牌效应"而且对进口葡萄酒知识欠佳。另外，通过不同情境下消费者行为的比较，认为中国一线城市消费者比较注重面子，倾向于购买知名度高的、来自著名红酒产地的国际品牌，对此类葡萄酒愿意支付不菲的溢价。

2. 实证分析

产品质量因素对葡萄酒购买意愿和购买行为均有显著影响，其中，影响葡萄酒购买意愿的主要是产品内部因素（如葡萄酒口感），而影响葡萄酒购买行为的既有产品内部因素（口感、产地）也有产品外部因素（品牌、标签、价格）。

笔者通过对广东部分消费人群调查发现，在受调查者可以多选各调查项的影响因素的情况下，通过对有效调查数据的分析，消费者购买葡萄酒时主要考虑的因素及其占比为：口感（73%）、价格（69%）、品牌（56%）。这一分析结果与智利葡萄酒消费者的市场表现一致：口感好、价格低是购买智利葡萄酒的主要原因。

笔者利用 2004~2016 年的相关需求与价格数据研究发现，中国市场对来源于澳大利亚的葡萄酒进口需求对来源于智利的葡萄酒的进口价格富有交叉弹性，而且这个交叉价格弹性为正，说明在中国葡萄酒市场上智利的葡萄酒对澳大利亚的葡萄酒具有明显的替代性。这可能是因为智利和澳大利亚都处于中国对其进口关税减免的新阶段，尤其是智利在 2015 年关税降为零，本来就低廉的价格再加上关税减免后的折上折，对普通消费者有更强的吸引力。

同时，智利葡萄酒对意大利和美国葡萄酒也有较大的替代作用，这很可能是因为大众消费者成为葡萄酒行业的主流消费者，中低端产品、低价葡萄酒更受普通消费者欢迎。

（二）葡萄酒供应链的分工与协作

1. 实施供应链运营管理模式

对于葡萄酒行业来说，葡萄酒供应链的核心企业将做到上游渗透到葡萄酒生产基地，中间控制物流与销售渠道，末端抓住消费者，以求稳定产品质量、控制物流成本、降低整体损耗、缩短经销环节、提高消费体验。

仅以物流环节为例，一方面是相当比例的生产企业自营物流导致物流服务社会化、专业化程度低，造成大量的重复建设与资源浪费；另一方面是粗放式经营、物流服务产品单一导致物流行业增长质量不高，物流成本在 GDP 中所占比重长期居高不下。为此，在处理葡萄酒生产与流通的关系上，应打破生产与流通的行业界限，进一步深化行业分工，实现产业间渗透与融合。从供应链优化的角度来看，不具有成本优势、低效率、耗费大量企业资源的非核心竞争优势环节，都应通过供应链体系重新"寻源"，以实现降低成本、提高效率的目标。

葡萄酒流通企业应主动承接葡萄酒生产企业价值链活动，充分利用自身优势资源，在物流、非核心组装与制造、采购与分销等方面发挥更为积极与重要的作用。不论是葡萄酒的生产环节还是流通环节，未来竞争优势的获取都应基于供应链体系的一体化运作，而非单打独斗。

2. 供应链全球化延伸

葡萄酒企业应以全球化供应链为发展目标，将市场拓展与资本运作、技术扩张相结合，大刀阔斧地推进国内葡萄酒企业的全球化采购、全球化分销，进一步拓宽有效供给、优质供给的来源和渠道，以全球化葡萄酒企业的品牌形象应对消费升级，满足品质需求（见图2）。

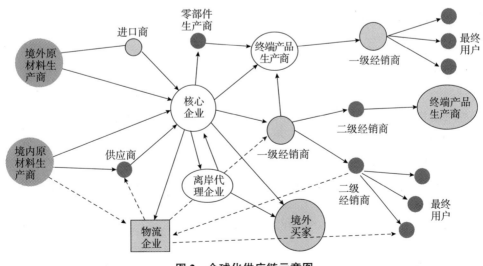

图 2　全球化供应链示意图

全球化发展是中国企业深度融入世界经济、创建国际性品牌的必由之路，同时也是扩展优质供给来源、实现供给侧改革目标的重要途径。全球性经营一直是中国企业的短板，根据联合国贸易和发展会议的跨国性指数 TNI 来衡量中国企业，当前中国企业跨国性 TNI 指数超过 20% 的寥寥无几。

图 2 是全球供应链的一个模拟架构，可见一个核心企业的上下游分工可以遍及全球。在全球供应链体系下，从原材料的采购到最终产品的销售，每一个环节都可能涉及跨境贸易。因此，在国际贸易实践中，实施供应链管理成为跨国公司或国际企业充分利用各国（地区）比较优势，培育竞争优势，提高国际竞争力的重要手段。

葡萄酒企业在其供应链管理国际化延伸过程中，需注意做到：一是推动企业转变经营理念，创新经营机制，为提高贸易效率提供新的动力源，突破体制机制约束。二是重视销售渠道的管控。现代企业之间的竞争，相当程度上取决于是否有效管控好销售渠道，这也体现了企业在供应链管理领域的核心竞争能力。作为后起之秀的部分中国企业也充分认识到这一点，积极向发达国家企业学习，逐步向产业链的下游延伸，建立起自己的国际销售渠道。三是注重协调供应链各企业的利益。比如，供应链条的核心企业和供应商双方必须以一种协调的方式运作，通过与供应商建立战略合作，实现各方满意的供应链伙伴关系。各国企业参与国际贸易竞争合作的模式表明，培育在全球竞争中的优势，不仅仅体现在产业竞争力上，更体现在产业组织的效率上，即有效率的供应链管理体系。

（三）解决问题的建议

因此，基于供应链管理视角的分析，为把握未来发展机遇，国内智利葡萄酒经营企业和政府接下来应该主要努力解决以下问题：

1. 做好深入细致的市场调研工作

针对国内各地区的社会经济发展水平、消费特点和社会文化环境等因素，调查研究葡萄酒消费者的需求特点，制定针对性的市场营销策略。

2. 树立品牌意识和契约精神

通过供给良好的商品和服务以及诚信经营，塑造中国流通企业的品牌形象，严格规避劣质供给和失信行为。

3. 优化物流系统，降低产品成本，增强商品价格竞争力

通过供应链一体化运营以降低进口葡萄酒成本是未来重要的行动方向。葡萄酒经营企业应在其产品的国际、国内物流作业过程中，着力开展多式联运、多种运输配送方式组合的物流业务，以降低产品成本。

4. 走出国门对外直接投资

为更好地进入当地市场，葡萄酒经营企业应积极进行在智利直接投资的战略

研究，主要投资领域应界定在葡萄酒生产、流通相关领域，即葡萄酒产业链上、下游及其相关产业，服务于全球供应链采购与分销战略目标和国内市场的供给侧改革目标。在具体的投资方向上，资本实力雄厚的葡萄酒企业，可以选择投资于当地物流基础设施，以突破流通瓶颈，获取长远收益，并实现流通领域的产业链上、下游合理延伸，最终形成供应链整体竞争优势；也可以直接投资于当地零售、批发和物流等流通企业，通过灵活的参股、控股或兼并收购当地实体流通企业、电商平台，以实现以投资换市场的战略目标。

此外，葡萄酒企业还要进行国际化供应链生产要素的优化培育，在资本、人才、技术手段和管理体系上加大投资，积极参与海外市场竞争，塑造国际化葡萄酒品牌。

智利在不同场合表示欢迎中国企业参与其物流发展和基础设施建设。我国企业在该领域有丰富的经验，也有相当的实力和融资能力。中智在该领域的合作具有较大潜力和广阔空间。我国企业从自身利益和国际布局发展战略出发，可以积极参与，抓住智利物流发展的契机，从比较直接的基础设施建设开始，逐渐向整个物流产业扩展，包括投资现代化仓储和分销、物流通信和信息技术输出、建立完整物流链等，特别是可以将农业合作与物流业投资合作相结合，形成综合优势。但无论何时，无论在哪个阶段，都应冷静应对，深入研究市场，对具体项目进行慎重评估，注意防范各种风险。

5. 加强供应链管理领域的开放合作

学习借鉴全球先进的供应链管理运营模式，综合提升外包、渠道、品牌、标准、物流、电子商务等商务领域的水平；逐步发展为中智葡萄酒产业链的发包方；通过并购、新设、联盟和服务合同等多种形式，强化企业跨国经营的市场与销售环节，更快地接近消费者，快速做出市场反应，培育企业的竞争优势。

合作的方式要多措并举，根据不同阶段和不同情况，采取不同的商业模式。在合作初期，以合资、合作、参股、中资企业与智利企业互持股份等方式为主要模式，参与当地企业经营和利润分配。合作领域包括技术合作、品牌合作、项目合作、产品合作等。合作目标以熟悉资源、市场、渠道、人文、法律为主，建立良好的社会关系，条件成熟时，考虑回购股权，或以独资企业身份开发市场。合作对象以智利本土企业为主，尤其是加强与智利具备一定经济实力的华人移民或华人企业合作；合资合作过程中，中资企业要更多利用智利当地的生产、技术和管理人员，着重发展有形资产，过程中注重改进和完善中国本土的品种、生产配套技术等，如张裕葡萄酒集团与智利葡萄酒业的合作。

适时开展智利企业并购模式。兼并、收购智利公司、企业或国际农产品贸易公司是推进中国与智利农业合作最快捷、高效的方式。兼并、收购方式可以采取整体收购、重组控股、增资控股以及股票收购等多种方式。并购重点为葡萄酒农业产业链条中处于关键环节的核心企业或公司。并购以快速占领市场、扩大经营规模、避免同业竞争和利用原有企业品牌为中资葡萄酒企业创造利润等为基本目标，如联想集团与智利农业企业的合作。

完整产业链协同跟进模式。按照产业链运作思路，加强对智利合作重点地域、重点建设项目的规划，吸引中资上下游企业协同跟进，共同开发中智市场，形成产业合力，实现葡萄酒产业链价值最大化。如在中国居民食品消费升级、农产品产业升级、食品安全形势严峻的大背景下，中国中粮集团提出并正在实施一种国际化的全产业链发展模式，即中粮向产业链的上下游延伸，将原料供应、加工生产、仓储运输和产品销售、品牌推广等各环节均纳入其同一企业组织内部的经济管理模式。

6. 构建新的物流通道

中国政府应该鼓励中国企业改进目前的南美与中国农产品贸易的物流模式，从而构建一条新的、不受制于原发达国家的跨国粮商的物流通道，如支持国内企业投资建设南美物流基础设施、建设大型海运船队等，直接连接南美与中国两个市场。

中国加强与南美各国农业合作，逐步建立产地与消费市场的直接渠道，既是中国和南美农业合作的重要契合点，也是保护中国和南美国家人民共同福祉、促进经济共同发展的重要途径。

7. 国内需构建支持供应链管理模式创新发展的政策体系

在提升供应链管理水平方面，形成产业政策、区域政策、贸易政策、财政金融政策协调联动机制。做好对开展供应链管理运营模式外贸企业的认定与管理，对开展供应链管理运营模式的企业，可以在税制、融资、人才、对外合作等方面，享有与高新技术企业、现代服务业同样的支持政策和待遇。

四、结语

可以发现，我国进口（智利）葡萄酒市场潜力依然非常大，近年来进口（智利）葡萄酒市场的飞速发展也印证了这一趋势，我国进口葡萄酒市场在逐渐走向稳定的路途中必然会经历各种各样的困难，如目前我国的消费者对葡萄酒知识了解并不多，首先不懂产品价格如何定位，其次不懂品质如何鉴定，使市场上优劣红葡萄酒无法被区分，最终导致消费者无法选择优质红葡萄酒。因此，需要提高消费者对进口葡萄酒的认知程度，让消费者能够准确辨别优质酒与劣质酒，从而使优质葡萄酒站稳市场。

但是与之前的发展相比所不同的是，这种发展正在逐渐趋于理性，市场在这样的理性回归中也在逐渐完善市场本身的制度和规则，逐步走向规范。虽然现阶段在中国也有很高端的产品树立了智利葡萄酒的形象，但是中低端大众化的品类比较多，因此智利葡萄酒现阶段在中国和其他国际消费市场的定位还是比较准确的，即高性价比的产品，发展中国家消费者的产品。但从长远来看，智利葡萄酒经营企业想要在这个市场中立于不败之地，就必须加强葡萄酒供应链的运营管理，从而从各方面提升自身竞争力。

智利是中国在拉美的主要贸易伙伴和重要战略合作伙伴，为了促进中智长期、稳定、健康的经贸合作，笔者研究认为，进入 2000 年以来，智利产业政策出现了较大变化，培育服务业政策和国家创新体系的出现，都标志着智利政府积极寻找新的产业机会，横向产业政策逐渐转向纵向产业政策，技术和创新获得了政策支持，形成了富有国家特色的智利创新体系。同时中国市场也正在深化改革，积极培养国家创新体系，大力鼓励"大众创业，万众创新"。因此，中智两国经济合作过程中要做到以下几点：

第一，以企业为主体，主动实行产业对接。基于当前智利产业发展现状以及我国出口产品的市场占有率等因素考虑，双方应改善投资环境、制定优惠政策、搭建服务平台，为各自企业到对方投资创造条件。

第二，在国际贸易实践中，实施供应链管理成为跨国公司或国际企业充分利用各国（地区）比较优势、培育竞争优势、提高国际竞争力的重要手段。中智企业在实施供应链管理过程中，要注重协调供应链各企业的利益。

第三，对于智利葡萄酒企业来说，应该做到促进产区合作、产业融合发展，葡萄酒企业的眼光和思路不能局限于栽培、酿造、营销这些传统领域，要积极寻求产业链条的延伸，主动整合各种要素，走产业融合发展的道路。

总之，中智关系正处于新的发展阶段，我国政府高度重视同智利的关系，在构建中智新型战略伙伴关系中，既需要立足双边，依靠双边；更需要超越双边，突破双边，站在全球化的大背景下把握战略重心，拓展空间。

参考文献

［1］安第斯发展集团．未来之路：拉丁美洲基础设施管理［M］．北京：当代世界出版社，2011．

［2］陈艾迪．消费情景和生活方式对消费者对葡萄酒品牌属性评价的影响［D］．上海：上海交通大学硕士学位论文，2011a．

［3］陈艾迪．消费情景和文化习惯对国人购买红酒的影响研究［J］．陕西农业科学，2011b（4）．

［4］柳明．欧债危机对拉美经济的影响机制与拉美的政策施及成效［J］．拉丁美洲研究，2012（3）．

［5］孙洪波．中国对拉美援助：目标选择与政策转型［J］．外交评论，2010（5）．

［6］张勇．智利经济增长趋势及中智经贸合作的选择［J］．拉丁美洲研究，2012（5）．

［7］邹力行．中国与南美国家农业合作新思路［J］．国际经济评论，2014（6）．

［8］朱鸿博，刘文龙．新世纪中国对拉美的地缘战略［J］．现代国际关系，2008（3）．

［9］Famularo B., Bruwer J., Li E. Region of origin as choice factor: wine knowledge and wine tourism involvement influence［J］. International Journal of Wine Business Research, 2010, 22（4）：362-385.

［10］Quinton S., Harridge-March S. Strategic interactive marketing of wine—a case of evolution［J］. Marketing Intelligence and Planning, 2003, 21（6）：357-362.

［11］Sanchez M., Gil J. M. Consumer preferences for wine attributes in different retail stores: aconjoint approach［J］. International Journal of Wine Marketing, 1998, 10（1）：25-39.

我国智能手机在巴西的市场战略研究

——基于华为公司的案例

吴易明　颉玲君①

摘　要：近年来，中拉的经贸关系取得了跨越式的发展，中国已发展成为拉美第二大贸易伙伴国和第三大投资来源国，中拉贸易额占中国外贸总额的比重不断加大，对科技型中资企业开拓拉美市场的研究逐步成为一个学术界的热点。本文针对我国智能手机在巴西的市场进行研究，以华为公司为例，分析它在巴西的市场战略，发现存在的问题并提出改进的优化措施。

关键词：智能手机；拉美地区；市场战略；华为；巴西

巴西作为新兴经济体的代表，经济实力居拉美首位。中国已成为巴西最大的贸易合作伙伴、出口目的地和进口来源国。巴西也是中国在拉美地区最大的贸易合作伙伴，双边贸易额在近20年间增长了80多倍，2014年已突破900亿美元。近年来，随着巴西经济的发展，巴西对消费电子产品的需求日益增长，智能手机的需求也在逐年激增，由于巴西本土的厂商越来越不能满足当地的需求，只能依赖从其他国家进口，在这样的背景下，中国企业把握好商机走出国门恰逢时机。

华为作为一家成立于1987年的民营企业，在短短30年时间里，跻身全球企业500强，作为电信设备制造商，进入消费市场不到几年的时间，就成为仅次于三星、苹果的第三大智能手机品牌。从1996年开始，华为开拓巴西市场，巴西一直是华为在拉美的核心市场。本文基于华为公司在巴西智能手机市场的实践，总结成功经验，针对存在的问题进行分析，提出改进方案。

---

①　吴易明：广东外语外贸大学商英学院教授；颉玲君：广东外语外贸大学商英学院硕士研究生。

一、巴西智能手机市场现状

巴西是南美洲最大的国家,"金砖国家"之一,世界第七大经济体,全球第三最佳投资目的地,总人口 2.02 亿人。巴西的国内生产总值在拉美排名第一,拥有丰富的矿产资源和良好的工业基础,人均 GDP 在 11313 美元左右,GDP 的年均增长率为 2.3%(见图 1)。巴西人口密度最大的地区是东南地区,约占巴西总人数的 42%。巴西利亚作为巴西的首都,GDP 在巴西城市里排名第三,是巴西的第四大城市。

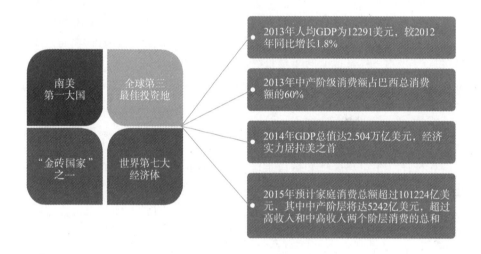

南美第一大国

全球第三最佳投资地

"金砖国家"之一

世界第七大经济体

2013年人均GDP为12291美元,较2012年同比增长1.8%

2013年中产阶级消费额占巴西总消费额的60%

2014年GDP总值达2.504万亿美元,经济实力居拉美之首

2015年预计家庭消费总额超过101224亿美元,其中中产阶层将达5242亿美元,超过高收入和中高收入两个阶层消费的总和

图 1 巴西的基本情况

(一)巴西对电子类产品需求旺盛

表 1 统计的是 2009~2014 年巴西电器及电子产品进出口贸易总额,从表中的数据可以看出,2009 年巴西消费类电子产品的市场总值为 224.96 亿美元,2014 年巴西消费类电子产品的市场总值为 325.54 亿美元,总值增加了 100.58 亿美元,五年间增幅高达 44.7%。其中,进口额如表 2 所示。

表1 2009~2014 年巴西电器及电子产品进出口贸易总额

单位：USD FOB million

Areas	2009	2010	2011	2012	2013	2014
Industrial autonation	2957	3688	4426	4486	4945	4702
electrical and electronic connonents	16351	22392	25134	25981	27854	26679
industrial equipment	3373	4527	5343	5203	5417	5054
generation transnission and distribution of electrical energy	1936	2523	2495	2090	2622	2162
computers	2543	3399	3799	3575	3162	2760
electrical naterial for installations	542	917	985	958	1 122	1055
teleconnunications	3602	3668	4221	3281	3307	3115
household appliances	1650	2441	2539	2371	2386	2173
Total	32954	43555	48942	47945	50815	47700

资料来源：*Economic Overview and Performance of the Sector* 2015 by ABINEE。

如表2所示，2009 年巴西电子产品进口额为 254.32 亿美元，进口额占进出口贸易总额的 77.2%，近几年以来随着巴西对电子产品需求的不断加大，在 2014 年巴西对电子产品的进口额占贸易总额的比例攀升至 86.3%。由于巴西本土生产的家电及消费电子产品越来越不能满足当地市场的需求，只能依赖从其他国家进口，所以截至 2014 年，其进口量已达到出口量的 6 倍之多。

表2 2009~2014 年巴西电器及电子产品进口额

单位：USD FOB million

Areas	2009	2010	2011	2012	2013	2014
Industrial autonation	2618	3280	3883	3935	4409	4138
electrical and electronic connonents	13638	19366	21608	22321	24569	23800
industrial equipment	2355	3444	3767	3770	4076	3684
generation transnission and distribution of electrical energy	1065	1626	1812	1414	1819	1372
computers	2130	2993	3377	3196	2776	2461
electrical naterial for installations	446	826	888	872	1026	957
teleconnunications	1998	2419	3328	2712	2875	2852
household appliances	1182	1878	2080	2006	2047	1883
Total	25432	35832	40743	40226	43597	41147

资料来源：*Economic Overview and Performance of the Sector* 2015 by ABINEE。

（二）巴西对中国电子产品的需求日益增长

据统计，2007 年巴西对中国电子产品的进口额只有 67.18 亿美元，2014 年进口额增加至 157.8 亿美元，短短几年中进口额增长了 1.35 倍，远远超过其他国家或地区，预计五年内将继续保持增长趋势（见图 2）。

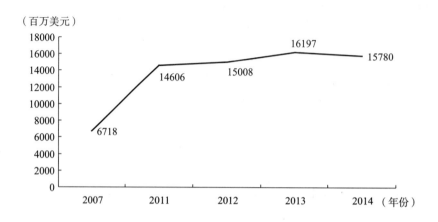

（百万美元）

图2　2007~2014 年巴西对我国电器及电子产品进口额

（三）巴西手机市场概况

巴西手机市场上功能机的使用量近年来一直呈下降趋势；相反，智能机在近两年翻倍蹿升，远远超越功能机成为市场最主流产品（见表 3）。从巴西对手机进出口的情况来看，2009~2014 年巴西对手机的出口量逐年递减，进口量大体呈上升趋势，然而，由于巴西的手机制造能力较弱，2014 年的出口量仅为 70 万台，进口量则达 1040 万台。因此，巴西市场对进口手机的需求旺盛，智能手机在巴西的普及率也会越来越高。

表3　2009~2014 年巴西各类手机市场总额　　　　单位：百万台

年份	2009	2010	2011	2012	2013	2014
手机总市场	47.5	52.8	65.4	58.2	65.6	70.3
功能手机	45.5	47.9	56.4	42.2	30.4	15.8
智能手机	2.0	4.9	9.0	16.0	35.2	54.6
出口	16.3	13.2	7.4	3.4	1.9	0.7
进口	4.0	7.3	15.7	16.8	11.9	10.4

本文是基于 2016 年巴西互联网报告的数据整理，从巴西手机操作系统分布、巴西市场安卓手机品牌前 10 的排名、前五的畅销机型和主要的运营商四个方面来阐述巴西手机市场的整体情况，解读巴西目前的移动互联网的现状、问题、发展机遇，以及我国国产智能手机在巴西面临的竞争格局。

巴西国家电信局公布的最新数据显示，巴西 2015 年手机的持有量突破了 2.82 亿部，其中包括 3G 手机和 4G 手机，3G 手机持有量约 1.49 亿部，4G 手机的持有量约为 775 万部，目前巴西手机的持有总量仅次于中国、美国和印度，居世界排名的第四位。在巴西，目前智能手机的普及率为 32.4%，预计在 2020 年智能手机的普及率将达到 72.2%，其中 Andriod 智能手机的持有量占手机总持有量的 90%。

1. 巴西的手机操作系统分布

图 3 的数据是通过全球调研巨头 Kantar Group 对 2016 年第一季的数据统计出来的，在巴西市场上 Android 系统的占有率高达 92.4%，iOS 系统仅占了 3.3%，Windows 系统占了 4.1%，其他小部分系统占了 0.2%。从上面的数据可以看出，iOS 系统在巴西市场并不那么受欢迎，其主要原因笔者认为与其高昂的售价有关。巴西被认为是苹果手机在国际市场上售价最高的国家，内存为 16G 的苹果 6s 在巴西市场的售价折合约为 1264 美元，这相当于美国市场价格的两倍。手机售价高昂与巴西高昂的税率结构有关，巴西对大部分商品征收 60% 的进口税。巴西一直被认为是全球物价最高的国家之一，不仅进口税高昂，巴西人所缴纳的税款远高于高收入国家的水平（21%）。与苹果手机相比，安卓系统的手机价格区间跨度较大，满足各个消费层次客户的需求，所以在巴西市场比较受欢迎。

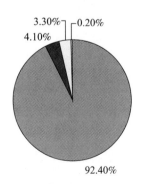

图 3　巴西的手机操作系统分布

资料来源：2016 年巴西移动互联网行业报告。

另外，从 2015 年 6 月至 2016 年 1 月的销量占比来看，安卓手机的渗透率更是持续增长，iOS 系统苹果手机的渗透率逐步降低，说明主要是非苹果手机占领巴西的手机市场（见表 4）。

表 4　2015 年 6 月至 2016 年 1 月 Android 系统与 iOS 系统手机销量占比

日期	Android（%）	iOS（%）
2015. 06	89. 0	3. 8
2015. 07	89. 5	3. 5
2015. 08	90. 0	4. 0
2015. 09	90. 1	4. 0
2015. 10	90. 1	3. 9
2015. 11	91. 4	3. 1
2015. 12	91. 8	2. 8
2016. 01	92. 4	3. 3

资料来源：2016 年巴西移动互联网行业报告。

2. 巴西市场安卓手机品牌 Top10

从图 4 排行榜的数据可以看出，三星手机在巴西前 10 的排名中居于榜首，占了 54.69% 的市场份额，销量其次的是摩托罗拉，占比为 21.87%，排名第三的是 LG，占比为 11.2%，市场份额前三的三星、摩托罗拉与 LG 这三家手机品牌总销量已超过 80% 的市场份额，在巴西占据半壁江山。在前 10 的排名中也包括了巴西本土的厂商 Positivo 与 Multilaser，上榜的国产品牌有联想收购的摩托罗拉、华硕、TCL 与其收购的 TCT。虽然华为和小米在国际市场上所向披靡，但是却未能在巴西市场突围，笔者认为这与巴西市场对进口设备征收高昂的税率、巴西对

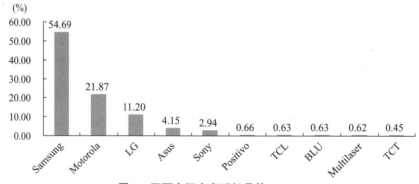

图 4　巴西市场安卓手机品牌 TOP10

注：数据截至 2016 年 8 月 1 日。

资料来源：2016 年巴西移动互联网行业报告。

本土的产品采取贸易保护政策以及我国手机企业内部自身的市场战略存在相应的问题有关。很多国际厂商为了降低生产成本只能以 CKD 的方式生产，因为以全散装件组装的方式生产能在进出口贸易中节省关税。

3. 巴西手机市场畅销机型 Top5

从巴西市场卖得最火爆的机型来看，巴西的用户偏好 4.5~5 英寸屏幕的手机，结合这几款热销的手机机型发布时间来看，可以看出巴西用户对手机屏幕尺寸的偏好从 4.5 英寸转向 5 英寸（见表 5），而且排在前几位受欢迎的手机无一例外都是双卡手机。巴西的消费水平不高，主流机型普遍价格在 1500 元以下，配置中等的四核手机在总销量中占很大比重。

表5 巴西手机市场畅销机型 Top5

排名	品牌	型号	市场份额（%）	屏幕尺寸（英寸）
1	Samsung	SM-G530BT	5.22	5
2	Samsung	GT-18552B	4.50	4.7
3	Motorola	XT1069	4.15	5
4	Motorola	MotoG3	3.98	5
5	Motorola	XT1033	3.59	4.5

注：本排行榜数据截至 2016 年 8 月 1 日，市场份额代表安卓手机活跃度。

资料来源：2016 年巴西移动互联网行业报告。

4. 巴西市场主要运营商

巴西主要的移动运营商有四家，分别是：①VIVO，是跨国电信巨头西班牙电信 Telefonica 与葡萄牙电信 PT 于 2002 年合作成立；②意大利电信集团（TIM Brasil）；③墨西哥美洲电信的子公司 Claro；④巴西本土运营商 Oi（见图 5）。

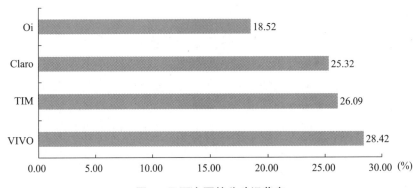

图5 巴西主要的移动运营商

资料来源：2016 年巴西移动互联网行业报告。

四大运营商在巴西市场势均力敌，在巴西市场所占份额差距并不是很大，VIVO市场占有率第一，其次是TMT、Claro、Oi，四大运营商有着各自不同的收费标准，分别覆盖在巴西不同的地区而且信号强度不一。从整体上来看，目前巴西大部分地区还是以3G信号为主，4G信号还没有全面覆盖，相对于通信行业发达的国家来说通信费用方面收费还是较高，总之，巴西在通信基础设施建设和资源设置方面还有较大的改善空间。

（四）巴西市场面临的挑战

中国的手机厂商如华为、中兴等早年就在全球市场上布局，普遍在亚太做得最好，其次是欧洲、非洲、中东地区。但在巴西市场，华为手机的市场占有率情况并不乐观。不仅是华为，更早进入巴西市场的国产手机还有小米也几乎遭遇了集体的"滑铁卢"事件。华为手机虽然在拉美的销量突破一千万台，但也未能挤进巴西市场的TOP10，巴西市场面临的挑战主要有以下几点。

1. 巴西对本国的产品采取贸易保护

巴西是全球采取贸易保护最多的国家之一，据有关部门的数据显示，2013年巴西反倾销措施新增高达39起，巴西为了保护本土企业，对抗外来企业竞争，对进口的电子产品设置高昂的税率，对本国的电子产品采取贸易保护，增加了我国手机厂商出口成本，削弱了我国手机厂商的价格优势。巴西对本国产品采取贸易保护加剧的原因主要有以下几个方面：第一，金融危机以来巴西经济低迷，国内的经济状况不太景气，雷亚尔贬值加剧，政府采取贸易保护主要是抵抗外来企业竞争；第二，近年来受全球经济疲软的影响，巴西的主要出口国——欧美及阿根廷进口需求减少，使得巴西的外贸由之前的贸易顺差变为贸易逆差，巴西政府发起贸易救济调查主要是为了维持对外贸易优势和削弱外来竞争；第三，巴西前总统罗塞夫为了赢得商界的支持，大力推行进口替代政策来保护本国的产业，因而助推了贸易救助的实施。

2. 巴西税制复杂、税负高昂

巴西税制复杂、税负高昂，是全球征收税率最高的国家之一，并且巴西的税收种类比较复杂，各种税负累计共有58种，按行政标准可分为三级，分别为联邦税、州税和市税，根据不同的商品，进口税率不同，目前平均税率为17%。在巴西进口有六道税务关卡，而且每一项税负都是在前一项的基础上征收。

巴西被称为万税之国，根据计算该国国民每年有150天的工作收入是用来缴税的，而且税收比率高达35.95%，这个比率比许多欧美发达国家都高。由于税收高昂导致商品的价格高于某些国家，严重削弱了本国产品的竞争力，政府为了保护本国市场又不得不对进口商品征收高关税抵抗外来竞争，这又让贸易受到遏制，形成恶性循环。

3. 巴西市场的成本高

在巴西，税收成本高这点是毋容置疑的，另外，渠道费用、营销费用也很高，而这也就是很多去巴西发展的中国厂商不到一年就撤退的原因。除以上成本外，巴西的人力成本也很高，这与巴西的工会有着密切的关系，因为巴西的工会有着较强的话语权，经常采取罢工的方式要求雇主提高工资待遇。人力成本不断增加，加剧了国外企业在巴西的经营成本，而且巴西对劳动者保障的福利也是很高的。在巴西，一个登记在案的工人当雇主把他辞退后，政府要先支付给这个工人六个月的工资作为生活保障，一年内如果这个工人还没找到下一个工作，那么这一年内他乘坐的交通工具都是免费的，所以巴西的劳动力成本还是挺高的，当地企业为减少劳动力成本最好是加快工业自动化的进程。

4. 巴西手机激烈的竞争态势

从巴西安卓手机市场的销量排名情况来看，销量前三名分别是三星、摩托罗拉与LG，三星品牌差不多占据了巴西一半的市场份额，市场竞争还是非常激烈的。华为手机终端如何从这些已经占领市场格局的手机厂商中突围做大做强，这将是公司未来的战略规划中需要找到的突破点。作为外来者，想要在巴西市场站稳脚跟，占据市场的一席之地，立足发展、了解巴西市场的游戏规则，采取接地气的商业模式、销售渠道、产品定位、运作机制等是很有必要的。

二、华为公司的案例

（一）华为公司的基本概况

华为技术有限公司（以下简称华为）由创办人任正非于1987年在中国大陆注册成立，虽然大部分的人对华为公司的认知都局限在手机制造商，但华为最初主要还是一家从事信息与通信解决方案的供应商，经过30余年公司的发展和业务规模的不断壮大，华为目前主要经营三大板块的业务，包括运营商业务、企业业务、消费者业务。

运营商业务是华为成立之初最早开始的业务，到目前为止，依然是为华为创收的主要来源，主要是为全球的运营商提供华为的通信产品和服务；企业业务为各个不同行业的企业提供各类ICT产品与解决方案，是2011年成立的新的业务板块；消费者业务是近几年华为较重视的业务板块，从华为2015年营收表中可以看出华为的消费者业务同比增幅达到72.9%，占华为全体收入的33%，是华为业务收入增长最快的板块，手机终端业务就包含在消费者业务里，近年来手机业

务发展迅猛，华为手机终端已发展成为仅次于三星和苹果的全球排名第三的手机
厂商。

从 2015 年的情况来看，运营商业务收入 2323 亿元人民币，占总收入的
60%；消费者业务收入 1291 亿元人民币，占总收入的 33%，是华为公司的第二
大收入来源；企业业务收入合计 276 亿元人民币，占总业务收入的 7%（见
图 6）。从华为年报的数据中可以看出，华为消费者业务在三大业务板块里增速
是最快的，华为终端全年智能手机发货量达到 1.08 亿台，成为首个年度出货量
过亿的中国手机厂商，实现销售收入 1291 亿元人民币，手机终端业务成为华为
业务增长的新引擎。

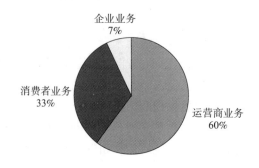

图 6　2015 年华为公司的主要业务

（二）华为开拓巴西市场

"巴西是最难做的市场，没有之一。"这句是出自一位中兴巴西员工之口。
巴西市场极具独特性，巴西对本国电子产品的贸易保护、高昂的进口税、复杂的
税制和税收政策的变化种种困难使一些中国的手机品牌，如小米手机进军巴西市
场不到一年就撤出，以失败告终。与小米手机不同的是，华为手机在巴西市场驻
扎了 20 余年，克服了重重困难发展成为巴西家喻户晓的品牌。

巴西是全球重要的新兴市场。华为从 1996 年开始布局巴西市场，经过三年
的辛勤耕耘，1999 年在巴西正式注册公司并设立了在拉美的首个代表处；到
2011 年投资 3 亿元在巴西建立研究中心；次年在巴西圣保罗州的索罗卡巴市建立
了拉美最大的配送中心；2012 年华为在巴西市场总的营业收入突破了 20 亿美元；
2013 年华为开始在巴西建立智能手机生产厂和多个配送中心；为了避免进口关
税太高和降低生产成本，在同年 7 月，华为在巴西当地开始生产智能手机，2013
年底在巴西智能手机的产量有 10 万台，手机价格为 300~600 美元不等。经过数
年的努力和付出，华为在巴西从低端市场切入并逐步渗透到高端市场，智能手
机、机顶盒等各类终端产品在巴西的市场份额逐步上升，终于在 2014 年底在巴

西市场结束了数年的亏损扭亏为赢。经过 20 余年发展，目前华为已成为巴西第一大综合网络设备供应商，智能手机业务也迅速发展。2016 年 11 月底，华为高级副总裁余承东宣布，2016 年华为手机在拉美地区的零售销量已突破 1000 万台，华为手机终端在拉美地区的市场占有率将达到 14%，预计在 2020 年的市场份额将达到 25%（见表 6）。

表 6　华为手机在巴西的市场发展历程

1996 年	华为开始开拓巴西市场
1999 年	在巴西正式注册公司，设立首个拉美海外代表处
2011 年	在巴西投资 3 亿元建研究中心
2012 年	投资 6000 万美元在拉美建立了它们在拉美最大的配送中心； 巴西总营业额达 20 亿美元，占华为在拉美市场 2/3 的份额
2013 年	在巴西本地化生产手机，建立手机生产厂及多个配送中心； 年底在巴西生产了 10 万台智能手机，价格 300~600 美元不等
2014 年	巴西市场结束了数年的亏损，在 2014 年末扭亏为盈
2016 年	华为手机在拉美地区的零售销量已突破 1000 万台

资料来源：笔者根据资料整理。

华为销售收入中 60% 来自于海外市场，覆盖全球 170 多个国家和地区，这与其在质量上的严格把关是密不可分的。华为自开拓巴西市场以来在提升产品品质方面也做出了很多努力，对华为来说，质量如同企业的生命和自尊，在巴西华为也一直树立着"价格实惠、品质保障"这样的企业形象，也正是这样的企业形象使得华为在巴西被越来越多的客户认可。华为在巴西的总部设在圣保罗，并在一些主要的城市设立分支机构，在巴西实施本地化经营战略，在雇佣的 3000 多个员工里有 80% 是来自本地。巴西是华为在全球本地化最高的子公司，虽然一开始在拓展巴西市场的时候非常艰难，需要克服很多困难，但是华为秉着不抛弃、不放弃的精神，遵循客户为中心原则，不断地提升产品的品质，重视产品的质量和研发，生产出贴近本地化的产品，力争在巴西市场占据一席之地。可以说华为已经迈出了坚实的一步，相信未来在巴西市场也会走得越来越好。

（三）基于 PEST 模型分析

PEST 模型是对影响企业发展的宏观环境进行分析，主要包括经济、政治、社会、技术四个方面，通过这四个方面来探求某个行业或者某个企业的发展潜力，对企业的发展前景有一个宏观的把控。本文应用 PEST 模型主要是为了更好地了解巴西的宏观背景，通过制定相应的营销策略来努力适应巴西环境及变化，能够更好地达到企业的战略目标。在政治环境方面，中巴建交 60 多年以来友好合作，在促进双边贸易持续稳增的同时两国进一步拓宽科技合作领域，为智能手机的快速发展提供了良好的经济环境；在经济环境方面，随着巴西近年来经济的复苏，基础设施和硬件环境的不断提高，为智能手机在巴西的推广创造了良好的经济环境；巴西有着 2 亿多的人口红利以及随着人们生活水平的不断高智能手机成为人们生活不可或缺的随身物品，给智能手机在巴西的发展创造了良好的人文环境；政府对科技投入的加大以及 4G 网络在巴西的覆盖快速发展，也为巴西智能手机发展创造了一个良好的技术环境（见表 7）。

表 7   巴西市场基于 PEST 的分析

政治环境	经济环境	人文环境	技术环境
巴西政治风险低，经济基础稳固，经济政策成熟；中巴双方多方面合作，在促进双边贸易持续稳定增长的同时，两国进一步拓宽科技合作领域	巴西是拉美地区最大的经济体，属于资源经济型，依赖内需；虽受经济危机的影响经济放缓，长期来看巴西经济已有复苏迹象；奥运会红利使得巴西投资的硬件环境得到改善	现代生活方式的改变，增加了智能手机的需求；巴西的人口红利促使手机用户数增加；从消费习惯上来看，巴西人喜欢超前消费和分期付款	巴西政府加大科技投入和科技创新的支持力度，改善网络环境；4G 技术的推广和快速发展，也为智能手机创造了良好的技术环境

（1）经济环境分析。巴西是拉美地区最大的经济体，巴西经济属于典型的资源型经济，多年来依赖内需、大宗商品出口，经济结构单一，存在通胀高、福利高、税收高、利率高的特点。巴西国内产业结构不合理，对电子产品及生活用品极度依赖国外进口。近年来，受国际金融危机的影响，巴西经济增长缓慢，2011~2014 年，GDP 的增长徘徊在 1%~3%，2015 年是 25 年以来经济表现最差的一年，全年经济萎缩 3.8%。

虽然从今年来看，巴西经济难以大幅度提升，但从长期来看巴西经济已有复苏迹象，经济形势出现向好趋势。从汇率波动来看，2016 年以来，雷亚尔持续走强，货币表现良好。从国际贸易来看，巴西出口规模保持增长态势，2016 年以来巴西出口从 1 月的 129 亿美元上升到 8 月的 169 亿美元，其中 8 月出口额同比上升了 9.7 个百分点。从巴西新出台的经济措施来看，新政有望改善财政赤字，巴西国内利率有望调低，有利于刺激巴西国内经济，降低企业经营压力。从奥运会红利来看，这次奥运会使巴西在基础设施建设上加速升级，使巴西的投资硬件环境得到很大改善，也有利于降低物流成本。

巴西拥有投资环境优势。从巴西内部的投资环境方面来看，巴西的经济规模和市场规模在拉美居于首位，巴西市场具有巨大的发展潜力。近年来，巴西政府积极实行对外开放政策，推动经济改革，为了引进外资给外资企业一定的税收减免政策。从巴西外部的投资环境方面来看，巴西和周边国家有着良好的贸易合作伙伴关系，加入了相关的经济一体化组织，巴西内外部投资环境的有利条件不断吸引各国投资者纷至沓来。另外，随着国民生活水平的提高和手机通信行业的快速发展，市场需求不断增长，总体来看，手机终端市场在巴西还是有上涨空间的。

（2）政治环境分析。巴西当前政治风险较低，政局环境较为稳定，中巴建交几十年来双方在能源、科技、农业等多方面开展了合作。中国是巴西的第一大贸易合作伙伴，两国在信息科技、农业、航天、矿产资源、医药卫生等领域签署了多项合作协议。巴西是中国在拉美地区最大的投资伙伴，为进一步挖掘两国新的合作空间，两国将进一步拓宽在科技领域的合作，在 2015 年双方签署《中华人民共和国政府与巴西联邦共和国政府 2015～2021 年共同行动计划》。中国的科技型企业也加快了在巴西市场布局的步伐，华为、中兴在巴西开展"云计算"、大数据技术、数字城市建设、手机市场等开拓性合作。巴西科技和创新部部长雷贝洛也在第二届中巴高级别科技创新对话中表示，巴西把发展对华科技关系列为优先战略，这为我国科技型企业驻足巴西市场产生了积极推动作用。

（3）社会文化环境分析。巴西是南美洲最大的国家，总人口 2.02 亿人，拥有人口红利，自然成为拉丁美洲最大的消费市场。随着社会发展的不断加快，手机作为方便快捷的即时通信工具在人们生活中占据了越来越重要的位置，即使在巴西的一些比较落后的地区对手机的需求和购买量也在不断攀升，所以智能手机的发展空间还是很大的。而且巴西人民天性热情而且爱好交际，在与巴西人的交往中，你绝不会感到冷漠，感到被排斥，巴西的文化具有多重民族的特性，对外来人口具有很好的包容性。从巴西人的消费习惯上来看，巴西人今朝有酒今朝醉，及时享乐，喜欢分期付款，有很多的巴西人也不存款，信用卡消费，在商场里经常看到小额的商品都会被分期付款。巴西人对售后服务和商品的耐用性也很看重，在相同条件下，他们会选择售后服务好和耐用性强的产品。我国智能手机企业如华为和中兴，正是秉承着"物美价廉、品质保障"这样的企业精神，相比其他手机品牌有着自己独特的优势。智能手机作为科技型产品，应该紧跟时代的潮流不断更新换代、不断地创新，生产出贴合当地文化和消费习惯的产品。

（4）技术环境分析。外部技术环境的发展对跨国企业经营的影响也是多方面的，随着技术的进步和发展，消费者对产品的性能和服务的需求也会随之变化，一国对科学技术的重视和投入也会给企业提供有利的发展机会。通信技术的发展加速了手机行业的更新换代，从 2G 时代发展到现在的 4G、5G 时代，数据传输率的加快使用户享受到了更好的网络体验，从而也推动了智能手机的普及。巴西政府也越来越重视对科技的投入，加大了对科技创新的支持力度，同时还出台了一系列的法规来加强科技投入，制定培养和吸引创新人才战略。去年底，巴西政府为加快网络环境建设，斥资近 40 亿美元用于宽带建设，就具体项目而言，80% 的投资将用于网络建设，其余资金将资助相关设备和光纤传输网络设备厂商。数据显示，2016 年巴西 4G 网络的平均连接速度为 19.68Mbps（兆比特每秒），巴西的 4G 网速高于全球平均值 17.4Mbps。政府的支持促进了 4G 网络基础设施的增加，改善了网路环境。巴西网络基础设施的不断完善和改进，给 4G 手机等移动通信设备在巴西市场的开拓奠定了技术支撑。

（四）基于五力模型分析

五力模型主要是用来分析一个行业所面临的基本竞争态势，迈克尔·波特认为，行业中存在五种力量决定着行业的竞争规模和竞争程度，影响着行业的竞争规模和竞争程度的五种力量分别是新进入者的威胁、现有竞争者的竞争、替代品的威胁、客户的议价能力、供应商的议价能力（见表 8）。

表 8 基于五力模型的分析

新进入者的威胁	现有竞争者的竞争	替代品的威胁	客户的议价能力	供应商的议价能力
华为进入移动终端市场较早，具有较高知名度；新进入者成本大、门槛高，所以新进入者威胁较弱	华为面临着三星、摩托罗拉与 LG 等几个强大的竞争对手；也面临着许多巴西当地中小手机制造商的竞争	大屏智能手机便携性不佳，对智能手机的威胁并不大	手机批发商和当地的运营商的议价能力较强；个人消费者议价能力较弱	供应商数量众多；华为巨大的出货量和强大的自研能力；供应商的讨价还价能力一般

从表 8 中可以看出，由于华为手机进入移动终端市场较早而且在行业中具有较高的知名度，在面对新进入者威胁和供应商的议价能力两种力量时，华为终端手机具有一定的竞争力，由于智能手机功能的多样性以及其便捷携带很难给替代品以生存的空间，所以在面对替代品威胁方面，智能手机也具有一定的优势。但是面对巴西市场现有竞争者的竞争和客户的议价能力方面，华为终端依然处于弱势地位，根据上面对华为终端面临的五种力量的分析，笔者认为企业可从自身所面临的竞争态势出发扬长避短，将自身经营与竞争力量隔绝开来，发挥企业自身的优势，同时增强自己所处的市场地位和竞争实力。

（1）新进入者的威胁。随着人们生活水平的改善，智能手机市场规模不断扩大，智能手机市场蕴含的潜力也慢慢显现出来。在广阔的市场和丰厚利润的驱使下，许多企业纷纷想在市场上占据一定的市场份额。在当前市场环境下还是存在一些潜在的竞争对手的，如当地市场的移动运营商、智能手机操作系统提供商，还有一些电器数码产品类的企业也在挤入智能手机行业。但是新进入者进入智能手机市场也面临一定的困难，智能手机行业需要雄厚的资金投入，在智能手机市场的开拓、研发经费的投入、销售渠道的开拓等方面都需要大量的资金，而且智能手机属于高科技行业，对新进入者来说需要较长时间才能达到这一技术水平，所以无论是从资金方面还是技术方面，对于新进入者来说都有比较大的障碍。目前，华为已发展成为全球第三大智能手机制造商，随着近几年的快速发展，华为在国际市场的知名度也越来越高。产品的高性价比使华为手机在顾客心中有较高的品牌度和忠诚度，在一定程度上给新的进入者形成了行业壁垒。而且就巴西市场而言，经过多年的竞争该区域早已形成一片红海的市场格局，除非是新进入者像苹果手机当年那样带来创造性的变革，否则很难对行业竞争格局产生影响。综合上面的分析，在巴西智能手机市场新进入者的威胁较弱。

（2）现有竞争者的竞争。从前文可知，目前中国智能手机行业在巴西市场的主要竞争对手中，来自国外的厂商主要有三星、摩托罗拉和 LG，其中三星智能手机在巴西市场已经占据了 54.69% 的市场份额，排名前三的安卓智能手机品牌占据了超过 80% 的市场份额。从巴西市场现有的竞争格局来看，我国的智能手机厂商面临的竞争压力巨大，竞争异常剧烈。除了面对几个强大的国外的竞争对手，华为也面临一些巴西当地中小手机制造商的竞争，如巴西的本土厂商 Positivo 与 Multilaser 分列第 6 名和第 9 名。在拉美智能手机行业的竞争已趋向于白热化，与其他智能手机厂商相比，华为手机终端最大的优势在于技术优势和成本优势。首先在技术方面，华为手机自主研发芯片，华为麒麟 960 芯片的研发成功碾压了不可一世的高通最强 821 和苹果最强 A10，使得 CPU 提升了 180% 进入世界顶级芯片的行列；其次在成本方面，华为作为一家中国企业，我国为支持国产民营企业走出国门，提供一些优惠补贴和出口方面的政策支持，这也使得华为手机比大多数国际手机厂商都更有成本优势。面对巴西市场强大的竞争对手，华为的劣势也很明显。由于其他手机厂商的先发优势，早就占据了巴西大部分的市场份额，华为要想在巴西市场上突围必然面临较大的压力，同时华为在公关方面宣传力度不够大，在提升华为智能手机在巴西市场的企业形象方面需要做更多的努力。综合上面的分析，在面对巴西现有竞争者的竞争方面，华为终端依然处于弱势地位。

（3）替代品的威胁。华为终端虽然非常重视技术的创新和产品的更新换代，但是潜在的替代品的竞争还是不可避免的。由于技术的普遍快速发展，即使巴西市场上的中小手机厂商都掌握了基本的手机制造技术，手机市场同质化的现象越来越普遍，尤其是中低端手机同质化现象更为严重。为了防止替代品生产者的入侵，华为在这方面，应加大研发力度，积极创新发展自身的品牌特色，不断提高华为手机的技术含量，只有不断地紧跟市场的步伐不断地创新，顺应市场的需求准确抓住消费者的心理才能立足于不败之地。在当前电子产品市场中，大屏智能手机虽具有集智能手机及平板电脑于一身的功能，可能会成为智能手机潜在的替代品，但从目前市场已经上市的平板电脑来看，最小尺寸是 7 寸，不方便携带，无法作为常规通信工具使用。总之，大屏智能机看似拥有了更多功能，其实只是满足了我们对智能手机及其功能无限扩展的渴望，实际上根本不实用。综上所述，目前大屏智能机作为潜在替代产品，由于其便携性不佳，对智能手机的威胁并不大。

（4）客户的议价能力。客户的议价能力按照波特的观点指的是购买者讨价还价的能力，客户总是站在自己的立场设法压低产品的价格，对产品的质量和服务提出更高的要求，使销售商之间相互竞争，客户议价能力的高低对企业的盈利能力会产生很大的影响。手机行业中市场上的购买者可以分成两种：一种是手机终端的个人客户；另一种是手机的批量客户，主要包括大部分卖场、手机代理商和运营商等。由于中间商采购的数量较多，所以讨价还价能力较强。例如，华为终端为拓展巴西市场与当地的运营商合作，需要给其提供配套的网络服务业务，对于采购批量较大的批发商和零售商也会提供一些优惠条件，这些优惠条件会对企业的利润产生较大的影响。从个人客户的角度来看，由于个人客户的购买数量小，对企业的整个销售量来说贡献很小，而且个人消费者不了解手机厂商的生产成本，所以个人客户的议价能力相对较弱。

（5）供应商的议价能力。手机的零部件繁多，不同的零件又对应众多不同的供应商，总的来说，手机的制造主要是由硬件和软件这两个方面构成，智能手机行业的供应商主要涉及 CPU、屏幕、金属外壳、摄像头、主板、电池、充电器和内存等一些零星的部件。对华为手机而言，每一部华为智能手机都隐藏着几百个零部件供应商的名字，比如三星、东芝、英飞凌、德仪、博通、恩智浦等几乎都是细分领域的巨头。正是由于供应商数量众多，可以让华为拥有更多议价权，在华为巨大的出货量面前，供应商也会退让，使得华为能够争取到最为低廉的价格，供应商议价能力较弱。还有一个重要的原因是华为具有强大的自研能力，比如在芯片领域，华为自研的海思芯片与行业内的高端芯片性能一样，这大大降低了高通、联发科的芯片议价能力。总之，在手机硬件方面供应商的议价能力较弱。在软件方面，安卓操作系统成为大势所趋，开放的手机系统应用更为广泛，也渐渐成为了主流。随着软件的发展，许多应用软件都是开源软件，允许自由拷贝免费或者是低费用使用的软件。综上所述，无论在软件方面还是硬件方面，供应商的议价能力都较弱。

（五）基于 STP 分析

STP（Segmentation, Targeting, Positioning）理论主要是指企业在一定的市场细分基础上选择自己的目标市场，最终将企业的产品或服务定位在目标市场中的确定位置上。由于任何一个企业的资源都是有限的，通过市场细分理论，有利于企业提高经济效益，集中企业的资源投入目标市场，有利于企业选择目标市场和制定更好的营销策略。

（1）市场细分。所谓的市场细分是按照消费者不同的购买习惯和不同的消费需求，将一个整体的市场细分成不同子市场的过程，每个细分市场都对应着不同需求的消费群体，并且每一个细分市场都是由具有类似需求的消费群体构成的。市场细分是正确选择目标市场和市场定位的前提条件，在竞争激烈的同质化市场中挖掘新的市场机会，选择目标市场更有针对性地制定市场营销组合策略，提高企业的竞争力。

其一，按消费者群体细分。华为手机的产品线很丰富，针对不同的消费群体将产品划分为不同的系类。华为 Mate 系列是华为手机的旗舰系列，主打高端商务人士，Mate 系列承接高端技术和硬件的更新迭代，重点在于芯片、配置和华为手机最高的硬件水平，具有大屏幕、长续航、会议定向录音及文件加密等特定的商务功能，更能满足商务人士的需求；与 Mate 系列的定位不同，P 系列主要是面向时尚白领，在保证手机性能的前提下更加注重外形的设计和时尚感，适合更加注重产品外观和质感的用户选购；华为 G/Y 系列，主要面对的是年轻的用户群体，在外观的设计和硬件配置上都是中等水平，是比较实用的一款机型；华为的畅享系列，比较适合学生用户和老人等低收入来源的人群，畅想系列的硬件配置一般，能支持微信、微博等简单软件运行的流畅性；荣耀系列主要有荣耀和畅玩两个系列，荣耀系列在配置性能上和 Mate 系列、P 系列差距较小，它的特点是重性能轻设计，荣耀系列适合注重性能又预算有限的用户选购（见表9）。

表9　华为手机按消费群体细分

类　　型	价　　格	简　　评
Mate 系列	3000~4200 元	华为手机的高端系类，面向商务人士
P 系列	2500~3500 元	轻薄时尚，主要面向都市时尚白领
G/Y 系列	2000 元左右	主要面向青年用户，均衡实用

续表

类 型	价 格	简 评
畅享系列	999~1199 元	面向学生用户、老人，或者是备用机
荣耀系列	1999~2499 元	性能强悍，面向发烧友
畅玩系列	699~1199 元	性价比高，面向年轻用户

其二，按产品市场价格细分。按产品价格细分，华为手机大致可以分为低端、中端、高端三种类型。

低端产品线包括 G 系列、Y 系列和荣耀系列，其售价在 199 美元以下（按当前 1 美元＝6.9006 元人民币计算，合计 1373 元人民币）；中端产品线包括 G/Y 系列和荣耀高端系列，其售价在 199~399 美元；高端产品线包括 Mate 系列和 P 系列，其售价在 399 美元以上。华为手机在初次进入巴西市场的时候主推的是中低端价格的手机，根据 APUS Group 在 2015 年 7 月发布的《APUS 全球移动应用分析报告——巴西篇》中的数据来看，巴西用户对手机的消费能力不高，主流机型普遍在 1500 元以下，配置中等。但就最新的数据显示，在 2015 年底巴西手机售价平均为 700 雷亚尔，售出的手机中有 15% 的手机售价在 1000 雷亚尔以上，而 2016 年巴西的平均手机售价上涨到了 900 雷亚尔，售出的手机中有 30% 的价格在 1000 雷亚尔以上，说明随着巴西消费者生活品质的提高消费者偏好也发生了改变，偏好从中低端价格手机向中高端价格手机发展，华为在巴西市场也正在向中高端手机推进。

其三，按产品功能市场细分。由于不同的客户群体的需求偏好不同，对智能手机功能的偏好也不一样，商家为满足不同消费群体的需求，市面上侧重于某一功能的手机越来越多了，有侧重于拍照效果的手机，如华为 P9 的拍照效果强悍，运用了徕卡双摄像头，特别是拍出来的照片颜色表现力十足，有侧重于完美播放音质的手机，有侧重于商务性能兼保密性能的手机，还有针对客户的喜好研发一些新型娱乐功能的手机。从最新消息来看，华为为了满足女性消费者的偏好，2016 年 9 月，发布了两款偏向于女性客户的手机 Nova 和 Nova Plus，这两款手机主打时尚，拍照设计上更为偏向女性用户一些，主要聚焦年轻消费人群。但是从市场的角度来看，客户越来越注重手机的多功能一体化，大部分的消费者不会因为某产品侧重的某种功能的吸引就产生立马购买的欲望，所以手机厂商按功能细分而采取的市场战略的侧重点也越来越少了。

（2）目标市场。目标市场就是经过市场细分之后，结合当前的行业市场竞争情况对每个细分市场进行评估，结合自身的优势选择符合公司发展战略的子市场作为自己的目标市场。目标市场一般有三种战略可供选择，分别是无差别市场战略、差别性市场战略、集中性市场战略，根据巴西手机市场的情况，集中性市场战略是华为手机终端公司在巴西采取的重要措施。集中性市场战略就是在巴西市场上选择少数细分市场重点营销，有利于集中企业的优势力量，实现专业化生产和销售，降低成本，提高市场的占有率。

其一，偏向于中低端消费群体。南美地区国家的贫富差距较大，财富主要集中在少部分富人手中，在巴西财富持有的结构也类似，所以从消费者的购买能力上来看，中低端价位的手机在巴西很畅销。华为手机在巴西也是主推中低端类型的手机，巴西手机市场的平均售价在 2000 元以下，而且中低端手机在巴西市场的需求也挺大的。华为在巴西把目标市场主要定位于两种人群：一是重视高性价比的商务人士，二是中等收入及较低收入人群。从华为在巴西的出货量来看，中低端产品的出货量高于高端产品的出货量。

其二，偏向于商务人士和年轻客户群体。华为手机大多数机型偏向于商务类型，从外观上来看，简洁大方、稳重大气的手机外形很适合商务人士持有。与商务人士不同的是，年轻人的消费群里，他们的经济状况不稳定，对价格比较敏感，在选择手机上更加侧重于性价比，华为手机以"高品质，低价格"的策略使其有效地迎合了一些消费者的需求。正是抓住了巴西这两类消费群体的特性，华为在巴西的市场营销策略上也是偏重于商务人士和年轻客户群体这两个细分市场，针对这两个细分市场制定相应的营销策略，重点突破，投放适销对路的产品，以满足当地市场的需求，提高企业当地的竞争力和市场占有率。

（3）市场定位。市场定位就是选定目标市场以后，企业为自己的产品在市场上树立某种独特的、给人印象鲜明的形象，从而赢得客户的认可。正确的市场定位有助于建立企业产品的特色，在消费者心中留下独特的印象从而取得竞争优势。

第一，追求卓越，争做质量标杆。华为公司自成立以来一直都坚持着"以质量为生命"的工匠精神严格要求自己，质量对于华为来说如同企业的自尊和生命。华为公司一直都秉承着零缺陷发货，如果是在生产过程中或者是检测出产品有安全风险问题是绝对不允许发货的。华为的总裁任正非 2017 年 3 月在松山湖华为手机工厂考察时发表了《我们的目的是实现高质量》，任正非表示，华为手机要靠质量称霸世界，瞄准高质量前进，华为所有业务的本质是实现高质量，而不是以省钱为中心，高质量是企业的生命，也正是华为这种视高质量如企业生命的工匠精神赢得了客户的信赖。华为走出国门 20 余年，质量保证如同企业的标签。在踏足巴西市场以来，华为也是一贯坚持着质量优先原则，不断地提升产品的品质，用领先的技术和优质的服务赢得巴西人对华为品牌的认可度。

第二，技术领先，品质保障。安卓手机出现的最大问题就是随着手机使用年限的增长越用越卡，卡顿现象太严重。华为自主研发麒麟 960 芯片，解决了安卓智能手机近 10 年的难题——卡顿、耗电快和拍照像素不高等。华为 2016 年 11 月在德国正式发布重磅旗舰华为 Mate9 保时捷定制版，目前全世界最薄的手机，搭载了华为自主研发的麒麟 960 处理器，在实际的用户体验上也超过了苹果 7 和三星 S7e，不仅配置强悍而且可以实现自动内存调度与存储优化。在续航能力上，华为也取得了重大的突破，2015 年华为的瓦特实验室在第 56 届日本电池大会上发布了 5 分钟即可充满 3000mAh 电池 48% 电量的快充技术成果，超级快充手机也将陆续发布到市场。华为每年投入大量的资金投入研发，2015 年研发投入接近 600 亿元，研发费用占总收入的 15.1%，专利数位居全球第一，10 年累计投入超过 2400 亿元人民币，正是这样一家注重研发和创新的企业，才能在全球市场上掌握领先的技术。与其他手机厂商相比，华为在通信技术方面的优势是显而易见的。

三、战略优化建议

虽然华为手机在巴西市场已经取得了不错的成绩，但通过前面对巴西市场的分析，华为在巴西手机市场开拓方面还是面临了一些问题和挑战。针对那些问题，本文将从华为在巴西市场的产品策略、价格策略、分销策略和促销策略四个角度对华为的市场战略提出相关的建议和优化。

（一）产品策略

1. 产品定位

通过对巴西智能手机市场竞争格局的分析以及结合对巴西手机消费者潜力的分析，在产品策略方面，应该顺应市场的发展不断推陈出新，根据巴西当地消费者的偏好推出相应的产品，在全产品链投放的同时，可以侧重于主推两种类型的产品：一类是偏向于中低端消费群体的产品，在巴西市场上智能手机的主要新增长点将会来自那些未饱和的低线城市，包括一些农村地区的低收入人群，针对这些低消费人群制定有效的产品策略，将会是扩大巴西市场份额的关键，另一类是偏向于商务人士和年轻客户群体的机型，这类消费群体比较注重手机本身的品质和带给他们的体验感，而且他们有着强大的购买能力，华为终端可以针对这个市场细分领域在巴西市场推出性价比较高且富有文化内涵的手机机型，保证产品的品质。

2. 产品生命周期管理

一个新的产品从投放到市场都要经历上市初期、成长期、成熟期、衰退期这样的周期，企业要想它的产品保持较长的生命周期，需要制定相应的产品策略及营销策略来顺应市场的变化。在上市初期，应该加大广告的投放和在当地市场的推广力度，力争提高产品的知名度；在成长期，这时的营销重点应是扩大产品的销售份额，积极开拓产品的销售渠道，可以适当地降低产品的价格增强竞争力；在成熟期，可以通过改良产品的性能提高用户体验，同时配合采用多种促销手段扩大产品的销量；对于处于衰退期的产品，企业应该针对不同的产品衡量是否做退出市场的打算。

3. 加强产品品牌建设

在产品品牌方面，华为手机最近几年迅速发展，一举跃进全球第三的销量，虽然品牌的知名度在国际市场上越来越高，但是华为终端在巴西市场的市场份额和品牌依赖度都有待提高。华为手机应该加大在巴西的推广力度，把品牌做大做强，学习苹果手机的优势，能够做到像苹果手机那样，给人们带来的是一种全新的生活理念，而不仅仅只是一款手机产品。品牌代表了企业的形象，加强品牌建设有利于消费者形成对品牌的忠诚度，有利于加强消费者对企业的关注度，有利于增强客户的黏度，从而为企业带来营收的增加。

（二）价格策略

在巴西采取什么样的价格策略，需要基于对巴西手机市场供求状况和当地消费者的购买力的估量和成本分析，产品价格策略的制定应该根据市场变化，在维护买方和卖方利益的前提下做出灵活的反应，本文将从短期和长期两个角度对价格策略提出意见。

1. 短期的价格策略

从短期来看，通过对巴西手机市场需求的分析，中低端消费群体还是占了大部分比重，这与巴西居民整体的消费水平有关系。由于中低端消费群体对价格比较敏感，华为手机可以推行在国际市场上一贯的低价格策略，吸引一些中低端消费群体，这样不仅能在短期内快速提升销量，而且对提高市场的占有率和品牌知名度也有很大的帮助。

2. 长期的价格策略

从长期来看，华为不仅仅要着眼于瞄准巴西的中低端市场，与此同时还要加快推出高端产品的机型。如果一味地推出低端产品，那么给客户传达的始终会是低端产品的印象，无法提升企业的品牌形象。低价格策略虽然可以突破销量却不能为企业带来多少利润。根据最新的数据显示，全球智能手机总利润预估为537亿美元，一直走中高端路线的苹果赚取了449亿美元（占比79.2%），三星拿下了 14.6%，约 83 亿美元的利润，而销量接近苹果手机七成的华为手机，利润只有它的 1/50。显然，要提升企业的盈利能力，不能再打价格战争，应该保持公司有利润的增长，努力提升运作效率，降低手机生产成本和管理费用，增加公司现金流收入。

（三）分销策略

为了更好地拓展巴西手机市场，吸引更多的合作伙伴销售自己的产品，渠道策略对企业的销售来说越发重要了。在巴西要建立一个庞大的销售网络，最好是采取多渠道并行的策略：一方面可以与当地的电信运营商合作，多和当地的运营商进行沟通，及时了解他们的销售状况，及时地调整营销战略，但尽量减少对当地运营商合作的过度依赖；另一方面可以携手中间渠道销售，如手机大卖场、专柜零售、家电连锁商城、电子商务网站等方式。

从巴西的市场分析来看，由于巴西实体店要交纳高昂的税负，因此使得很多巴西的消费者在线下的实体店看好要购买商品的样式，转而去网上购买，所以华为手机可以顺应巴西电子商务的潮流，在巴西推出网络商店，可以给巴西的消费者提供一个购买手机和配件的新渠道。从图 7 的统计中可以看出，巴西的电子零售销售额近年来逐年增长，平均每年增速达到了 17.5%，有关数据还显示，巴西市场移动设备的订单额由 2014 年初的 4.8% 迅速增长到 2015 年初的 9.7%，其中手机的订单量占了 65%，所以在巴西开展网络商店的潜力巨大，预期将可以取得较好的销售业绩。

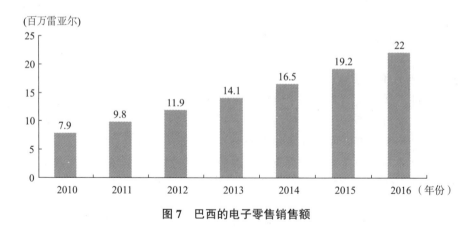

图 7　巴西的电子零售销售额

（四）促销策略

企业的促销策略主要是为了激发客户的购买欲望来达到扩大销售的目的。传统的手机促销方式有很多种，主要有广告促销、销售人员推广、互联网促销、公共关系等，下面本文主要对以下两种促销途径提出建议：

1. 分期付款促销

由于各个地区的生活、消费习惯的差异，结合巴西市场，笔者认为分期付款促销是一种可行的促销方式。在消费方面，巴西人一直保持着乐观的心态，酷爱分期付款，喜欢超前消费，去超市买个小物件都可以分期付款，有些巴西人购物时手揣多张不同的信用卡来增加可支配信用额度，总之想尽一切办法透支未来的收入。华为手机可以针对巴西客户的消费习惯，制定相应的分期付款促销策略。另外，巴西人习惯在周末出去购物，所以可以在周末举办大型的促销活动，推出可分期付款不收利息的机型来刺激巴西人的购买欲望，既能达到宣传推广的效果又能提高手机的销量。

2. 公共关系

在国际市场上公共关系营销越来越受到企业重视，华为在巴西市场拓展时与当地政府建立和谐的社会关系和良好的企业形象，不仅可以通过公共关系来缓解社会摩擦，还可以赢得当地居民的信任和好感。公共关系促销可以通过以下两种方式开展：一方面，可以通过赞助当地的企业，多做慈善等公益活动，在当地人心中树立有责任的企业形象；另一方面，华为可以通过雇佣本地的员工解决当地就业，拉动当地的经济增长，要更加积极地参与当地的公共事业，如教育、环保、社会福利等，贡献自己的一份力量，提升企业的公信力。

四、总结

华为手机公司成立于 2003 年 7 月，经过十几年的发展，华为智能手机已发展成为继苹果、三星之后第一家跻身"亿级销量"的国产手机厂商。近三年华为终端发展迅猛，2015 年华为手机的出货量高达 1.2 亿部，到 2016 年华为手机的出货量逼近 1.4 亿部，在国际市场上也取得了不错的成绩，2016 年海外市场的增速首次超过国内市场。但是面对手机市场激烈的竞争格局，企业如何保持高速、健康的快速发展，立足于市场的不败之地是每个企业都在积极探索的问题。本文选择拉美市场具有重要的意义，中国是拉美的第二大贸易伙伴，而且中国在经贸领域越来越重视拉美地区。本文通过华为公司在拉美地区的市场战略进行研究，分析其存在的问题并提出合理的优化建议，一方面是希望通过华为终端公司的经验给其他国产手机拓展拉美市场提供借鉴和参考，另一方面是希望通过研究华为公司的案例发现其在开拓巴西市场中存在的问题并予以优化，提高其在巴西市场的竞争力。

参考文献

［1］V. Shankar, S. Balasubramanian：Mobile marketing：a synthesis and prognosis［J］. Journal of Interactive Marketing, 2009, 23（1）：118-129.

［2］P. W. Turnbull, S. Leek, G. Ying：Customer confusion：The mobile phone market［J］. Journal of Marketing Management, 2000, 16（1）：143-163.

［3］V. Shankar, A. Venkate, C. Hofacker, P. Naik. Mobile in the retailing environment［J］. current insights and future research avenues of interactive marketing, 2010, 24（2）：111-120.

［4］K. C. C. Yang. Exploring factors affecting the adoption of mobile commerce in Singapore［J］. Telematics and informatics, 2005, 22（3）：257-277.

［5］Barney J. B. Firm resources and sustained competitive advantage［J］. Journal of Management, 1991（17）.

［6］Porter E. Michael. From competitive advantage to corporate strategy［J］. Harvard BusinessReview, 1987, 65（3）.

［7］耿弘. 企业战略管理理论的演变及新发展［J］. 外国经济与管理, 1996（6）.

［8］叶克林. 企业竞争战略理论的发展与创新［J］. 江海学刊, 1998（6）.

［9］王磊, 刘洪涛, 李垣. 当代企业战略研究的理论基础综述［J］. 经济学动态, 1999（2）.

［10］路兴武, 郝钢. 论我国智能手机市场发展趋势［J］. 黑龙江对外经贸, 2011（5）：63-64.

［11］张建辉, 窦江海. 我国通信设备制造企业跨国经营的技术战略［J］. 山西高等学校社会科学学报, 2012（4）：46-48.

［12］吕海芳. 华为手机业务成功要素分析及对国产手机未来发展的启示［J］. 经济与法, 2013（6）：1004-8146.

［13］韩钢, 李随成. 移动互联网浪潮下的智能手机消费分析［J］. 消费经济, 2011（4）：61-64.

［14］杨海峰. 全球使能下的华为终端策略［J］. 通信世界, 2012（8）：1-6.

［15］马有良. 国产手机销售渠道发展之探讨——略论价格营销策略［J］. 价格理论与实践, 2004（11）：61-62.

［16］祝合良, 刘宝宏. 战略管理教程［M］. 北京：高等教育出版社, 2003.

［17］［美］迈克·波特. 竞争战略［M］. 北京：华夏出版社, 2001.

［18］郑海航，黄津孚．中国企业管理［M］．北京：经济管理出版社，2003．

［19］王象山．未来竞争力——中国企业的战略修炼［M］．北京：人民出版社，2008．

［20］袁界平．我国中小企业战略管理的现状、成因及建议［J］．科技管理研究，2005（3）：23-26．

［21］曹志平．中小企业战略管理现状、成因及管理［J］．管理世界，2007（3）：45-49．

［22］杨锡怀，冷克江，干江．企业战略管理（第二版）［M］．北京：高等教育出版社，2004．

［23］张倩，尹上梓．浅谈企业战略管理理论的新发展及趋势［J］．管理探索，2008（11）：20-21．

［24］门秀敏．谈企业战略管理的发展趋势［J］．北京市经济管理干部学院学报，2008，23（3）：32-34．

［25］徐君土．企业战略管理［M］．北京：清华大学出版社，2008．

［26］张建涛．企业战略管理创新［M］．广州：中山大学出版社，2007．

［27］邹昭稀．企业战略分析［M］．北京：首都经济贸易大学出版社，2008．

［28］于萍．战略管理理论综述［J］．商场现代化，2007（26）．

［29］［加］亨利·明茨伯格．战略历程：纵览战略管理学派［M］．刘瑞红译．北京：机械工业出版社，2005．

［30］刘华文，谭力文．国外战略管理研究新动向［J］．科技进步与对策，2008（1）．

［31］俞涛．SWOT 分析模型在战略形成中的应用研究［J］．经济技术协作信息，2008（3）．

中国企业在拉丁美洲的营销
挑战与策略研究

邱爱梅^①

摘　要： 中国的"一带一路"倡议促使更多中国企业走向拉美地区，如何在营销环境迥异的国家开拓市场，是每个中国企业面临的问题。拉美国际化经营需要了解各方面的挑战以及采取的策略路径。本文从这两个方面入手进行思考，并给出笔者自己的建议。

关键词： 国际化；营销挑战；营销策略

"一带一路"倡议呼吁中国企业国际化经营，而这将充分依靠中国与相关国家建立的区域发展平台，积极主动建立与沿线国家的经济合作伙伴关系。21世纪以来，新兴发展经济体成为世界经济增长的主要引擎，深刻改变着全球经济格局。拉美国家在国际经贸活动中相对活跃，在未来世界经济增长和全球发展中将具有重要地位。在这样的背景下，拓展拉丁美洲市场，是中国企业国际化进程的必由之路。中国国家主席习近平在2016年11月出访拉美三国并出席亚太经合组织领导人非正式会议，开启了中国对拉美外交的新阶段。在世界经济进入新常态的大背景下，拉美各国也在积极探索如何利用和应对中国因素带来的机遇和挑战。拉美欢迎中国企业，在世界经济增长低迷的背景下，中国在拉美发展进程中的地位和作用再次彰显。中国企业开启国际化征程，而关注国际营销挑战，制定国际市场营销策略显得尤为重要。

---

①　邱爱梅，广东外语外贸大学商学院教师，研究方向：区域品牌、市场营销。

一、拉丁美洲总体概况

（一）拉丁美洲概述

拉丁美洲全称为拉丁亚美利加洲。拉丁美洲是指美国以南的美洲地区，包括墨西哥、中美洲、西印度群岛和南美洲，北部有墨西哥湾和加勒比海，面积2056.7万平方公里。拉丁美洲共有34个国家和地区，如墨西哥、危地马拉、洪都拉斯、巴拿马、古巴、海地、牙买加、巴哈马、哥伦比亚、巴西、厄瓜多尔、秘鲁、玻利维亚、智利、阿根廷、巴拉圭、乌拉圭，还有仍处于美、英、法、荷统治下的十多个殖民地。

拉丁美洲3/4处于热带范围之内，在世界各大洲中，它的气候条件最优越。拉美地区主要部分处在低纬度和赤道线两侧，80%的地区处在热带和亚热带，气候温和，温差较小，雨量充沛且季节分布相对均匀。优越的地理位置和气候条件，给拉美地区提供了丰富的自然资源，也给动植物生长和繁衍提供了良好条件。拉美地区具有发展粮食作物和经济作物的巨大潜力，普遍种植玉米、小麦、水稻、豆类等多种粮食作物和甘蔗、香蕉、可可、棉花、柑橘、咖啡等经济作物。其中，巴西的咖啡、香蕉、木薯产量居世界第1位，大豆产量居世界第2位，可可产量居世界第3位。南美洲有大面积的草场、牧场，草原面积约4.4亿公顷，约占全洲总面积的25%和世界草原总面积的14%以上，适宜大规模发展畜牧业。阿根廷的牧场面积达1.4亿公顷，潘帕斯草原是拉美著名的天然牧场，生产大量优质牛、羊肉，驰名于世。

拉丁美洲许多地区气候适宜，雨水充足，土壤肥沃，农产丰富。主要粮食作物有稻米、小麦和玉米。经济作物以甘蔗、咖啡、香蕉、棉花最重要。糖产量约占世界糖产量的1/4，加勒比海地区有"世界糖罐"之称，古巴是世界上出口糖最多的国家。咖啡、香蕉和棉花产量都非常惊人。矿产与海产品也十分丰富。

良好的地理环境和区位优势为拉美地区提供了丰富的物产，该地区同时也是一个巨大的潜力市场。拉丁美洲人口5.88亿人，拉美人热情好客，彬彬有礼，"拉丁人"代表骑士风度、豪侠、男子气概、女性受到赞美、尊敬和爱护，被认为主要任务是照顾家庭，而不参与商业活动。拉美大陆信奉天主教，主要说英语和西班牙语，曾经被欧洲殖民过。拉美地区两极分化，中产阶级人数稀少。

（二）拉丁美洲市场需求状况

尽管全球经济环境仍存在较大不确定性，但科技和地缘政治因素促使拉美国家对出口产品的需求增加，由此带来大宗商品出口价格上涨，加上部分国家政府采取的经济自由化、降低关税和消除非关税壁垒等措施，为拉美地区贸易反弹提供了有利条件。出口回升推动拉美经济在经过两年的衰退后开始恢复增长。

目前，中国企业在拉美的投资领域包括农业、渔业、矿业、石油化工、家电、轻工产品加工组装，在信息、通信、航空、生物等高技术领域也有合作。从行业分布来看，中国对拉美的直接投资主要集中在资源开采业，尤其是石油业、矿产业，基础建设占24.2%，能源占17.5%，交通运输占12.7%，矿产占4.2%，旅游业占2.5%，其他产业占18.8%。在制造业方面，中国企业在引进并吸收国外先进技术基础上进行技术创新，已经掌握了相对先进的技术，中国对拉美的直接投资开始涉足较高端的制造业，如长城、吉利、夏利等中国自主汽车品牌已经进入了拉美市场。拉美农业、渔业等自然资源相对丰富，这些部门吸引直接投资的潜力较大，除了开采性行业，中资公司在可持续发展、清洁能源以及社会服务方面的投资力度也很大。中国经济结构调整和供给侧改革，为拉美地区能源发展和基础设施建设带来了跨越式发展。

目前，应利用中国在拉美地区日益增长的影响力来进一步深化中拉合作，推进中拉整体合作以及区域一体化。未来中国家电、互联网通信类、轻工类产品将在拉美地区有较大增长潜力。

二、中国企业在拉丁美洲的国际化经营优势

中国企业在拉美的国际化发展具有多方面优势。总体上，中国对拉美地区社会、经济等方面的影响日益增加，并且中国企业具有海外投资的资金优势。中国综合国力大大提高，拥有大量的外汇储备，这些是中国企业"走出去"的坚实基础。雄厚的外汇储备为中国对外直接投资的发展提供了资金来源和保障，也为东道国企业与中国企业合资、合作增强了信心。企业整体实力明显提高为其国际化发展奠定了微观基础。经济效益好的企业积累了大量自有资金，具备了开展对外直接投资的能力。除此之外，还有技术优势。通过几十年的发展与调整，中国科技水平和国际竞争力得到加强，物质技术基础较为坚实，工业门类齐全，具备较强的科研和技术开发能力，为企业对外直接投资提供了坚强的后盾。国内市场饱和的技术设备，正是一些发展中国家所需要的，对拉美等发展中国家具有较强吸引力。例如家电产业，虽然拉美的家电业比中国起步早，却没有中国发展快，在产品技术、种类、价格上都落后于中国。最后，中国企业国际化还具有人力资

源优势。中国经济不断发展，各产业不断成熟，培养了一大批熟练的劳动力和技术工人，可以随着产业输出一起输出到当地。

中国企业在拉美地区进行项目投资时，应对当地营商环境做出全面、细致的调研，认真评估项目影响。在贸易合作方面，中拉双方应探索初级商品之外其他产品的出口，在政府合作的基础上，扩大双方私营部门的长期、可持续性合作。此外，拉美发展还应注重环境因素，把南南合作推向更高水平，加快取得可持续发展成果。

中拉经贸合作取得了突破式发展，中国在拉美地区投资巨大，尤其是基础设施建设，为拉美发展带来了新机遇。中国的"一带一路"倡议有助于提高地区基础设施建设水平，为地区联通、经贸往来、人员交流提供现实条件。

2016年，中国与拉美地区在基础设施合作领域有了重大突破，在工程承包合同金额继续稳步增长的同时，中国企业在巴西电力领域的并购成效显著，在牙买加、厄瓜多尔实施公路特许经营项目。当前，拉美地区掀起了第三轮基础设施建设高峰，中拉合作迎来了历史新机遇。拉美地区（含加勒比，下同）是世界主要地区，拉美经济对世界经济有重要影响，但由于世界经济危机、大宗商品价格下跌和部分国家政治动荡等原因，近年来拉美经济经历了非常困难的时期。经过几年的调整，2017年拉美经济出现了复苏迹象，地区主要经济体如巴西、阿根廷等国都有望实现增长。拉美是中国的全面合作伙伴，中拉经济合作潜力巨大。经过40年的发展，中国在高端装备制造、先进集成技术等多个重要领域拥有了优质产能，而拉美对基础设施建设和产业升级需求巨大。中拉应加强、加深经贸合作，特别是产能合作，这将为拉美经济发展注入新的动力，实现中拉双赢合作。

三、中国企业在拉丁美洲面临的营销挑战

国际营销环境对企业的国际化经营影响重大。不同国家政体不同，政局稳定差异性大，对开展国际化经营有较大影响，而东道国的经济发展状况直接影响当地市场规模与需求，社会与文化上的差异则会带来沟通交流与交易上的障碍。认识不同的营销挑战，直面国际化经营的困难，是国际化的首要步骤。

1. 政治和法律挑战

拉美总体政局平稳，但也有新的波动。2017年《拉美政治形势》报告认为，虽然整个地区政局相对平稳，但拉美政治生态出现新调整，政治形势出现新变

动。一些拉美国家执政环境恶化，执政难度和压力增加，政治力量对比状况发生重大改变。一些从政府政策中受益的群体特别是中间阶层的利益受到损害，其不满情绪增加，政治立场和政治态度发生变化。委内瑞拉等国政局出现不稳定和紧张态势；拉美左翼失去地区政治主导权，左翼共识退却，左翼政权承压，拉美政治格局已发生根本变化，呈"左退右进"之势。报告同时强调，拉美左翼的执政周期虽趋于退潮，但其仍有不可忽视的政治和社会影响力。

除东道国的政局带来的政治挑战之外，"走出去"的中国企业还会遇到来自东道国两方面的挑战：合法性和合理性的质疑以及不公平竞争的指责。中国企业"走出去"经常会受到东道国对中国企业的合法性和合理性的质疑，质疑意识形态，中国企业要不断地去证明进行海外投资的合理性，这是较大的挑战。另外，有些中国企业因为拥有来自政府的支持和补贴，从而面临不公平竞争的指责与责难。

中国在拉美的项目大部分集中于开采类等传统行业，对当地生态环境以及人文居住环境带来的影响成为主要争议话题。绿色消费的需求在全球都很旺盛，拉美市场对绿色标志认证以及环保检验标准的要求也会促使国际化的企业顺应绿色消费趋势，规避绿色贸易壁垒。拉美的金融、贸易整体开放程度不及亚洲，部分拉美国家出于维护本土产业和企业的目的，出现贸易和投资的保护主义倾向，尤其是一些拉美大国在税收、法律、劳工外汇等方面较为严苛，而且政府行政效率普遍低下，社会安全也得不到充分保障。

2. 经济挑战

拉美市场规模庞大，需求不断增加，但近期经济形势下滑，影响消费与投资。2016 年拉美经济呈现如下特征：短期衰退与分化持续且愈加突出；输入型压力增大，通胀整体上升；失业率上升，劳动力市场局部恶化；国际收支衰退性顺差，外汇储备上升。在政策方面，2016 年拉美和加勒比地区各国仍以预防性措施为主，具有短期性和应急性特征。其中，财政政策受到税收收入下降的制约，总体呈现收缩之势。货币政策的内部通胀压力相对减弱，侧重刺激总需求和国内经济增长。目前，拉美国家经济结构性改革步入僵持阶段，尚待突破。经济治理能力总体上相对薄弱，政策逆周期性不足。2017 年拉美地区经济有望扭转加速下滑的局面。经济形势必然对消费者的消费能力和购买能力造成一定的影响。

拉美国家长期以来一直是全球经济治理较为活跃的参与者，但其话语权和影响力相对有限。在外部环境不利、内部改革滞后的双重压力下，拉美国家也在积极寻求发展战略调整，实现经济增长的模式转型，推动产业结构升级，推进区域一体化，扩大对外开放。中拉合作也在进行深度改革，期待迎来更大发展机遇。

整个拉美面临发展瓶颈，基础设施落后及资金缺乏，对很多行业的研发投入不足。总体上虽然社会发展取得进步，但短期内又有逆转的趋势。拉美国家 21 世纪以来在就业、教育、卫生等领域取得持续进步，但《拉美社会形势》报告指出，由于经济形势不断恶化，拉美地区整体向好的社会形势出现逆转。多数拉美国家的失业率上升，就业质量下降，贫困反弹，一些已经实现脱贫的人口重新返贫。经济挑战带来的风险在于中国投资企业的不确定性，以及当地消费者消费的不确定性。

3. 社会与文化挑战

文化壁垒一直是诸多跨国公司进行跨国经营时所要面对的首要问题之一。在世界文化的百花园中，拉丁美洲文化是朵奇葩。经过 300 年的欧洲殖民统治，拉美形成了独特的社会文化结构。拥有古老文化的拉美与中国文化迥异，不同的生活习惯、不同的观念，导致中国企业在拉美这块土地上遇到了与国内不同的挑战。

拉美人皮肤黝黑、脾气急躁、易动感情、笃信宗教，拉美人精明和机灵，注重享受生活，不喜欢节俭与储蓄，有钱就消费，消费率高，还具有浪漫、傲慢和散漫的特点。拉美人的时间观念较为淡薄，办事拖拉或不守时的现象十分普遍，总是迟到或缺席。与不思进取的人生态度相联系的是不重视教育，拉美或欧洲的高等学府更注重身份地位，在技术吸收与创新、求知欲方面明显不如亚洲大学毕业生。拉美没有户籍制度，移民非常容易，所以这种没有任何管制的移民使许多拉美国家的城市化率超过了 80%，但是城市失业率也居高不下，贫富差距比较严重。

饮食文化不同。拉美人即使有公务一般也不请客吃饭，因为经费预算中没有请客吃饭这个项目。拉美人请客吃饭，喜欢安静，喜欢灯光暗淡一点，喝酒自便，从不劝酒，很多时候不是为了美食，而是为了精神会餐。请客吃饭的品种单一，选择余地不大，这跟中国的饮食文化大不相同。中国人请客吃饭在相当程度上与企业经营成败有关。饮食文化差异也反映宗教信仰与审美情趣上的不同。拉美一些国家信仰伊斯兰教或佛教，都是严格的素食主义者。

礼尚不往来。中国讲究礼尚往来，华商的送礼文化比较突出，但在某些外国人看来有行贿之嫌。拉美人平时交往讲究礼轻情意重，遇到结婚或生日，通常举行聚会，当地人应邀而来但多数是空手而来。

由于语言、文化以及商业习惯的不同，因而中资公司习惯雇佣中国员工。这虽然确保了中资公司在效率上更具竞争力，却遭到拉美各国当地企业的排斥。中资企业管理层对拉美劳工政策不了解，也经常出现难以调和的劳工条款纠纷等。这些社会文化上的差异都可能成为中国企业在拉美拓展市场时面临的问题。对颜色的偏好不同、礼仪风俗的差异都可能影响国际营销策略的制定。了解并尊重当地文化，是进入当地市场、更好适应当地市场的前提。不同文化对消费者的影响是全方位的，文化差异带来的消费态度和消费行为是不同的。拉美文化的不同带来消费者的消费差异，中国企业需要面对并接受挑战。

4. 其他挑战

（1）技术挑战。据 2016 年数据①显示，拉美地区专利申请数量较活跃，获批数量与加拿大持平。但是拉美地区各国之间经济发展水平并不平衡，小国和岛国经济发展水平较低，阻碍了科技创新的发展。阿根廷、巴西、智利和墨西哥四国的科研支出占了总支出的 90%，是拉美科技创新的中坚力量，其他拉美国家由于自给自足率很低，影响了当地经济发展与消费结构的升级。

（2）品牌挑战。品牌是企业的无形资产，在开展国际化经营过程中，企业需要积累自身资产价值，建设国际化品牌，不断维护和管理品牌资产，否则就会弱化品牌的资产价值。中国海尔在国际化品牌营销战略方面可以提供借鉴，其在进入国际市场初期就树立了国际品牌的远大目标，坚持打自己的品牌。

（3）人才的挑战。开展国际市场营销需要熟悉国际市场环境和商业惯例，外语沟通能力强、熟悉国际营销业务经营和管理，还具有国际市场开拓精神和国际市场竞争意识的人才；需要既懂得国际市场营销，又懂管理、法律等多方面知识的高级复合型人才，并具有较强的语言与文字表达、人际关系以及分析和解决营销实际问题的技能。

以上这些挑战都会影响中国企业在拉丁美洲地区的国际化策略。

四、中国企业在拉丁美洲的营销策略

1. 市场研究策略

市场研究是国际营销的首要步骤，否则如果企业贸然行动，带来的风险与损失都较大。市场研究需要对拉美政局、经济政策、文化、目标客户市场的动态需求偏好等做全面的了解与把握。而市场研究的方式、方法可以多样化，例如政府层面的推动与合作研究。中拉政府之间推进的科技合作，既降低科研成本，也有利于产业优化升级，企业应及时关注这些合作。中国企业走向拉美需要官方或民间机构提供一定的商业平台。走出国门进行投资的门槛过高，有限的资金、人力

① 资料来源：RICYT 数据库，http://www.ricyt.org/indicators，2016-06-15.

和信息资源难以支撑前期巨大的市场开发成本和风险性投入，需要政府、企业商会或社会组织进行商业合作平台搭建，这一平台需要软件和硬件两方面的建设。

另外，还可以选择与科研院校合作的方式进行，中国目前有多个拉美研究中心，中国企业可以委托研究中心侧重某个行业进行研究，为中国企业在拉美的发展先行一步，做好探测工作。无论是企业委托当地机构进行的研究还是自身进行的研究，都需要实地了解市场需求与当地消费者的偏好，进一步深入了解和洞察目标消费群体对所在行业与产品的需求，以利于在拉美地区开展国际营销工作，为拉美市场的开拓打好第一枪。

2. 产品策略

目前中国企业在拉美地区开展的投资和营销的项目主要集中在能源资源、基础设施、农业、制造业、科技创新和信息技术等方面。

能源资源方面集中在三大领域：油气勘探开发领域、工程技术及劳务领域、新能源和清洁能源领域。受全球变暖的影响，世界各国都提倡低碳经济和绿色GDP，拉美国家在水电、风能、生物能源等清洁能源方面有比较优势，中国在生物科技和加工制造等方面发展迅速，未来在新能源领域合作的空间更大。

基础设施指交通基础设施、能源基础设施和电信基础设施。交通基础设施包括公路建设、城市轨道交通、航空运输、水路运输；能源基础设施则是拉美各国在天然气勘探方面需要增加的投入，建设和完善从天然气开采到输送的一整套基础设施；电信基础设施主要是因为技术革新和消费者偏好发生改变，对通信部门的基础设施提出了新的要求。总的来说，拉美电信部门数字化程度呈现良好增长态势，宽带网在拉美迅速普及，但手机等产品仅在高收入群体出现饱和。中国企业如华为和中兴已经在拉美市场广泛开展业务，承建了西班牙电信在拉美的移动通信网络。在此基础上，中国手机厂商未来可以考虑拓展拉美市场。移动宽带网的迅猛发展，为手机企业拓展国际业务提供了很好的基础。

农业方面的投资与国际化也拉开了序幕。例如，京东燕郊国家级高新技术开发区的汇福粮油集团，是一家以加工大豆、生产食用油和豆粕为主的综合性企业集团。世界粮油强企，都有一个从种植农场、贸易公司、港口、船队、加工厂到期货公司等强而全的"全产业链"的商业体系。从2010年起，汇福粮油集团以粮油加工为龙头，与巴西、阿根廷等国合作成立农业贸易公司，直接从农场收购大豆，并建成世界最大、工艺最先进的年60万吨食用油分装车间，由此形成了以粮油加工为龙头，上下游企业跟进的企业发展新格局。

制造业方面，中国企业积累了丰富的国际合作经验，打造了华为、中兴、三一重工、联想、海尔、格力、吉利、比亚迪等一批国际知名的中国品牌。中国制造业面临广阔的海外市场。当前中国已有220种工业品的产量位居世界第一，并有多项商品产量超过世界总产量的一半，中国先进技术实力和制造体系足以生产出世界上性价比最高的产品。对拉美等新兴国家与地区尤其如此，因为拉美普遍基础设施滞后，日常消费品匮乏，商品价格居高不下，中国企业在这些市场大有作为。中国的技术实力正在迅速提升，并有望在信息化时代实现"弯道超车"。当前，全球制造业在工业4.0、物联网、移动互联网等新一代智能时代大潮下各自前行。中国制造业的国际市场竞争力显示，中国企业在计算机及办公设备、纺织品、通信设备、机械及运输设备、集成电路和钢铁等领域竞争优势明显，可以在拉美找到非常好的接口和市场。中国制造业企业可以在拉美广泛参与基础设施、汽车、电子电器、日用百货等产业领域的合作。

信息技术方面，中国企业主要覆盖通信技术制造、通信服务业、广播电视和软件开发以及互联网领域。华为公司是率先也是最成功进入拉美市场的中国民营企业，主要业务不仅设计涉及信息技术基础设施建设，还为拉美其他主要电信企业提供技术解决方案。联想公司将拉美业务从亚太部独立出来，成立了一个新的美洲部，专注于拉美市场，目前在拉美10个国家设有业务机构。在移动互联网领域，百度公司在2012年推出葡萄牙语版本的网址导航，阿里巴巴利用"国际速卖通"推动巴西电商业在2013年"井喷式"发展。2014年拉美的微信用户增速同比超过1000%，当地流行的同类社交软件都无法与之匹敌，游戏企业也在巴西市场有较高的市场占有率和口碑。

无论为拉美地区提供什么类型的产品和服务，都需要注重产品质量，提供优质商品。产品竞争力的核心是质量，在适应性、耐用性、经济性、方便性、时尚性以及安全性方面需综合考虑。

3. 跨文化传播策略

跨文化传播策略是指在企业国际化过程中，不同文化背景的商业机构与商务人士之间的人际交往与信息传播活动，也涉及各种文化要素在目标消费市场中迁移、扩散、变动的过程，及其对不同群体、文化的影响。文化传播策略既是为减少贸易摩擦、减少当地消费者对投资项目的隔阂、增强对国际化企业和产品的信任而进行的一系列契合当地市场的沟通行为，也是为了更好地传播中国文化的和谐之道，是传播中国文化的利器。中国企业在拉美开展国际营销，需要加大宣传力度，创建中国名牌产品。只有将中国产品在拉美国家传播开来，提高其知名度，成为当地客户和消费者偏爱的品牌，才能在竞争中立于不败之地。

西方媒体不断炒作"中国经济威胁论"，对拉美国家产生负面影响，对中国企业开拓拉美资源产生疑虑。这种跨文化传播将化解矛盾，营造和谐的国家间关系。近年来，中拉人文交流合作持续扩大，双方文化团互访、相互举办文化活动日益频繁，旅游与留学人员往来不断增多。传播策略做得好，将发挥润滑作用，有效促进贸易与交易的进行。

中国企业在拉美进行传播时，可以加大中国对拉美国家文化传播中的"和谐"含量，塑造中国"和谐文化"的国家形象。不仅把蕴含在中国对拉美政策中的和谐文化在与拉美友好合作中体现出来，而且重视突出"和平发展"的特征，让拉美当地民众认识到，中国文化是一种具有深刻历史感，具有书画、琴韵、茶艺等艺术性很强的精神文化，一种怀有"天下"观念和博大精深的博爱文化，在传播中展示一个与外界和平相处、互惠互利、共谋发展的国家形象。

4. 本土化渠道经营策略

本土化策略是中国企业国际化营销的渠道策略，也即如何实施、落地价值。为更好地融入当地市场，扎根拉美，中国企业必须牢牢在当地扎根，利用当地各种可利用的资源，布局自己的销售网络。例如有的企业从单纯的出口型向当地研发、制造、采购、营销和服务转型，成为综合型企业，获取当地更多支持，另外还支持当地工业和供应商的发展。有些中国企业积极在拉美进行当地化采购、培训当地员工等各项活动极大促进了拉美当地工业化的发展，帮助当地供应商提升业务和能力。另外，加强与当地政府的支持，能够得到当地政府的合作，并取得政府的认可，这会大大促进企业国际化的运营。除此之外，加强与当地社区的联系与合作，践行社会责任。在全球化的浪潮中，开始走向国外的中国企业，不仅要将"走出去"当作是企业发展的地域上的迁移，更要勇于承担社会责任，积极参与当地公益事业，重视与企业迁移相伴随的、与拉美国家当地文化融合的过程。

中国企业需要在组织结构、管理制度和经营方式等方面实现真正国际化，通过雇佣拉美本土管理人员、深入参与当地社区发展等方式加速企业的国际化布局，进而融入全球市场体系。例如，华为公司在拉美的成功之道归纳为两点：一是寻找本土伙伴，合作共赢；二是推进雇员本地化，凭借这种创新政策，华为成功地成为拉美信息技术领域市场份额的领跑者。本土化策略除了合作本土化、用人本地化之外，还包括服务本土化。中国制造产品已经成为宣扬中国价值观的一个重要载体，成为向拉美国家展示中国形象的窗口。

另外，拓展网络渠道。跨境电商在欧洲和北美已经成熟，但是在拉美地区的增长速度更具吸引力。很多国家年轻人居多，年轻消费者推动电子商务增长迅速。年轻网民已经成为电子商务的主力军，网络购物消费增长率高，电商消费观念逐渐得到普及，而智能手机普及率预计可达到44%，移动支付也出现并发展。这些互联网和移动互联网的发展使得企业在当地发展网络技术成为可能。

5. 总结

中国企业在拉美的国际化是一个长期的过程，在未来"一带一路"倡议指导下，越来越多的中国企业将"走出去"。如何面临冲突与挑战，寻找因地制宜的策略，是每一个企业都要思考的问题。而且在拉美不同国家，具体应采取的策略又有所差异，需要中国企业具体而为。

参考文献

［1］拉丁美洲和加勒比发展报告（2016-2017）［M］.北京：中国社会科学院拉丁美洲研究所和社会科学文献出版社，2017.

［2］刘文龙.拉丁美洲文化概论［M］.上海：复旦大学出版社，1996.

［3］胡必亮，郭存海，姬娜.中拉经济合作新框架［M］.北京：中国大百科全书出版社，2015.

［4］袁南生.拉美寻美［M］.北京：中国社会科学出版社，2014.

［5］倪建平.国家形象与中国同拉美的经济合作：文化传播的视角［J］.拉丁美洲研究，2010，32（3）：3-7.

［6］全毅，魏然.文化因素与经济发展——来自东亚与拉美的实证分析［J］.福建论坛（人文社会科学版），2010（4）：30-36.

［7］史沛然.拉丁美洲的科技创新：21世纪以来的特点和趋势［J］.拉丁美洲研究，2016（5）：120-135.

中国商业背后的关系网络

——智利的挑战

马塞洛·泰托哈拉[①]

摘　要：本文旨在引起对社会关系和信任的关注，探讨国际贸易领域的智利和中国公司之间的异同。虽然是截然不同的两种文化，但出于共通的商业交流和共同的利益，两国可以一起努力。本文基于第一手资源，从早期的相关研究中获得启发，聚焦关系网的影响因素，同不利用关系网相比较，展示加强中国和智利关系的最佳商业案例，并将其系统化。

我们知道，一般商人都懂得在一段业务关系中人际关系和跨文化关系十分重要，但通常却不知道这些关系十分脆弱。通过研究，我们找出了加强智利和中国长远关系的方法，为开始同中国公司合作的智利企业提供一定的参考。

关键词：关系；信任；网络；人情

一、引言

对于像智利一样的国家而言，中国如果不是最大的贸易伙伴，也应该是其中之一，智利同中国在 2006 年 10 月签订了自由贸易协定（FTA）。

2005 年 11 月，中国前国家主席胡锦涛和智利前总统里卡多·拉戈斯见证了"中国—智利自由贸易协定"的签署。该协议于次年 10 月生效。根据该协议，接下来的 10 年中国和智利之间 97% 的贸易将享受零关税待遇。同时，两国还将在

---

① 智利圣托马斯大学经济管理学院特木科市分部负责人，商业工程师（工商管理学位）工商管理学硕士（MBA），商学院教授。

经济、文化、教育。科技和环保等领域加强交流与合作。2008 年 4 月 13 日，中国前国家主席胡锦涛和智利总统米歇尔·巴切莱特出席了在海南三亚举行的"中华人民共和国政府同智利共和国政府自由贸易协定服务贸易补充协定"的签订仪式。如今双方正大力推进在投资方面的共识。

这就使智利这个国家，公众、个人和教育界的目光齐聚中国。许多都期待或计划与中国建立文化或商业联系，但是期望背后，一系列文化因素让这些期望不容易实现，失败的案例不一而足。

本文旨在突出智利和中国文化中影响建立以关系为基础的信任的因素，特别是以关系网为基础的信任的建立和维持。我们试图理解的第一种中国商业文化就是"关系"，这个词在营销类书籍中十分常见，但在学术研究上却没有确切的先例，所以我们收集八方精义，以更好地理解这个概念，同智利影响信任建立的障碍因素做比较。

关系被认为是中国成功商业的必要条件（Chen，2004），Chen 提出了关系基础的理论研究，指出在不同的发展阶段如何更有效地利用关系的一些操作原则和方法。从下文中可以看出，关系与信任和智利比较认同的一种社会文化"任人唯亲"（Apitutamiento）有直接联系（Barozet，2006）。Compadrazgo（Compadrajo）（partnerism），也可以叫作 amiguismo（朋友主义），是智利比较通俗的说法，表示私人之间的礼尚往来，通常与官僚主义联系在一起。这个词源于西班牙语"Compadre"，是"教父"或"密友"的意思。

为了全面理解"关系"的概念及其对中国社会发展和商业联系的影响，我们必须分析"人情"一词。首先我们看源于人情理论的概念。

二、人情

在中英词典中，"人情"被翻译成"原因"，"情感/人的互动/社会关系/友谊/关切"。但实际上，人情还包含了一种义务，作为礼物或关切（Kipnis，1997），通常理解为"个人的特别对待，在市场交易中分配其他地方的资源作为礼物，以加强双方的关系"（Wong and Leung，2001）。

中国背景下的人情同国际背景下的"帮助"类似（Wong and Leung，2001），接受和给予均存在人情（Wang，2007）。

三、人情是怎样发挥作用的？

给予和接受，人情在中国可以说是一门复杂的艺术，必须遵守礼尚往来，就像中国古话说的："滴水之恩，涌泉相报。"商界中存在关系的两人更是被这种礼尚往来的社会义务捆绑在一起。

例如，受人恩惠，就是欠别人一个人情，那么就得准备在合适的时机报答别人。为了保证关系良好健康，中国人认为就必须看重礼尚往来（Wang, 2007）。

但是，人情有时候不需要立刻偿还（Hwang, 1987）。Ambler（1995）说："受人恩惠，总是会还的，一旦时机成熟，不必在不需要的时候急着利用关系，关系的存在可以让人安心，视为保障未来的安全工具。"

例如，帮助别人的人并没有指望立刻报恩或有条件的帮助。但接受帮助的人必须牢记恩惠，只要有需要，在恰当的时候就要回报恩情。另一句中国古话也说的是同样的意思——雪中送炭强于锦上添花，与英语"A friend in need is a friend indeed"（患难见真情）类似，同样是说报恩的价值必须大于至少等于受恩的价值（Kipnis, 1997）。知恩不报视为不义（Luo, 2001）。

拒绝报恩会伤害施恩人的感情，自己也会丧失信誉（Mianzi＝保全面子），这也关乎社会地位和诚信度（Hwang, 1987），失去信任就如同打在某人身上那样难受，因此会对关系造成长期且明显的负面影响。

尽管如此，有些人情总是还不了，特别是其中一方执意拒绝礼尚往来（Luo, 2001）。当其中一方对这段关系不感兴趣时，他就不会偿还恩情。因此，当一个人故意不还情的时候表明他想终止关系。这种情况下，明确表态拒绝维持关系的受恩方处在有利位置。在中国，这种行为通常遭人唾弃，不仅违背了礼尚往来的惯例，也与"移情"不符，即一种从他人的角度看待问题的能力（Wang, 2007）。Hwang（1987）认为一个懂得人情的人就具备移情的能力。并且，一个被认为是有人情的人，如果能感受到他人的情感和感觉，那么他就会帮助那些有需要的人。也就是说，人情的准则不仅规定着社会交往，同时还关乎一种社会机制，在有组织的稳定的社交网中，人人都可以利用人情获得理想的资源。

人情的规则表明，如果一个人接受了别人的帮助，首先必须报恩（Hwang, 1987；Yao, 1987）。问题是：何时才报？首先没有明确的规定说明何时报恩。如果立刻回报，关系就立刻终止了，但其实可以转换成长期关系，那么这段关系就成了买卖的工具。因此，延长时间直到报恩是为了稳固交情而不是作为交换恩惠或物品。

西方的关系营销和关系有基本的共通点，例如互相理解、合作和长期倾向，但在深层次机制上却大有不同。例如，大多数西方文化中的关系交易受法律法规的管理，但中国关系的指导原则和行为受道德和社会准则的约束（Arias，1998），特别是中国的关系通过人情互换、共同获利来维持。

四、关系

关系的核心部分就是两人私底下的联系，通过这种联系就可以要求对方帮忙或服务。两人的社会地位没必要非得相当。"关系"这个词还可以用来形容一个人有需要时可以联系或者利用的联系人网络，还可以借助这个网络影响第三方。此外，关系还指两人互相了解的一个状态，"知道我的需要、我的愿望，并且做事前会考虑这件事对我的影响或无须交谈就能明白"。

通常这个词不形容家庭关系，尽管关系衍生出来的一些义务可以用大家庭的观念来解释，既不用于形容其他规定下的关系也不用来形容传统的社会结构。关系存在于人与人之间，但却是不可转让的。一个有良好关系的人，其私人关系网就可以帮助解决面临的麻烦。普通话中接受道歉最普遍的说法就是"没关系"。"没（有）关系"可以被直译成"it does not have（implications）in the *Guān Xi*"。

学术界和商界对"关系"这一概念讲了很多，不光是在中国，在其他奉行儒家文化的亚洲国家也很受重视。为了集中精力理解人情这一工作，我们必须尽可能明确定义"关系"。对中国人来说很简单，但对于其他国家特别是像智利一样的拉美国家的人，并不容易。这个词有两个字："关"，代表门、出口或闭；"系"，代表联系；合在一起是"关系"，基于互利互惠的联系。

事实上，有很多"人情"的定义和研究者，但最为人们所接受、简单且广泛的就是那个让我们理解和喜欢的术语"Relationship"。这个词更加具体地表明创造和维持关系是基于参与者互相帮助的原则之上的。

此外还有另外一层理解，含有消极含义，在政治和经济中受欢迎，但却游走在法律的边缘。这种发生在关系网成员之间的互换行为不是纯商业的，但也包含上述的礼尚往来（人情）和社会地位的维护（面子）。在这个意义上，一方接受了恩惠，将来也是要还的。违背了礼尚往来的规则和社会义务，会损害自身的信誉和社会名誉（Chen，1995）。

因此，中国人互相帮助保护、维护、提升、给予、交换甚至主动帮忙树立社会名誉。中国市场的潜力是无与伦比的，尽管许多外国商人认为在中国发财很难、很复杂、耗时更长。鉴于此，许多人曾做过关于在中国经商的研究，这些研究均注意到了关系、社会网络和商业联系，在中国利用关系网是经商成功的关键（Jin Ai, 2006）。

企业需要记住，建立多重联系比单一的联系更有成效。在这个意义上，Wong 和 Leung（2001）指出，多重联系会随着双方关系的发展而发展，双方之间的联系就更牢固，甚至成为永久性的。

关系的艺术中存在三种要素的互换，三种要素交换的同时，关系得以建立：何种恩惠、交换的时间和形式、给予恩惠的时间和方式上的考虑。其他的方面还包括所给之物的时效性、珍稀程度，所给之人的地位，受惠之人对施惠之人的亏欠程度（Yang, 1994）。

最后，值得一提的是关系的价值并不是一成不变的，而是随着时间的变化而变化，但都建立在不断的社会往来和互相支持的基础上。

五、关系要素

学术研究中，关系代表一个三维分析的多维概念：情感、常规和利用，就像 Hwang（1987）说的。这三点在下文一一讨论。

关系的情感维度是指两人发展亲密关系仅仅是因为他们之间存在联系（Fei, 1992），通常是永久且稳定的联系。这种联系能为双方带来喜爱、安全感、依恋，以及满足感，加以利用可以获得理想的物质资源，但其感情成分多于利用成分。常规维度是指关系的建立是因为两人是远房亲戚或朋友，通常不是核心家庭关系的那种类型。直系亲属之间的关系不能以礼尚往来或利用关系来定义。利用维度是说当一个人试图与另外一个人建立关系的时候，关系本身就是他的目标。Hwang（1987）说过，"一个人想建立可利用的圈子，那么关系就只是其实现目标的手段或工具"。这样的关系是不稳定的，不可能长久维持。因此，利用维度恰好与情感维度相反。这三种维度仅用在学术上作区别之用。

六、结论

中国是许多智利企业的贸易中心和经济焦点，特别是自由贸易协定签订后的近几年，有在中国经商经验的智利企业知道能被中国商业关系网所接纳绝非易事。ProChile① 记录了这些案例。

该国家机构负责发展国际贸易的咨询和支持。在该机构的网站上有许多智利企业进入中国市场的信息，例如指南、贸易、文化、开放市场协议等。另外，中国市场有其自身的特点，若想利用其机遇，就必须解决一系列问题，例如发现商机、了解中国人的习惯。

对于想在中国发展的智利企业还有一个重要问题就是文化因素。各企业须面对和恰当地处理好文化差异带来的障碍，不管是国家间的还是企业间的文化差异。这就需要了解中国消费者的习惯和偏好，以及如何同中国企业家打交道。

至于贸易协议和关系，如上所述，中国企业家将关系作为经商的主要手段，也就意味着这些关系中夹杂着权衡考虑，需要考虑长期利益和短期利益。智利企业应该清楚在中国企业眼里利用关系没有不合理，是再正常不过的了。

确实，遵循西式法律和合同的中国商业难免有些奇怪。因此，智利企业就更有必要了解中国商业协议和关系是如何起作用的。

西方和中国在社会和商业关系中也有类似之处，但二者有着根本区别。根据他人著述（Gold et al.，2002；Yeung and Tung，1996），可以从以下几个角度分析：建立关系的原因、时间定向、礼尚往来、施威和惩罚上的不同。

首先，西方人受利益支配其行为，而像中国这样的儒家社会，个体在社会阶层中占据的位置在社会关系结构中起根本作用。因此，个体必须承担其责任，以保证社会的正常运作。其次，在儒家社会和西方社会里，以人情为基础的礼尚往来是不一样的。再次，关系和个人联系涉及持续的、长期的行为。就此我们必须指出两方面问题：一方面，关系注重双方长期的合作；另一方面，关系需要主动创造、发展和维护。最后，西方人最忌讳违法和不道德，而中国人则把社会地位、名誉放在首位。我坚信相隔 20000 公里的两个国家之间的文化交流是构建以信任为基的真诚合作的基础，是进行教育的基础支柱，有助于将我们的学生培养成未来的商务人士，我们的大学也会着眼建立全球信任网络。

如前所述，信任是通过家庭纽带和友谊，而非仅仅是经济、商业或利益建立起来的，正所谓，患难见真情。

参考文献

［1］ Chen Chen（2004），On the intricacies of the Chinese Guanxi：A Process Model of Guanxi Development.，Asia Pacific Journal of Management，Vol. 21，

---

① ProChile 是智利外交部的机构，主管产品和服务的输出。ProChile 负责促进外商投资和旅游产业的发展。

pp. 305-324.

[2] Emmanuelle Barozet (2006), El valor histórico del pituto: Clase media, integración y diferenciación social en Chile, Revista de Sociología del Departamento de Sociología de la Universidad de Chile, N°20, pp. 69-96.

[3] Kipnis, A. B. (1997), ProducingGuanxi : sentiment, self, and subculture in a North China village, N. C. London : Duke University Press, England.

[4] Wong, Y. H. & Leung, T. K. P. (2001), Guanxi Relationship Marketing in a Chinese Context, International Business Press, N. Y.

[5] Wang, C. L. (2007), Guanxi vs. relationship marketing, Exploring under-lyingdifferences, Industrial Marketing Management, Vol. 36, Issue1, pp. 81-86.

[6] Hwang, K. K. (1987), Face and Favor, The Chinese Power Game, A-merican Journal of Sociology, Vol. 92, No. 4, pp. 944-974.

[7] Ambler, T. (1995), Reflections in China: Re-orienting images of mar-keting, Marketing Management, Vol. 4, No. 1, pp. 23-30.

[8] Luo, Y. (2001), Guanxi and Business, World Scientific Publishing, Sin-gapore.

[9] MacInnis, P. (1993), Guanxi or Contract: A Way to Understand and Predict Conflict between Chinese and Western senior managers in China-based joint ventures, in Research on Multinational Business Management and Internationalisation of Chinese Enterprises, (ed.) McCarty, D. & Hille, S. Nanjing University, Nanjing, China.

[10] Arias, J. T. G. (1998). A relationship marketing approach to guanxi. European Journal of Marketing, 32 (1/2), pp. 145-156.

[11] Jin Ai-China & World Economy / 105-118, Vol. 14, No. 5, 2006 105 2006 The Author Journal compilation 2006 Institute of World Economics and Politics, Chinese Academy of Social Sciences Guān Xi Networks in China: Its Importance and Future Trends.

[12] Yang, M. M. (1994), Gifts, favors, banquets: The art of social rela-tionship in China. Ithaca, NY' Cornell University Press.

[13] FEI, X. (1992), From the Soil, The Foundations of Chinese Society, Berkeley, University of California Press.

[14] Irene Y. M. Yeung Rosalie L. Tung (1996), Achieving business success in Confucian societies: The importance of guanxi.

中国澳门与巴西的关系现状

叶桂平 杨 苗[①]

摘 要： 凭借独特的历史、人脉及语言，澳门与葡语国家素有渊源，自然可以成为中国开拓与葡语国家跨区域合作的关系平台。中国—葡语国家经贸合作论坛多边组织的设立，使中国内地、澳门与葡语国家的经贸可以实现优势互补、互利共赢，促进共同发展。本文重点选取中国澳门与世界上最大的葡语国家——巴西的关系作为分析重点，对两地的关系发展现况进行系统梳理，并就中国澳门与巴西关系中的一些问题提出了若干建议。

关键词： 论坛；澳门；巴西；平台

一、前言

澳门正经历着开埠以来最快速的经济增长期，但随着经济的发展也面临着经济过于依赖博彩业的问题，经济适度多元已经迫在眉睫。澳门作为一个微型经济体，通过区域合作，逐步迈向经济适度多元已经成为一个非常重要的方向。《珠江三角洲地区改革发展规划纲要（2008~2020）》《横琴总体发展规划》及《粤澳合作框架协议》的先后出台，着实为澳门特区带来了新的发展机遇和动力，而作为地球村的一个小成员[②]，当前跨区域合作已经成为国际上一种重要的合作模式之一，中国也非常重视并在加以推进。澳门凭借独特的历史、人脉及语言，与

---

① 叶桂平，澳门城市大学葡语国家研究院院长、教授。杨苗，澳门城市大学葡语国家研究院硕士研究生。

② 《中华人民共和国澳门特别行政区政府二零一零年财政年度施政报告》，澳门特别行政区网站，2010年3月16日，http://images.io.gov.mo/cn/lag/lag2010_cn.pdf。

葡语国家素有渊源，自然可以在中国开拓与葡语国家跨区域合作中扮演重要的角色，成为中国实施跨区域合作的一个切入点。

有了"中国—葡语国家经贸合作论坛（澳门）"这一多边组织，中国内地、澳门与葡语国家的经贸可以实行优势互补、互利共赢，促进共同发展。此外，参与跨区域经济合作也促使澳门自身在参与区域经济一体化中具备新的优势，从而可以充当起周边地区与葡语国家交流及合作的桥梁和平台。例如，在新一轮的区域经济合作中，包括泛珠、粤港澳、珠澳、闽澳、澳台以及与内地其他地区的合作等，无不可利用中国澳门与葡语国家的跨区域经济合作的优势，作为进一步加强合作的新契机。① 总的来说，成为跨区域的经济合作平台或桥梁，无疑是澳门进一步参与区域经济一体化的基础，如此也最符合澳门自身的利益。

本文重点围绕中国澳门与世界上最大的葡语国家巴西的关系现况进行系统梳理，对回归以来两地的官方和民间互访情势，中国内地、澳门与巴西经贸关系现况，以及其他领域的合作交流情况进行重点归纳，并论证澳门完全可以作为中国与巴西以及中国与葡语国家的合作交流平台的依据。本文还就澳门与巴西关系中的一些问题提出了若干建议。

二、依托"中葡平台"，澳门与巴西官方和民间互访频繁

（一）认同澳门平台作用，巴西总统高规格接见澳门特首

值得一提的是，时任澳门特别行政区行政长官何厚铧于 2006 年 6 月 20～25 日访问巴西，并受到时任总统卢拉、参议院议长卡列罗斯和该国外交部与发展、工业和对外贸易部等部门，以及圣保罗、亚马孙及里约热内卢等州政府的热烈欢迎和热情接待。此次澳门特区政府代表团为期 6 天的正式访问由何厚铧亲自率领，基本达到了其出访时的预期效果：增进巴西企业家对澳门的认识；与巴西政府加强联系和沟通；长期以来，不少原居澳门的人士移居巴西，是中国澳门和巴西关系中的一个重要组成部分，特区政府将进一步充分利用这

---

① 叶桂平：《远交促近融：澳门区域经济合作的特点》，载郝雨凡、吴志良主编：《澳门经济社会发展报告（2010-2011）》，社会科学文献出版社，2011 年，第 118-121 页。

一资源，协助深化两地的关系，以便发挥澳门作为中国与葡语国家间的平台作用。①

从政治互信上看，正如卢拉总统所表示的，巴西政府肯定澳门在中国与葡语国家商贸联系间所发挥的平台作用，亦认同澳门可作为巴西企业和商品进入中国市场尤其是华南地区市场的中介地位。巴西政府将加强与澳门特区政府的联系，希望借助澳门在语言、文化等方面与巴西的渊源，加强双方的交流与合作。② 访问期间，澳门各商会代表亦与巴西各地商会达成多项经贸合作协议，扮演着中国与葡语国家商贸合作的服务平台角色。例如，2004 年 5 月时任中国—葡语国家经贸合作论坛常设秘书处辅助办公室主任、澳门土生葡人姗桃丝女士就应巴西驻华大使馆的邀请，随同巴西时任总统卢拉访华。如姗桃丝女士所说，这是一个能与巴西企业家建立紧密联系的好机会，除可推介澳门特区作为中巴两地经贸合作的桥梁，还可向他们宣传每年 10 月在澳门举行的国际贸易投资展览会（MIF）等大型经贸活动。③

（二）参加中葡论坛的巴西官员认同澳门的平台作用

2003 年 10 月时任巴西发展、工业及对外贸易部部长的卢易斯·费尔南多·富尔兰到澳门出席首届中葡论坛。随访的时任巴西出口促进局主席基罗斯表示，中国、巴西两国早已建立经贸往来，凭借澳门独特的地理位置及其历史文化背景，在中巴两国加强经贸联系中，澳门绝对可以扮演重要的平台角色。基罗斯透露，巴西正委托中国一家在港、沪、京均设有办事处的机构就巴西 18 类产品进入中国做事前的市场调查、分析及展望，澳门极可能成为巴西产品进入内地市场的推广站。④ 近年来，中国与巴西之间的贸易往来不断加强，巴西主要出口农业产品及天然资源，中国则以出口高科技产品为主。在双边合作上，巴西希望扩大产品合作领域，多使用澳门平台，因澳门经济持续向好且服务质量较高，故希望可通过澳门使巴西服务领域推广进入中国市场，同样希望通过澳门特殊的平台作用，协助中国与巴西签订旅游合作协议，让巴西居民通过澳门进入内地。此举不仅可推动两国的旅游合作，更有助于提升澳门的国际知名度及旅游形象。⑤

2010 年 11 月，到澳门参加中葡论坛第三届部长级会议的时任巴西总统代表、

---

① 《增企业家认识 加强联系沟通 发挥平台作用 特首访巴西冀达三效果》，《澳门日报》2005 年 6 月 20 日。

② 《特首结束访巴西行程》，澳门《新华澳报》2005 年 6 月 27 日。

③ 《姗桃丝随巴西总统访京沪》，《澳门日报》2004 年 5 月 23 日。

④ 《已就十八类产品进入中国作事前市场调查巴西官员认可借澳拓内地市场》，澳门《华侨报》2003 年 10 月 14 日。

⑤ 《带备计划来澳 借澳平台 巴服务领域冀入中国》，《澳门日报》2008 年 9 月 7 日。

外交部副部长门东萨表示，巴西对澳门论坛在推动亚非葡语国家发展以及推动中国与葡语国家合作中发挥的作用表示赞赏。他期望除在经贸合作外，能够拓宽澳门论坛的领域，并愿为落实论坛各项目标做出建设性贡献，以便使论坛在葡语国家与中国之间的合作和交流中发挥更为重要的作用。①

2013 年 11 月到澳门参加中葡论坛第四届部长级会议的巴西副总统米歇尔·特梅尔在致辞中表示，葡语国家与中国的距离日益拉近，合作已不仅仅在文化交流、旅游、商贸、投资和技术合作方面，发挥澳门平台作用设立葡语国家中小企业商贸服务中心非常重要。②

此外，借助澳门具有的中葡平台作用，巴西方面亦有许多经贸官员率团来澳门拓展商机。2007 年 12 月巴西圣保罗市首次组织大规模企业家代表团来澳门寻找合作商机，并进行 46 场洽谈会，签署 30 多个配对项目协议，涉及药材、建筑材料、饮食、电子工程、冷气工程等多个合作项目。③ 巴西亚马孙州州长埃杜尔多·布拉格亦曾率领代表团访问澳门，并拜访中国—葡语国家经贸合作论坛（澳门）常设秘书处。他表示，通过澳门的平台作用，可加大亚马孙州和亚洲各地的合作机会，考虑在澳门设办事处，借以加强巴西和中国经贸往来。④

2008 年 7 月巴西代表团在时任发展、工业及外贸部副部长维尔贝·巴拉尔先生的带领下拜会了澳门经济财政司司长谭伯源先生。维尔贝·巴拉尔副部长在会谈中称，多年来，中国与巴西的关系在各领域都取得了令人瞩目的发展，此次出访主要是到澳门特区及北京举行巴西投资商机与引资推介会，以加强彼此的经验交流，寻找更多的合作伙伴。他同时表示，澳门是进入中国的重要门户，未来将加强与澳门更紧密的发展关系，并肯定澳门发挥着中国与葡语国家经贸合作平台的作用。⑤ 此外，随访的时任巴西出口投资促进局局长、世界投资促进协会主席亚力山德罗·特谢拉亦表示，希望通过澳门特区政府的协助和澳门企业的参与，推广巴西音乐和狂欢节，作为巴西进入澳门文化市场的切入点。⑥

2008 年 11 月作为巴西最大的非营利商会，圣保罗商业总会锐意开拓中国内地市场，期望将澳门平台作为跳板进军中国内地，更在澳门设立亚洲首个办事处，现已为中国内地、中国澳门、巴西的企业提供商业配对服务，并有多项商贸

---

① 《葡语国赞赏中葡经合论坛》，澳门《新华澳报》2010 年 11 月 14 日。

② 《葡语国家领导人赞澳门平台作用》，澳门《华侨报》2013 年 11 月 6 日。

③ 《圣保罗举行 46 场洽谈会签署逾三十个项目协议》，澳门《新华澳报》2007 年 12 月 11 日。

④ 《亚洲窗口　亚马孙拟设澳办事处促中巴经贸往来》，《澳门日报》2007 年 12 月 2 日。

⑤ 《巴西工业外贸官员拜会谭伯源司长》，澳门《正报》2008 年 7 月 18 日。

⑥ 《巴西冀音乐狂欢节打入澳门文化市场》，澳门《市民日报》2008 年 7 月 18 日。

合作处于洽谈阶段。商会认为中国内地、中国澳门、巴西的企业合作内容广泛：内地能源生产商希望引入巴西的环保能源技术；巴西的企业则看好内地的成衣、汽车零件及铁矿等原材料市场，并希望对澳门出口雪糕、咖啡及罐头等产品；澳门企业则对特许经营巴西品牌有兴趣。基于澳门历史及与葡语国家的关系该商会决定在澳门设立办事处，并对澳门办事处寄予重大期望。① 随后 2012 年 5 月，巴西全国服务业联盟主席陆吉·内斯率团访问澳门中华总商会时也表示，希望借助澳门平台，加强巴西与澳门合作，尤其在旅游业、服务业等领域进行"优势互补，互利共赢"的合作。②

另外，在文化交流方面，2004 年 3 月 3 日，时任巴西文化部部长吉巴托·吉尔展开来澳门的访问行程，在澳门大学举行"当今世上葡语的重要性"演讲会。他认为在中巴两国合作和推广葡语上，澳门完全可以担当桥梁的角色。澳门有很多值得巴西学习的地方，尤其是在发展旅游文化方面做得十分成功，值得借鉴。③ 他同时表示，单靠巴西的文化部，很难推动葡语和文化交流的工作。巴西和澳门之间，两地的实体单位如大学或企业开展合作计划，巴西政府定会担负起推动和辅助角色，进行必要的协助。④ 2013 年 9 月，举办了首届中国"巴西文化月"，巴西举办包括电影节、摄影展、音乐会等活动，地点在北京、澳门等地，按照两国政府的安排，下个月中国会在巴西举办"中国文化月"。巴西时任文化部部长马尔塔·苏普利西表示，中巴地理位置虽然相隔遥远，但两国人民可以通过文化交流增进了解、拉近距离。

（三）澳门多个政府、企业和民间机构屡次出访巴西探寻合作机会

2008 年 6 月，中国—葡语国家经贸合作论坛（澳门）常设秘书处和澳门金融管理局分别组织代表团赴巴西考察访问。中国—葡语国家经贸合作论坛（澳门）常设秘书处代表团参加圣保罗"第十七届连锁经营博览会"。巴西当地的金融业界及工商企业家通过与澳门金融界代表团的接触，进一步了解到澳门特区拥有独特而悠久的历史和传统。特别是了解了澳门现行法制、社会文化习惯后，具备国际视野的澳门工商企业家纷纷表示乐于向巴西当地客户推介利用澳门作为认识和了解中国市场的前哨站和服务平台。⑤

同时，为将澳门发展为中国和葡语国家的经贸合作平台和协助澳门企业家拓展新市场，由澳门贸易投资促进局执行委员陈敬红率领的澳门企业家代表团先后

---

① 《冀借助澳平台作跳板进军内地圣保罗商会澳设办事处》，《澳门日报》2008 年 11 月 6 日。

② 《巴西服务业联盟访中总》，澳门《市民日报》2012 年 5 月 29 日。

③ 《澳门可当中巴合作推广葡语桥梁》，《澳门日报》2004 年 3 月 4 日。

④ 《文化部长吉尔澳大演讲后表示巴西政府支持与澳合作》，《澳门日报》2004 年 3 月 4 日。

⑤ 《为建立牢固恒常联系奠定基础 金管局组团访佛得角巴西》，澳门《华侨报》2008 年 6 月 17 日。

于 2008 年 8 月和 2011 年 5 月前往巴西圣保罗市及首都巴西利亚做商业考察。由澳门贸易投资促进局主办的首届中国—巴西经贸合作论坛、中国与葡语国家企业经贸合作洽谈会——巴西年会、中国（内地及澳门）—巴西投资及产业合作商机推介会亦先后在澳门和巴西成功举办，活动吸引了许多来自中国内地、中国澳门、巴西等国家和地区的企业家参与。

另外，在科技交流方面，为了进一步了解国外先进国家在推动醇醚类环保燃料方面的经验，澳门创新科技中心及其孵化的成员建业安燃环保能源研发有限公司于 2008 年 12 月组织考察团访问巴西。代表团团长、建业安燃环保能源研发有限公司罗兆表示，他们到访巴西的主要目的是了解当地醇醚类环保能源企业在供应系统包括加油站、储油管等方面的管理方案及技术上的成功之处，以及通过参观当地制造乙醇燃料之原料——甘蔗种植基地的先进管理及种植技术，将国外的相关先进技术及经验引入，为澳门及内地在推动使用环保能源上集思广益，吸取更多的宝贵经验，为本地区在制定推行使用环保能源政策上提供有利讯息。[①] 代表团还在巴西利亚听取了巴西作为世界主要生物能源发展和推广国在政策和管理的经验。[②]

三、凭借澳门地区平台优势，中国内地和澳门地区与巴西的经贸关系取得长足发展

（一）中葡论坛设立以来中巴经贸合作取得较大的增长

2003 年论坛成立时，中国和巴西的贸易额尚未超过 80 亿美元，仅占中国内地出口总额的 0.94%。自中国—葡语国家经贸合作论坛组织在澳门地区设立以来，中国与巴西的贸易合作取得了较大的增长，双边贸易额在 2013 年突破 898 亿美元，2016 年中国向巴西的出口商品额约为 219.79 亿美元，从巴西进口商品额约为 458.55 亿美元（见表 1）。2017 年 1~9 月中国与葡语国家进出口商品总值约 894.26 亿美元，同比增长 29.36%（见表 2）。2017 年 9 月中国自巴西进出口总额 82.33 亿美元，进口 55.76 亿美元；出口 26.56 亿美元（见表 3）。

---

① 《了解醇醚类环保燃料澳企业代表团访巴西》，澳门《华侨报》2008 年 12 月 3 日。
② 《澳门愿作平台推广中巴环保能源交流》，澳门《新华澳报》2008 年 12 月 10 日。

表 1 2003～2016 年中国内地与巴西的进出口额

单位：万美元

出口	2003年	2004年	2005年	2006年	2007年	2008年	2009年	2010年	2011年	2012年	2013年	2014年	2015年	2016年
巴西	214496	367485	482755	737995	1137203	1874919	1411852	2446254	3185426	3342505	3618969	3489013	2741223	2197927
中国内地	43837082	59336863	76199914	96907284	121801452	142855000	120166000	157793225	189859984	204893476	221004194	234229200	227346800	209763100
所占比重（%）	0.49	0.62	0.63	0.76	0.93	1.31	1.17	1.55	1.68	1.63	1.64	1.49	1.21H	1.05H

进口	2003年	2004年	2005年	2006年	2007年	2008年	2009年	2010年	2011年	2012年	2013年	2014年	2015年	2016年
巴西	584380	868413	998974	1292002	1833301	2982386	2828098	3808702	5264880	5205967	5366606	5165322	4408936	4585505
中国内地	41283647	56142299	66011847	79161361	95581850	113309000	100560000	139482956	174345874	181782557	195028870	195923400	167956400	158792600
所占比重（%）	1.42	1.55	1.51	1.63	1.92	2.63	2.81	2.73	3.02	2.86	2.75	2.64	2.63	2.89

表 2 2017 年 1～9 月中国与葡语国家进出口商品总值

单位：万美元

序号	国家	2017年1~9月			同比（%）			2016年1~9月
		进出口额	出口额	进口额	进出口	出口	进口	进出口额
1	安哥拉	1713368.20	165729.29	1547638.91	45.37	33.65	46.75	1178602.94
2	巴西	6654418.06	2112689.92	4541728.15	28.78	33.57	26.67	5167313.69

续表

序号	国家	2017年1~9月			同比（%）			2016年1~9月
		进出口额	出口额	进口额	进出口	出口	进口	进出口额
3	佛得角	5006.65	5006.19	0.46	29.56	29.82	-94.25	3864.44
4	几内亚比绍	2166.37	2135.87	30.49	31.96	31.39	89.38	1641.73
5	莫桑比克	133962.53	95320.08	38642.45	0.74	-4.04	14.83	132984.53
6	葡萄牙	423949.88	271230.10	152719.78	1.94	-10.98	37.33	415883.45
7	圣多美和普林西比	510.57	510.55	0.01	-0.06	0.23	-99.13	510.89
8	东帝汶	9222.70	9126.59	96.11	-23.77	-24.51	1058.62	12097.96
	中国对葡语国家进出口合计	8942604.96	2661748.59	6280856.37	29.36	25.09	31.26	6912899.63

资料来源：中国海关总署统计数据。

表3　2017年9月中国与葡语国家进出口商品总值

单位：万美元

序号	国家	2017年9月			环比（%）			2016年8月
		进出口额	出口额	进口额	进出口	出口	进口	进出口额
1	安哥拉	206841.66	21258.63	1859553.03	22.66	8.99	24.45	168632.58
2	巴西	823316.75	265646.21	557670.55	-2.07	-3.56	-0.32	84074030
3	佛得角	746.01	745.93	0.08	-41.68	-41.68	—	1279.06
4	几内亚比绍	297.74	297.74	0.00	116.63	116.63	—	137.44

续表

序号	国家	2017 年 9 月			环比（%）			2016 年 8 月
		进出口额	出口额	进口额	进出口	出口	进口	进出口额
5	莫桑比克	13712.48	10517.87	3194.61	-21.10	-18.30	-29.09	17379.01
6	葡萄牙	54873.19	31290.75	23582.43	6.89	-5.00	28.17	51337.12
7	圣多美和普林西比	36.84	36.84	0.00	-40.96	-40.96	—	62.40
8	东帝汶	787.49	736.51	50.99	-6.66	-12.47	2.234.13	843.64
	中国对葡语国家进出口合计	1100612.16	330560.47	770051.69	1.87	-5.27	5.28	1080411.56

资料来源：中国海关总署统计数据。

表 4　2003~2016 年中国澳门与巴西的进出口额

单位：澳门元

出口	2000 年	2001 年	2002 年	2003 年	2004 年	2005 年	2006 年	2007 年	2008 年	2009 年
巴西	920218	1020083	348628	591841	523595	2583212	22639788	6912844	10664329	447873

进口	2000 年	2001 年	2002 年	2003 年	2004 年	2005 年	2006 年	2007 年	2008 年	2009 年
巴西	25556763	23228315	29963166	37993911	92630638	55031399	61513904	102786600	149965160	185107224

出口	2010 年	2011 年	2012 年	2013 年	2014 年	2015 年	2016 年
巴西	833074	1169234	262256	171812	439587	15838	101706

进口	2010 年	2011 年	2012 年	2013 年	2014 年	2015 年	2016 年
巴西	1837765950	228396408	278191814	242239828	330499185	323501393	389992659

在投资领域，2001 年中国对巴西非金融类直接投资额达到 1.26 亿美元，截至 2001 年底，中国对巴西非金融类直接投资累计达到 10.72 亿美元，主要涉及采矿业、木材加工和家电组装等行业。[①] 2010 年，巴西对华投资项目 26 个，实际使用金额 5725 万美元。截至 2010 年底，巴西在华实际投资累计达 3.88 亿美元，主要涉及支线飞机制造、压缩机生产、煤炭、房地产、汽车零部件生产、水力发电、纺织服装等专案。[②] 2011 年巴西对华出口的 84.5% 集中在了四大商品上，分别是铁矿 49.1%、含油的种子及果子类 22.5%、原油 9.4% 和纸浆 3.5%。2012 年巴西对华出口商品的 78% 集中在矿产品和植物产品上。所以，中国市场对于巴西来说可以开发的潜力相当大，巴西如何实现对中国出口多样化、参与以中国为中心的亚洲产业链是今后巴西值得重视的一个方面。[③]

总的来说，政府间的努力、全球化浪潮的推动，以及中国与巴西间巨大的贸易和投资的互补性等因素，决定其在未来有进一步增长的态势。

（二）平台的建立对澳门经贸发展亦有重要的带动作用

在中葡论坛的推动下，澳门与葡语国家间的经贸关系得到加强。澳门与多数葡语国家签署金融合作备忘录，澳门的商品经由葡语国家进入欧盟、南美、非洲市场。表 4 是近年来中国澳门与巴西之间经贸往来情况。数据表明，2016 年澳门对巴西进出口总额为 3.89 亿澳门元。因此，将澳门打造成中巴之间经济贸易往来的平台，对活跃澳门自身的对外经济以及加强中国与巴西的合作均有重要的作用，能够推动中国内地、澳门与巴西共同获利。

此外，中葡论坛的设立以及相关的会议展览活动的举办，吸引了大量人流、物流及资金流，会展经济效益明显，会展活动的上游产业及下游产业分别被直接或间接地拉动起来。由于会展与产业基础之间存在互动关系，会展依托于产业基础，反过来则促进产业基础的发展。有鉴于此，原本缺乏产业基础的澳门会展业则借着"中葡论坛"的概念，使许多会议展览活动增添了特色，并且具有了产业基础。例如，一年一度的澳门国际环保合作发展论坛及展览均有来自巴西等拉美及欧洲地区的国家参会和参展；每年 10 月举办的澳门国际贸易投资展览会均特别设立葡语国家市场推介会以及专设以巴西为首的拉美国家馆等。

① 《对外投资合作国别（地区）指南——巴西》，中国对外投资和经济合作网，http://fec.mofcom.gov.cn/gbzn/uplod/baxi.pdf。

② 《葡语国家投资指南 2011 年版——巴西》，中国—葡语国家经贸合作论坛（澳门）网站，http://www.forumchinaplp.org.mo/files/InvestmentGuide2012/20120307_01g_cn.pdf。

③ ECLAC. "The People's Republic of China and Latin Americaand the Caribbean: Dialogue and Cooperation for the NewChallenges of the Global Economy", CEPAL Report, 2012.

四、随着理解的加深，澳门和巴西的交流合作领域不断拓宽

多年来，澳门和巴西的合作领域除了集中在经贸领域以外，其他领域的交流亦同时展开。澳门国际研究所在里约热内卢举办的"澳门特别行政区十周年——成功的故事"展览，在澳门举办的"南美洲与亚太区关系"研讨会，巴西圣保罗贸易活动中心举办的"澳门—中国葡语国家的经济、文化平台"。巴西中国与亚太研究中心在巴西里约热内卢主办了第三届以澳门与中葡巴三国的交流为题的研讨会，参会的巴西百兰拿大学教授基马尔·麦斯喜劳亦认同澳门特区对于巴西与中国联系的重要性，但指出必须为长期进行策略性的工作创造有利的环境，而不应仅着眼于短期的利益。[①] 2011 年 4 月，该研究所还公开发行《澳门聚焦》和《澳门与中国及葡语国家的经贸关系》两份特刊，进一步宣传澳门的平台作用。

巴西—澳门—中国文化科技发展学会主席西奥·布雷多尼访问澳门时也表示了希望通过澳门平台帮助巴西企业利用 CEPA 优势进军中国内地市场的看法。[②] 2011 年 5 月，澳门大学也与巴西米纳斯吉拉斯联邦大学签署合作协议，两校将开展师生交流以及教学和研究合作项目。

值得一提的是，澳门还是巴西国家代表队、伤残奥委会备战 2008 年北京奥林匹克运动会的主要训练基地。2008 年 4 月，巴西奥委会时任主席努兹曼、澳门奥委会第一副主席萧威利分别代表巴西奥委会与澳门奥委会签署合作协议。这项协议落实了安排参与北京奥运会的巴西运动员训练，并加强了双方的合作交流。[③]

澳门回归以来的数十年间，应澳门有关方面的邀请，数度勇夺拉丁格莱美奖的巴西女歌手玛莉萨·蒙特、巴西现代舞蹈艺术最富国际声誉的舞团代表高普·戈普、著名巴西爵士大提琴家雅克·摩乐鲍姆也到澳门访问和演出过。在签证方面，2006 年 3 月中国澳门特区政府与巴西联邦共和国政府就互免签证安排达成协议，自此，澳门特区护照持有人可免签证进入巴西，并可逗留最多 90 天。[④] 早在 2002 年，澳门和圣保罗市就已结为姐妹城市。

① 《澳平台不应局限于经贸领域》，《澳门日报》2005 年 9 月 16 日。
② 《巴企借 CEPA 拓内地市场》，《澳门日报》2012 年 10 月 21 日。
③ 《澳门与巴西两奥委会签订两地合作协议》，澳门《正报》2008 年 4 月 8 日。
④ 《特区护照持有人赴巴西可免签证》，澳门《华侨报》2006 年 3 月 30 日。

五、结语

　　坚持实施"远交近融"的对外交往策略，充分发挥澳门与葡语国家、其他拉丁语系国家、欧盟等密切联系的优势，努力提供优质商贸中介服务，进一步拓展澳门特区发展空间，将自身打造成跨区域的经济合作平台或桥梁，无疑是澳门进一步参与区域经济一体化的基础。澳门作为葡语国家经贸合作平台的内涵相当丰富，并不能单纯从经济的角度进行评价。当然，要从更全面的角度考察中葡平台，它无疑开创、树立了在中央政府的授权下，澳门依据自身的优势开展促进自身的对外交往，以及为国家外交事业做贡献的先河及模板。

　　通过一番梳理，澳门自回归以来所发挥的平台作用虽然日渐显现，但有继续发展的空间，特别是在推广和宣传澳门的工作上是需要持续性的。在葡萄牙，大部分的人都知道澳门，但在巴西很多人还不知道澳门这个城市。由此可见，澳门特区政府确有必要做更多的工作，让更多的企业家知道澳门市场和澳门这个平台的存在。

　　2017 年 8 月 31 日，巴西总统特梅尔到访中国，对中国进行国事访问并参加金砖国家领导人第九次会晤。2011 年 10 月，巴西总统顾问曾证实巴西正在与澳门特区政府接触，安排巴西总统访问澳门①，但是至今仍未有进一步的信息。笔者认为，如果能促成巴西总统正式访问澳门，定对中葡论坛在澳门的建设有添砖加瓦之力，建议外交部驻澳公署和澳门特区外事部门能够继续努力争取促成这一好事。另外，尽管澳门特区的前任特首何厚铧曾于 2005 年正式访问巴西，但是现任特首崔世安则尚未出访过巴西。对此，笔者也建议前述中央和澳门特区的外事部门可以积极建议，不断推动更多正式互访，从而强化澳门的平台功能。

---

　　①　《巴西总统拟两年内官式访澳》，澳门《市民日报》2011 年 10 月 23 日。

附录 《2017年拉丁美洲蓝皮书》英文摘要汇总

Appendix: Summary of All the English Abstracts for 2017 Blue Book of Latin America

The New Trend of Globalization and the Construction of a Community of Shared Future between China and Latin America

Li Yongning, Cui Yue

Abstract: The construction of Community of shared future between China and Latin America is a topic worth exploring in all aspects. In the process of summarizing the new trend of globalization in 2016–2017, this article mainly focuses on the developing basis and cooperation prospects of the construction of community of shared future between China and Latin America in new era from economic and cooperation status quo aspects. The full text is divided into five parts: First, the researcher reveals the latest trends in emerging regional and national evolution in the course of globalization in the past two years and regarded them as the realistic basis for the construction of a community of common destiny in Latin America and China; Secondly, the article uses two parts to elaborate on the basic strategies and tactics of some countries in Latin America and China to deal with the new trend of globalization; The fourth part of the article compares the main fields of economic cooperation between China and Latin America and analyzes it from a unique perspective; Finally, the article comments on the development prospects and implementation strategies of the China–Latin America community of shared future and provides relevant decision-making suggestions.

Key words: Globalization, New Trends, China–Latin America Community of Shared Future, Investment, Manufacturing Industry

Strengthening Latin America and Caribbean and China in the 21st Century: Strengthening Institutions

Enrique Dussel Peters

Abstract: The Latin America and the Caribbean−China relationship has increased very significantly both in quantitative and qualitative terms. Also present an increasing sophistication and complexity. Within this relationship there are doubts and concerns. The contribution of this document wishes to focus on the institutional aspects of this relationship and particularly on some of weaknesses. It divides these institutions into three types in this text: private, public and academic institutions. According to the author, these institutions have been surprisingly weak both in LAC and in China. Business organizations are probably some of the weakest institutions in this relationship, while the academic sector has been extremely active for more than 15 years. Meanwhile this text highlights three documents, i. e. two White Papers posed by China's Foreign Ministry (in 2008 and 2016) and the Working Programme 2015−2019 for the CELAC−China Forum.

Key words: Bilateral LAC−China relationship, Institutional Weakness, Working Cooperation Plan (2015−2019), CELAC−China Forum

Opportunities, Challenges and Countermeasures of Cooperation between China and Latin America in Production Capacity

Zhang Yanfang, Zhu Wenzhong

Abstract: Based on differences in resource endowments and economic complementarity, China and Latin America have been strengthening economic and trade ties with each other, making the rapid growth of bilateral trade. However, as the world economic downturn and both sides China and Latin America economic downturn, pull the two sides facing the pressure of the transformation and upgrading of economic structure. The traditional trade cooperation model of China and Latin America, which is driven by complementarity and trade as its core, lacks vitality. So Chinese–Latin American production capability cooperation is timely. It will not only help China's economic restructuring, help China's excess capacity to "go out strategy", promote the transformation and upgrading of China's open economy, but also can promote the upgrading of infrastructure and industrial restructuring in Latin America, to realize mutual benefit and common development of both sides. At present, Chinese–Latin American production capability cooperation is in good shape, but there are still some realistic challenges that affect its development process. In view of these challenges, this paper puts forward relevant countermeasures and suggestions.

Key words: China, Latin America, Production Capacity Cooperation, Counter-Measures

Equality: Various Aspects and Their Impact

Jorge Eduardo Navarrete

Abstract: Against the background of the slow global economic growth, the economic downturn in Latin America and the economic devastation in some countries, the perennial and ever-increasing social and economic inequality has become more prominent. In Latin America, neither economic growth nor stagnation has narrowed the gap between income groups, and the gap between rich and poor is acting on the economy negatively to make it more difficult to develop. Many international organizations have raised the issue of inequality in different class in Latin American society to an important position. This article gives a brief analysis of the economic inequality and its impact in Latin America and the Caribbean.

Key words: Inequality, Income Gap, Redistribution Policy

The Upgrading of China-Chile Free Trade Zone in the New Era

Zhu Wenzhong, Zhang Yanfang

Abstract: In November 2016, President Xi Jinping attended the 24th APEC Informal Meeting of the APEC in Lima, Peru, and paid state visits to Ecuador, Peru and Chile, including the first visit to Chile in an effort to upgrade China-Chile Free Trade Zone which had built up ten years ago. One year had past after Chinese President Xi's visit to Chile. In November 2017, China and Chile officially signed the upgraded version of the China-Chile Free Trade Agreement. However, there are still many problems in the construction of the China-Chile FTA. For example, the structure of trade in goods is single, the foreign direct investment is small, and the cultural identity needs to be improved. This paper suggests that government departments should promote the transformation and upgrading of the trade structure, push forward the construction of high-speed railway running through the coasts of South and North Pacific along Chile's South Pacific and financial institutions should promote the mutual establishment of branches. Educational institutions should strengthen China-Chilean researches, educational cooperation and academic and cultural exchanges. Chinese overseas office are responsible to help Chinese enterprises avoid the risk of local investment. Chinese enterprises should bring outstanding traditional cultural values to the local, and avoid short-term behavior and risk - taking behavior. Enterprises should be integrity to gain sustainable development.

China's Contribution to New Capital and Job Creation through Direct Investment in Latin America and the Caribbean

Samuel Ortiz Velásquez

Abstract: The first part of this paper gives a brief theoretical review of the current relationship between foreign direct investment (FDI) and capital stock, output growth and employment; Starting from the positive connection between the investment coefficient (and its reorientation from FDI to domestic investment) and the growth of output per capita, the paper puts forward empirical evidence emphasizing that East Asia presents a "virtuous cycle" and is in agreement with LAC's Investment vitality is completely different. The second part presents the reasons for the weak link between FDI and LAC's new capital formation. The third part analyzes China's direct investment in LAC from 2001 to 2016. This case analysis is especially important given that China is second only to the United States and already the second largest source of FDI in the world. The main conclusions show that since 2009, China's strategic investment in LAC has basically been based on the purchase of start-up enterprises, especially on activities related to raw materials. Therefore, the direct investment in LAC expands its capital stock and new employment opportunities produced very limited. However, comparing the cases of Brazil, Peru and Argentina with Mexico, significant differences can can be seen.

Key words: Foreign Direct Investment (FDI), China, Latin America and the Caribbean

Dynamic Linear Model of Potential Output: Differences between China and Chile

Alejandro Puente, Yuran Zeng

Abstract: The largely unexpected slowdown in economic growth in the world motivates the review of methods for estimating potential output. This article describes the estimation of the total factor productivity (TFP) and the potential output for China and Chile using a dynamic linear model (DLM).

Assuming a Cobb-Douglas production function with constant returns to scale, TFP and the parameters associated with capital and labor are estimated as DLM states. Then, with these parameters, capital and labor filtered series we estimate potential output.

The application of this methodology provides an estimate of the potential GDP growth for China of 6.4% for 2016, decreasing to 5.9% in year 2021. In the case of Chile, our estimate is 2.7% for the average potential GDP growth of the next five years, in the center of the range that Central Bank of Chile estimated in monetary policy report of September 2016.

Latin American Countries' Governing of Debt Crisis and Its Enlightenment to China

Li Cuilan

Abstract: 2008 financial crisis, the outbreak of the debt crisis in 2010 in Europe once again sounded the alarm for debt governance of governments. Latin American countries experiencing the debt crisis of the 1980s have better demonstrated in this crisis that the exploration and experience of Latin American countries over the years in governance of the debt crisis have generally been effective and these beneficial experiences are worth learning and drawing lessons for all governments. Based on the analysis of the debt situation Latin American countries after experiencing debt crisis, the article summed up the fiscal measures and experience of Latin American countries in governing the debt crisis for more than three decades. Finally, it concludes the reality of China that the financial rules, the scale and structure of government debt, warning of financial risks, transparency of fiscal and debt information and so on. The lessons drawn from debt crisis governance can be learned by China.

Key words: Latin American Countries, Debt Crisis, Financial Policies

Latin American Economic Development Challenges and Prospects

Huang Lei, Che Dan, Liang Yunzhen

Abstract: Since the independence of Latin America, its economic development track has plunged into a cycle of "open-closed-open" and has undergone various twists and turns, including both the "economic miracle" of rapid growth and the stalled "lost decade". Based on the current situation and characteristics of development in Latin America, the article analyzes the main problems and challenges of economic development in Latin America. Latin America has experienced a long history of colonialism, which is closely linked with its economic status quo. At present, the core challenges faced by the Latin American region include many aspects, such as the government's economic policies, social innovation capability, the state's education system and education, and social fairness and justice. This article focuses on these aspects, and proposes targeted countermeasures and suggestions. Latin America is the earliest middle-income country in the developing world, and most Latin American countries are still in the "middle-income trap". The author believes that to handle the economic development, Latin American countries must pay attention to the comprehensive implementation of various policies and strengthen regional cooperation.

Key words: Latin American Countries, Economic Development, Challenges, Prospects

Education Exchange and Cooperation between China and Latin America under the Overall Framework

Li Xuyan, Zhu Wenzhong

Abstract: In recent years, China has been seeking proactively to establish a relationship for mutual benefit with Latin American and the Caribbean. According to "China Cooperation Program with Latin American and Caribbean Countries (2015–2019)", the two sides plan to strengthen cooperation within 13 key areas, including education. Being the cornerstone for national rejuvenation and societal progress, education, especially higher education, plays a pivotal role in cultivating the talents for a country. Therefore, through an investigation of the educational situations in Latin America as well as the status quo and problems of educational cooperation between China and Latin America, this study attempts to provide some suggestions on the reinforcement of the cooperation and communication in education between the two sides, so that an enhanced relationship and mutual benefits can be realized.

Key words: China–Latin America Cooperation, Education, China–America Communication

Relations between China and Latin America in Trump Era

Liu Dan

Abstract: After Trump came to power, he made repeated relentless remarks about the Latin American region. For example, accuse Mexican illegal immigrants and the North American Free Trade Agreement as a threat to the security and economic interests of the United States. He threatened to set up a separation wall by Mexico from the U. S. -Mexican border and revisit the North American Free Trade Agreement. This state of affairs has made the United States' Latin American policy an unprecedented uncertainty. Some even think that China will fill the vacuum after the United States abandoned Latin America, especially in the background that China has also vigorously developed the relations between China and Latin America in recent years. However, This article argues that the U. S. -Latin America relations in Trump era indeed experienced the challenge of uncertainty. Both the Latin American region and the U. S. -Latin American relations are experiencing periods of turmoil. No matter from history or reality, the United States can not abandon its own "backyard garden." After the readjustment of the relations between the United States and Latin America, the United States will maintain its position of stability and there will be no so-called "vacuum". Therefore, China will not and should not have unrealistic illusions about it. In the future, the development of China-Latin America relations will still face challenges. China and Latin America need to continue to maintain and develop further exchanges and cooperation on the basis of their existing good conditions.

Key words: Lain America, United States, China, Trump

The Influence and Countermeasure of Venezuelan Crisis

Zhang Xinyu

Abstract: Venezuela's economy continued to decline in 2017 after three years of negative growth. Such economic conditions are closely related to its economic policies. In response to inflation and stabilizing the exchange rate, the Venezuelan government has promulgated a series of new economic policies. Maduro government successfully convened a constitutional assembly and opposition faction protests continue. The crisis in Venezuela was hit by the concern of the countries in the region and the extra-territorial big powers, of which the attitude of the Latin American countries was quite different. With domestic economic, political and social problems intertwined, the future development of Venezuela remains difficult. The future economic development will not only be affected by the international energy price and energy pattern but also be affected by its domestic economic policies and the political situation.

Key words: Venezuela, Economic Crisis, China-Venezuelan Relation

Panamanian Media's View on Establishment of Diplomatic Relations between China and Panama

Chen Xing

Abstract: Beijing time June 13, 2017, The People's Republic of China announced the formal establishment of diplomatic relations with Panama. The negotiations on the establishment of diplomatic relations were highly confidential. As soon as the news was announced, the Panamanian media responded promptly. This article scans 53 news corpora in six media in Panama for content analysis and attempts to reveal the attitude and position of Panamanian own, Chinese, and Taiwan authorities, the United States and other Central American countries on the establishment of diplomatic relations between China and Panama.

O' Gorman and "La invención de América"

Chen Ning

Abstract: Edmundo O' Gorman is one of the most important and influential historians and philosophers in Mexico nowadays. As a Latin American scholar, O' Gorman rethought the historical and cultural identity of Mexico and other Latin American countries. In the fifties of the last century, he questioned the traditional conception of the history of Columbus Discovering America.

O' Gorman opposes to define the appearance of the Americas as a "fortuitous geographical discovery". He proposed that "the Americas" is not only a geographical existence but also a historical and humane existence. Its formation is an "invention" process that itself has brokenthe European cultural confinement and rigidity.

O' Gorman's ideas have had a huge impact on intellectuals in Latin America and non-Western countries. The book of O' Gorman provides the basis for the further development of regional and country studies in Latin America and provides a reference for thinking about the cultural orientation and interaction between China and Western culture.

Key words: Edmundo O' Gorman, Columbu, The Invention of America, An Inquiry into the Historical Nature of the New World and the Meaning of Its History, Mexico, Latin-American History

The Formation of Brazilian National Consciousness

Yang Jing

Abstract: At a time when political, economic and cultural exchanges between China and Brazil are becoming more and more frequent, the understanding of Brazil's social culture is a prerequisite for peaceful coexistence and deepening exchanges between the two countries. The purpose of this paper is to sort out the process of forming the national identity in Brazil and to explore the national characteristics and cultural traditions reflected in this process so as to deepen our understanding of the social and cultural formation in modern Brazil.

Investigation and Analysis on Problems Existing in Chilean Wine Market in China— Taking Guangdong Province as an Example

Ma Feixiong, Liang Jie

Abstract: In recent years, Chilean wines have enjoyed rapid development in the Chinese market. However, in the course of this development, some short-sighted behavior appeared like the quality of wines of the same kind is not stable. The article analyzes from the perspective of supply chain management, proposes that Chinese and Chilean wine companies should strengthen the guidance and investigation of consumer demand of terminal wine consumers and implement the vertical and horizontal management of wine supply chain. At the same time, the governments of China and Chile should provide policy support for enterprises to implement supply chain management.

Key words: Chilean Wines, Consumer Demand, Supply Chain Management

Research on the Market Strategy of Chinese Smartphone in Brazil—Based on the Case of HUAWEI Company

Wu Yiming, Jie Lingjun

Abstract: In recent years, China has become the second largest trading partner in Latin America and the third largest source of investment. The share of China–Latin America trade in the total amount of China's foreign trade has been steadily increasing. This paper, taking Huawei as an example, aims at China's smart phone market strategy in Latin America, analyzes its market strategy in Brazil and tries to identify problems and propose optimization strategies.

Key words: Smartphone, Latin America, Market Strategy, Huawei, Brazil

Marketing Challenges and Strategies of Chinese Enterprises in Latin America

Qiu Aimei

Abstract: The national initiative of "One Belt and One Road" has prompted more Chinese enterprises to move into Latin America. How to develop new markets in countries with largely different marketing environments is a problem that every Chinese enterprise faces. Latin American international operations need to understand all aspects of the challenges and strategic path taken. This article starts from these two aspects.

Key words: Internalization, Marketing Challenge, Marketing Policy

The Networking of Relationship behind Chinese Business—Chile's Challenges

Marcelo Taito Jara

Abstract: This research aims to offer a discussion onto the importance of social re-lationships and trust in order to show the similarities and differences between Chilean and Chinese companies related to international business, considering the abysmal differ-ence between the two cultures, which have very few elements in common, but they can act together through the common language of business and mutual benefits.

This work had been based on a primary source research and obtained its under-standing from the earlier researches conducted on the concerned topic, in order to be focused on the determination of the impact of the use a trusted network, compared to operate without one, and then to systematize and present best business practices that lead to strengthening relations between Chilean and Chinese.

We know, in general terms that business men known the importance of personal and intercultural relations in a business relationship. However often do not know how fragile is destroyed.

Through the results of this research we explore for ways to strengthen and develop this kind of relationship between China and Chile in the long term and give some guid-ance to new Chilean business to start working with Chinese companies.

Key words: Relationship, Trust, Network, Personal Relations

Status Quo of Relationship between Macao China and Brazil

Ye Guipin, Yang Zuo

Abstract: Based on the unique feature of Macao in history, linkage and language, Macao naturally plays the platform of relationship for the cooperation between China and Portugal language nations. The establishment of Bilateral Forum of China−Portugal Language Countries has led to the realization of mutually complementary and win−win developmet trend. This paper selects Brazil as the largest Portugal language country to discuss the mutual relationship and porposes some problems existing in the relationship.

Key words: Forum, Macao, Brazil, Platform